スゴい！だけじゃない!! 日商簿記

JN057487

2級

商業簿記

テキスト
&
問題集

滝澤ななみ

マイナビ

はしがき

・・・

　私がはじめて簿記3級に合格してから約20年、簿記の書籍を執筆するようになってから約12年経ちました。「テキスト」という部門ではこれが3シリーズ目になります。ですから、独学者の目線に立って、初学者のための本を書き続けていた……と思っていました。

　でも今回、初心に返って、「本当の簿記初学者が合格するために必要な要素はなんだろう?」とよくよく考えました。試験会場にも行き、実際に受験をして、まわりの雰囲気なども見てきました。そしたら、いろいろなことがわかりました。

　その「いろいろわかったこと」を盛り込んで、**初学者が簿記を嫌いにならずに、最後まで迷うことなく学習を続けられ、そして合格できる本=本書**を作りました。

　どうぞ本書を活用して、簿記検定に合格してください。なんらかの形でみなさんのお役に立てたら幸いです(あ、これをきっかけに、簿記が好きになって簿記オタクになったよ!……なんていう人が増えてくれたら、とてもうれしいです!　簿記オタク談話、しましょうね)。

　　　　　　　　　　　　　　　　　　　　　　　　　　滝澤ななみ

ホームページ
「滝澤ななみのすすめ!」

ネット試験対応の練習問題も
掲載しています。

https://takizawananami-susume.jp

ナビゲーターの
つくねちゃん

本書の特徴

❶ 勘定科目をキャラ化

前著までに、かなり初学者向けに読みやすいテキストを作ったと思っていましたが、簿記の初学者には「勘定科目」がとっつきにくい、と。

だから、3級に引き続き、2級についても勘定科目（一部）をキャラ化しました。なお、ホームポジションが借方のものは「さん」付け、貸方のものは「くん」付けにしています（その他は「ちゃん」付けにしています）。かわいがってあげてくださいね。

ピンク	あお	むらさき	オレンジ	みどり	ベージュ
資産	負債	純資産	収益	費用	その他

勘定科目の色の見分け方

❷ 簡単な場面設定

最初に非常に簡単な場面設定の内容を入れています。これから学ぶ内容をイメージしながら読み進めてくださいね。

レッスン21／有形固定資産の改良と修繕

火災損失さん

ホームポジションが
左側のものは
「さん」付け

保険差益くん

ホームポジションが
右側のものは
「くん」付け

❸ テキスト&問題集、さらにスマートフォンアプリで復習も!

テキストの1テーマを読んだら、対応する問題がすぐに解けるようにテキストと問題集を1冊にまとめました。……ちゃんと問題まで解いてくださいね!

さらに、スマートフォンアプリ「仕訳攻略アプリ」で復習して知識を定着させましょう!

❹ ネット試験受験者のために、問題集もネット上で解ける!

ネット試験での受験を考えている方のため、問題集のすべての内容がネット上で解けます。ネット試験ではPCの扱いに慣れている方のほうが有利ですので、PC特有の操作感覚を練習しましょう!

❺ 模擬試験1回分、さらにネット試験対策も!

本試験対策用に、本試験と同様のレベルの模擬試験1回分(第1問〜第3問のみ)をつけました。本書を学習し終えたら、解いてみてくださいね。さらにネット試験ではパソコン上で解答するので、本試験対策の模擬試験(第1問〜第5問)は、ネット試験対策として読者特典特設サイト上でも解くことができます。

❻ その他…予想問題集で総仕上げ!

本書の模擬試験、ネット試験対策でも本試験レベルの問題を収載していますが、さらに多くの問題に挑戦したい方は、本試験に特化した「スゴい! だけじゃない!! 日商簿記2級 徹底分析! 予想模試」(別売り)を解き、合格を確実にしましょう!

読者特典特設サイト

2025年3月末までご利用いただけます

・ネット試験用テーマ別問題〈WEBアプリ〉
・ネット試験用本試験対策 模擬試験〈WEBアプリ〉
・仕訳攻略アプリ〈スマートフォンアプリ〉
・解答用紙ダウンロードサービス

https://sugoibook.jp/boki/

統一試験とネット試験とは

❶ 統一試験とネット試験

　日商簿記検定は、年3回の**統一試験（ペーパーによる試験）**のほか、テストセンターが定める日時で随時受験できる**ネット試験（パソコンによる試験）**でも受験することができます。

❷ 難易度や合格の価値などはどちらも同じ！

　試験形式（出題および解答）がペーパーか、パソコンかが異なるだけで、試験時間や問題の難易度および分量、合格の価値などは同一です。

❸ 統一試験では…

　統一試験は、6月、11月、2月の年3回実施され、受験を希望する商工会議所に申込みをします。申込み後、受験料を支払うと、受験票が送付等されます。

　試験日には、申込みをした商工会議所が定める会場で受験します。問題用紙、答案用紙、計算用紙が配布され、試験終了後はすべて回収されます。

　試験後1週間から1か月後に合否が判明し、合格者には合格証書が交付されます。

❹ ネット試験では…

　テストセンターの全国統一申込サイトから、受験希望日時・会場、受験者情報等を入力し、クレジットカード、コンビニ払いなどにより受験料および申込手数料を決済して申し込みます。

　申込みをした試験日時に会場に行き、指定されたパソコンに受験者情報を入力したあと、試験が開始します。

　受験者ごとに異なる試験問題が受験者のパソコンに配信され、パソコン上で解答を入力します。計算用紙が配布され、試験終了後に回収されます。

　試験終了後、**自動採点により合否が判明**し、合格者には**デジタル合格証が即日交付**されます。

日商簿記検定2級の概要

日商簿記2級の受験概要

受験資格	特になし
試験日	【統一試験】6月第2日曜日、11月第3日曜日、2月第4日曜日 【ネット試験】テストセンターが定める日時で随時（施行休止期間あり）
申込方法	【統一試験】申込期間（試験の約2か月前から）は各商工会議所によって 　　　　　　異なります。各商工会議所にお問い合わせください。 【ネット試験】テストセンターの全国統一申込サイトから、受験希望日時、 　　　　　　会場、受験者情報等を入力し、クレジットカード、コンビ 　　　　　　ニ払いにより受験料および申込手数料を決済します。
受験料	¥5,500（一部の商工会議所およびネット試験では事務手数料がかかります。）
試験科目	商業簿記・工業簿記
試験時間	90分
合格基準	70%以上
問い合わせ	各商工会議所 検定試験ホームページ：https://www.kentei.ne.jp/

2級の出題傾向と配点

2級は第1問～第3問が商業簿記、第4問と第5問が工業簿記からの出題となっています。このうち、商業簿記の出題傾向と配点は次のとおりです。

		配点
第1問	仕訳問題が5題出題されます。	20点
第2問	勘定記入、個別問題（現金預金、有形固定資産、有価証券、外貨建取引など）、連結精算表・連結財務諸表の作成が出題されます。	20点
第3問	財務諸表の作成、本支店合併財務諸表の作成など、個別決算に関する問題が出題されます。	20点

❶ 取引があったら仕訳（または伝票に記入）する

会社は日々、いろいろな取引をしています。その取引の内容は、仕訳帳に仕訳します。ちなみに、仕訳帳ではなく、伝票に記入する方法もあります。

❷ 仕訳をしたら転記する

仕訳は取引を日付順にメモしたものなので、なにがいくらあるのか把握しづらいです。そこで、総勘定元帳に、勘定科目ごとに金額を転記します。

❸ 補助簿に記録する…こともある

取引が生じたつど、必ず❶（仕訳）→❷（転記）をしますが、詳しく管理したい項目については、必要に応じて補助簿（仕入帳や売上帳など）を作成します。

❹ 試算表を作成する

会社は日々、❶（仕訳）→❷（転記）をしますが、転記ミスを発見するため、試算表を作成します。試算表は決算で作成するほか、月末ごとに作成することもあります。

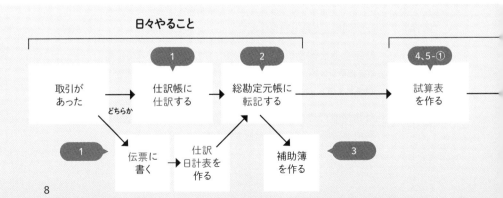

❺ 決算手続きをする

決算日になったら、会社の儲けや財産の状況をまとめるため、決算手続きをします。決算手続きは、①試算表の作成（前記❹）→②決算整理→③精算表の作成→④損益計算書や貸借対照表の作成という流れで行い、最後に⑤勘定（帳簿）を締め切ります。

❻ 会社の儲けを株主に配当する

❺の決算手続きをすることによって、会社の儲けが計算できます。この儲け（の一部）は、会社の出資者である株主に配当という形で分配されます。

その他 会社が大きくなると…

そのほか、会社が大きくなると、海外企業と取引したり（**外貨建て取引**）、支店を設けて支店でも取引・記帳をしたり（**本支店会計**）、他社を合併したり、他社を子会社化したり（**連結会計**）するようになります。

これらの内容についても2級で学習していきます。

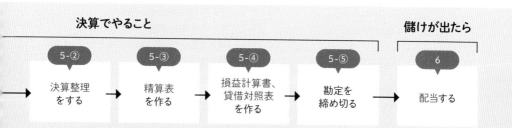

：目次

STAGE 5 決算と財務諸表　▶P.306

STAGE 6 本支店会計　▶P.338

STAGE 7 連結会計

▶P.358

問題編

STAGE 1

ステージ 1

取引と仕訳❶

ここでは会社の本業
（商品売買業、サービス業）
の取引の処理を見ていきます。

それでは
2級商業簿記、
はじめていきましょう！

15

ステージ 1 テーマ ① ② ③

テーマ 1 商品売買業、サービス業の処理
で学ぶ内容

Lesson 01 商品売買の処理方法

三分法の処理方法は
3級で学習した！
2級では売上原価対立法を
見てみよう！

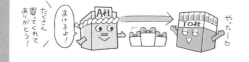

Lesson 02 割戻し

一定期間に大量に仕入れると、
ちょっとお得になることも！

Lesson 03 売上原価と期末商品の評価

倉庫にある商品の在庫数が
帳簿の在庫数より少ない場合や、
価値が下がった商品が
残っている場合は？

会社の本業にかかる
取引の処理は?

Lesson 04 払出単価の決定

仕入先や仕入時期によって仕入
単価は異なる……。どの仕入単価
のものを払い出したと考えて処理
すればいいのだろう?

Lesson 05 サービス業の処理

売っているものが「サービス」
という形のないものの場合は?

三分法のほかにも処理方法がある！

商品売買の処理方法

商品売買の処理方法のうち
売上原価対立法を見てみよう。

三分法は
復習
ですね…

1 商品売買の処理方法　　2つあるよ、って話

　商品売買の処理方法には、**三分法**と**売上原価対立法**
の2つがあります。

2 三分法　　3級で学習したメジャーな処理方法

　三分法は、商品売買取引を**仕入**[費用]、**売上**[収益]、**繰
越商品**[資産]の3つの勘定で処理する方法です。

仕入 さん　　　　　　売上 くん

STAGE 1／THEME 1

●三分法

・仕入時…原価で**仕入**[費用]を計上
・売上時…売価で**売上**[収益]を計上
・決算時…期首商品棚卸高→**繰越商品**[資産]から**仕入**[費用]に振り
替え
期末商品棚卸高→**仕入**[費用]から**繰越商品**[資産]に振り
替え

三分法で仕訳
してみましょう

例1-1	①	商品100円を掛けで仕入れた。
	②	商品(原価90円)を120円で掛けで売り上げた。
	③	決算日を迎えた。期首商品棚卸高は10円、期末商品棚卸高は20円であった。

① 仕入時: （仕　　　　入）　100（買　掛　　金）　100

② 売上時: （売　掛　　金）　120（売　　　　上）　120

③ 決算時: （仕　　　　入）　 10（繰　越　商　品）　 10
（繰　越　商　品）　 20（仕　　　　入）　 20

3 売上原価対立法

「売上」を計上したら
「売上原価」も計上する

　売上原価対立法は販売のつど売上原価勘定に振り替える方法で、商品売買取引を**商品**[資産]、**売上**[収益]、**売上原価**[費用]の3つの勘定で処理します。

　売上原価対立法では、商品を仕入れたとき、原価で**商品**[資産]の増加として処理します。

　そして、商品を売り上げたとき、売価で**売上**[収益]を計上するとともに、売り上げた商品の原価を**商品**[資産]から**売上原価**[費用]に振り替えます。

●売上原価対立法

・仕入時…原価で**商品**[資産]を処理
・売上時…売価で**売上**[収益]を計上&売り上げた商品の原価を
　　　　　商品[資産]から**売上原価**[費用]に振り替え
・決算時…仕訳なし

次は
売上原価対立法!

例 1-2　① 商品100円を掛けで仕入れた。
② 商品（原価90円）を120円で掛けで売り上げた。
③ 決算日を迎えた。期首商品棚卸高は10円、期末商品棚卸高は20円であった。

① 仕入時:　（商　　　　　品）　100（買　掛　　金）　100

② 売上時:　（売　掛　　金）　120（売　　　　　上）　120
　　　　　　（売　上　原　価）　 90（商　　　　　品）　 90

③ 決算時:　仕訳なし

Lesson 02

たくさん買うと、安くなることがある!

割戻し

A社から大量に買ったら
代金の一部をまけてもらえた!

これらの処理
を見ていきます!

1 割戻しとは

いっぱい買ってくれてありがとう!ってこと!

　一定期間に一定金額以上の商品を購入してくれた取引先に対して、代金の一部を免除することがあります。これを**割戻し**といい、仕入側からすると**仕入割戻し**、売上側からすると**売上割戻し**といいます。

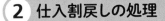

語句

割戻し (わりもどし)
一定金額以上の商品を購入した取引先に対して代金の一部を免除すること

2 仕入割戻しの処理

「仕入」の減少で処理する

　仕入割戻しを受けたときは、**仕入[費用]**の減少として処理します。

STAGE 1 / THEME 1

ちょっとやって
みましょう

例 2-1 **TO社はA社より割戻しが適用され、
同社に対する買掛金100円の2%の支払いが免除され、
残額を現金で支払った。**

❶仕入割戻し：100円×2%＝2円
❷支払った金額：100円－2円＝98円

（買　　掛　　金）	100	（仕　　　　入）	2
		（現　　　　金）	98

売上割戻しは
テーマ14
収益認識で
説明します

帳簿在庫数と実際在庫数が違っていた！
……という場合は？

売上原価と期末商品の評価

棚卸しをしたら、帳簿数量より
実際数量が少なかった。

倉庫内の在庫は価値が
下がっていることがわかった。

このときの処理
を見てみましょう

1 売上原価とは

三分法の場合は「し～·くり」「くり·し～」で!

売上原価とは、売上高に対する商品の原価をいい、次
の計算式で求めることができます。

$$\text{売上原価} = \begin{matrix}\text{期首商品}\\\text{棚卸高}\end{matrix} + \begin{matrix}\text{当期商品}\\\text{仕入高}\end{matrix} - \begin{matrix}\text{期末商品}\\\text{棚卸高}\end{matrix}$$

なお、三分法における売上原価を算定するための決算
整理仕訳は次のとおりです。

STAGE 1 / THEME 1

期首商品:	（仕　　入）	×××	（繰越商品）	×××
期末商品:	（繰越商品）	×××	（仕　　入）	×××

これは3級で
学習済み！

② 棚卸減耗損

「え？ 数が足りなくない？」というときは…

会社は決算において**棚卸し**という作業をします。

棚卸しとは、商品がいくつ残っているのか、古くなっている商品はないかなどを確認する作業です。

棚卸しの結果、帳簿上の数量（**帳簿棚卸数量**）よりも実際の数量（**実地棚卸数量**）のほうが少ないこともあります。

帳簿上の数量が
10個なのに
実際の数量は
8個しかない…

という
場合ですね

この場合の、数量の不足分を**棚卸減耗**といい、棚卸減耗分の金額を**棚卸減耗損**といいます。

$$\text{棚卸減耗損} = \text{@原価} \times \left(\begin{array}{c} \text{帳簿} \\ \text{棚卸数量} \end{array} - \begin{array}{c} \text{実地} \\ \text{棚卸数量} \end{array} \right)$$

棚卸減耗損が生じたときは、**棚卸減耗損**[費用]を計上するとともに、その分の**繰越商品**[資産]を減額します。

（棚卸減耗損）	×××	（繰越商品）	×××

STAGE 2

STAGE 3

STAGE 4

STAGE 5

STAGE 6

STAGE 7

③ 商品評価損 「この商品、価値が下がっているよね…」というときは…

棚卸しによって、商品の価値（**正味売却価額**）が原価よりも下がっていることがわかったときは、商品の評価額を正味売却価額まで下げなければなりません。

原価は10円なのに
正味売却価額は
6円である…

という
場合ですね

この場合の、価値の下落分を**商品評価損**といいます。

$$商品評価損 = \left(@原価 - \begin{array}{c} @正味 \\ 売却価額 \end{array} \right) \times \begin{array}{c} 実地 \\ 棚卸数量 \end{array}$$

商品評価損が生じたときは、**商品評価損**[費用]を計上するとともに、その分の**繰越商品**[資産]を減額します。

（ 商 品 評 価 損 ）　　xxx（繰 越 商 品）　　xxx

④ ボックス図の作成 この図がサラッと書けるように！

売上原価と期末商品の評価の問題を解くときには、次のようなボックス図を下書用紙に書いて解くと便利です。

これは、それぞれの面積を求める要領で計算します。

まとめ

●売上原価と期末商品の評価

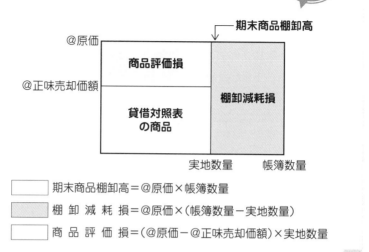

	期末商品棚卸高＝@原価×帳簿数量
	棚 卸 減 耗 損＝@原価×（帳簿数量−実地数量）
	商 品 評 価 損＝（@原価−@正味売却価額）×実地数量

問題を解いて
みましょう

例3-1 決算日を迎えた。期首商品棚卸高は800円である。期末商品棚卸高は次のとおりである。①期末商品棚卸高、②棚卸減耗損、③商品評価損を計算しなさい。

期末商品棚卸高：帳簿棚卸数量 10個　原　　価@10円
　　　　　　　　実地棚卸数量　8個　正味売却価額@ 6円

①期末商品棚卸高
@10円×10個＝100円

@10円

③商品評価損
（@10円−@6円）×8個＝32円

②棚卸減耗損
@10円×（10個−8個）＝20円

@6円

貸借対照表の商品
48円

8個　　　　10円

5　決算整理仕訳

「独立の科目として表示」
ってどういうこと?

　棚卸減耗損は通常、損益計算書の**売上原価**または**販売費及び一般管理費**の区分に表示します。また、商品評価損は通常、損益計算書の売上原価の区分に表示します。

　棚卸減耗損や商品評価損を**売上原価**の区分に表示する場合、いったん計上した棚卸減耗損や商品評価損を仕入勘定に振り替えます。

損益計算書の
区分は
レッスン59で
学習します

（ 棚 卸 減 耗 損 ）	×××（ 繰 越 商 品 ）	×××
（ 仕 　 入 ）	×××（ 棚 卸 減 耗 損 ）	×××

（ 商 品 評 価 損 ）	×××（ 繰 越 商 品 ）	×××
（ 仕 　 入 ）	×××（ 商 品 評 価 損 ）	×××

　ただし、試験では「棚卸減耗損や商品評価損は独立の科目として表示する」と指示がつくことがあります。この指示がある場合には、棚卸減耗損や商品評価損を仕入勘定に振り替える必要はありません。

（ 棚 卸 減 耗 損 ）	×××（ 繰 越 商 品 ）	×××

（ 商 品 評 価 損 ）	×××（ 繰 越 商 品 ）	×××

精算表の
問題を解くときに
思い出して
くださいね

STAGE 1 ステージ1…取引と仕訳❶ ─ テーマ1…商品売買業、サービス業の処理

STAGE 2
STAGE 3
STAGE 4
STAGE 5
STAGE 6
STAGE 7

Lesson 04

先入先出法、移動平均法、総平均法の3つ！

払出単価の決定

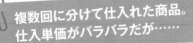

複数回に分けて仕入れた商品。仕入単価がバラバラだが……

商品を売り上げたとき、どの単価を払出単価とすべきだろうか？

仕入

あの子の原価はいくらだっけ？

@88円
@20円
@30円

TO社

ば〜い

メ社

このときの処理を見てみましょう

1 払出単価の決定

3つの方法がある！
うち2つは3級で学習済み

同じ商品でも、仕入先や仕入時期の違いにより仕入単価が異なります。そこで、商品を売り上げたとき、どの単価をつければいいのかが問題となります。

払出単価の決定方法には、**先入先出法**、**移動平均法**、**総平均法**があります。

このうち、先入先出法と移動平均法は3級で学習したので、ここでは、総平均法について見ていきましょう。

② 総平均法　　　　　　一定期間の平均単価を計算!

　総平均法は、一定期間(たとえば1か月間)に受け入れた商品の合計額を受入数量で割って総平均単価を計算し、その総平均単価を払出単価とする方法です。

$$
総平均単価＝\frac{前月繰越高＋当月仕入高}{前月繰越数量＋当月仕入数量}
$$

ちょっと計算
してみましょう

例 4-1 次の資料にもとづいて、
総平均法により4月の売上原価を計算しなさい。

4月 1日	前 月 繰 越	10個	@ 88円
10日	仕　　　入	30個	@120円
15日	売　　　上	15個	@200円
22日	仕　　　入	20個	@130円
28日	売　　　上	25個	@210円

総平均単価：$\dfrac{@88円×10個＋@120円×30個＋@130円×20個}{10個＋30個＋20個}$＝@118円

売 上 原 価：@118円×(15個＋25個)＝4,720円

Lesson 05

売っているものが「商品」ではなく、「サービス」の場合は?

サービス業の処理

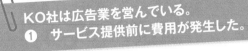

① KO社は広告業を営んでいる。サービス提供前に費用が発生した。

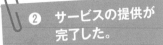

② サービスの提供が完了した。

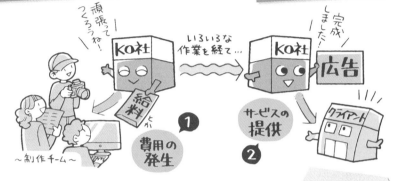

「サービス」を売っている場合は…?

1　商品売買業とサービス業

取り扱っているものが「商品」か「サービス」かの違い

　これまでは「商品」という具体的な形のあるモノを取引する商品売買業を前提としていましたが、具体的な形のない「サービス」を提供する業種(サービス業)もあります。

　ここでは、サービス業の処理について見ていきます。

2　収益の処理

サービスを提供したときに「役務収益」を計上

　サービス業では、サービスを提供したときに**役務収益**[収益]を計上します。

役務収益 くん

| （ 現 金 な ど ） | ××× | （ 役 務 収 益 ） | ××× |

「役務収益」は
商品売買業に
おける「売上」に
該当します

③ 費用の処理 「費用」→「仕掛品」→「役務原価」に振り替えていく

　サービスを提供する前に発生した費用（サービスを提供する
ために必要な費用）はいったん**仕掛品**[**資産**]に振り替えます。

●費用の支払い

| （ 給 料 な ど ） | ××× | （ 現 金 な ど ） | ××× |

●仕掛品への振り替え

| （ 仕 　 掛 　 品 ） | ××× | （ 給 料 な ど ） | ××× |

　そして、サービスを提供したときに、**仕掛品**[**資産**]から**役
務原価**[**費用**]に振り替えます。

役務原価 さん

| （ 役 務 原 価 ） | ××× | （ 仕 　 掛 　 品 ） | ××× |

「役務原価」は
商品売買業に
おける「売上原価」に
該当します

④ 代金を前受けしたとき 「前受金」で処理

　サービスの提供に先立って、代金を前受けしたときは、
前受金[**負債**]で処理します。

　そして、サービスの提供が完了したら、**前受金**[**負債**]から
役務収益[**収益**]に振り替えます。

前受金は契約負債[負債]
で処理することも
できます

契約負債については
テーマ14収益認識で
詳しく学習します

STAGE 1 / THEME 1

32

それでは
仕訳をして
みましょう

例 5-1 ① KO社は広告業を営んでいる。
顧客から広告の製作依頼があり、
製作スタッフの給料500円と消耗品費100円を
当該サービスにかかる費用として
仕掛品勘定に振り替えた。

（仕 掛 品）	600	（給 料）	500
		（消 耗 品 費）	100

② サービス提供前に顧客から対価の全額2,000円を
現金で受け取った。

（現 金）	2,000	（前 受 金）	2,000

例 5-1
つづき ③ 決算日を迎えた。
決算日現在、サービスの70%の提供が完了している。
これにともなう役務原価を仕掛品勘定から振り替える。

当期の役務収益：2,000円×70％＝1,400円
当期の役務原価：600円×70％＝420円

役務収益の計上： （前 受 金） 1,400 （役 務 収 益） 1,400

役務原価の計上： （役 務 原 価） 420 （仕 掛 品） 420

STAGE 2

STAGE 3

STAGE 4

STAGE 5

STAGE 6

STAGE 7

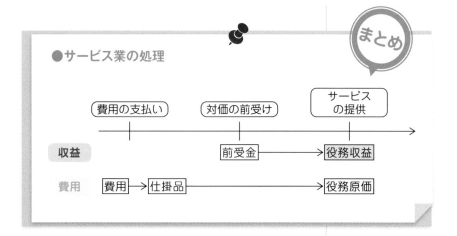

●サービス業の処理

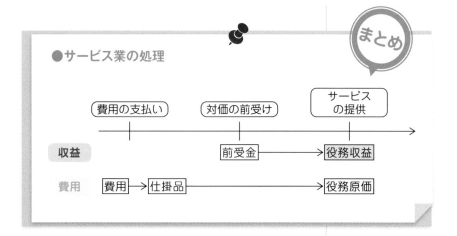

	費用の支払い	対価の前受け	サービスの提供

収益　　　　　　　　　　前受金　→役務収益

費用　　費用→仕掛品　　　　　　　→役務原価

まとめ

サービス業の仕訳は
時間の流れを意識しよう

STAGE 2

STAGE 3

STAGE 4

STAGE 5

STAGE 6

STAGE 7

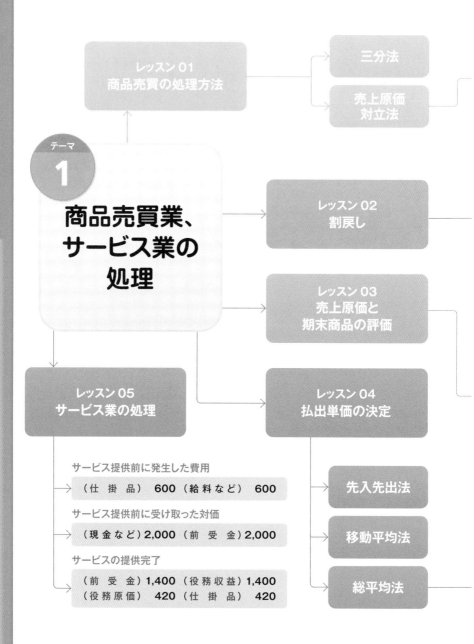

仕入時

（商　　　　品）100 （買　掛　金）100

売上時

（売　掛　金）120 （売　　　　上）120
（売　上　原　価）90 （商　　　　品）90

決算時

仕訳なし

仕入割戻し

（買　掛　金）100 （仕　　　　入）　2
　　　　　　　　　　（現　金　な　ど）98

決算整理仕訳
（棚卸減耗損と商品評価損を独立の科目として表示する場合）

期首商品：（仕　　　　入）xxx （繰 越 商 品）xxx
期末商品：（繰 越 商 品）100 （仕　　　　入）100
　　　　　（棚 卸 減 耗 損）20 （繰 越 商 品）20
　　　　　（商 品 評 価 損）32 （繰 越 商 品）32

❶期末商品棚卸高
@10円×10個＝100円

@10円

❸商品評価損
（@10円－@6円）×8個＝32円

❷棚卸減耗損
@10円×（10個－8個）
＝20円

@6円

貸借対照表の商品
48円

8個　　　　　　　10個

一定期間の
総平均単価を
払出単価と
する方法

これで
テーマ1の内容はおしまい！
問題編（巻末）の
問題を解いておこう

ステージ **1** テーマ ❶ ❷ ❸

テーマ **2** 現金と預金 で学ぶ内容

Lesson 06 簿記上の現金

3級でも学習したけど、
簿記上「現金」として処理するものは
紙幣や硬貨だけではない!

Lesson 07 銀行勘定調整表の作成 ❶

帳簿上の当座預金残高と、銀行から取り寄せた残高証明書の残高に不一致が生じている……。そんなことってあるの?

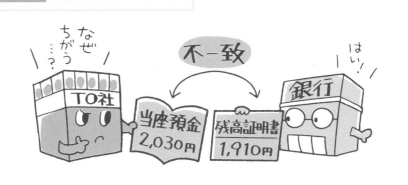

こんな内容を
学習します

たまに
銀行勘定調整表の作成が出ている!

Lesson 08 銀行勘定調整表の作成❷

銀行勘定調整表って
どんなふうに作成するの?

簿記上、現金として扱われるものを確認しよう！

簿記上の現金

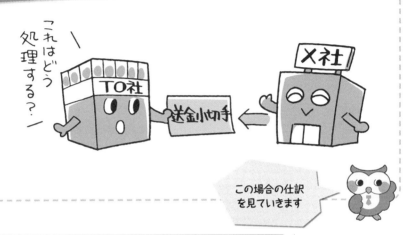

X社に対する売掛金の回収として送金小切手を受け取った。

これはどう処理する？

TO社

送金小切手

X社

この場合の仕訳を見ていきます

1 簿記上の現金

紙幣や硬貨だけじゃない！

　簿記上、現金として処理するものには、次のものがあります。

簿記上の現金

① **通貨**（紙幣や硬貨）
② **他人振出小切手**
③ **送金小切手**
④ **郵便為替証書**
⑤ **配当金領収証**·············株式配当金の領収証 など
⑥ **支払期日が到来した利札**······国債や社債などの利札のうち、支払期限が到来したもの

3級の復習ですが…
ちょっとやってみましょう

例6-1 **X社に対する売掛金100円の回収として
送金小切手を受け取った。**

（現　　　　　金）　100（売　　掛　　金）　100

まとめ

● 簿記上の現金

・他人振出小切手、送金小切手、郵便為替証書、配当金領収証、
支払期日が到来した利札などは**現金[資産]**で処理

☆自分が振り出した小切手は「現金」ではなく、
「当座預金」で処理する！

現金 さん

STAGE 2

STAGE 3

STAGE 4

STAGE 5

STAGE 6

STAGE 7

銀行さんが出した残高と帳簿上の残高が
合わないんだけど!

銀行勘定調整表の作成❶

M銀行から取り寄せた残高証明書の残高と
当座預金の帳簿残高が一致していない!

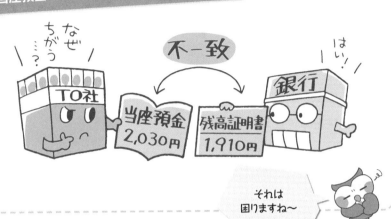

1 銀行勘定調整表　　　不一致の原因を探るための表

　会社は、月末や決算日に、当座預金の残高がいくらある
のかを確認するため、銀行から**残高証明書**を取り寄せます。
　そして、残高証明書(銀行残高)と会社の帳簿上の当座預
金残高(帳簿残高)を照合して、不一致があればその原因を
明らかにします。このとき作成する表を**銀行勘定調整表**と
いいます。

語句
残高証明書 (ざんだか
しょうめいしょ)
銀行が「あなたの
会社の当座預金
残高はいくらです
よ」と当座預金残
高を証明する書類

語句
銀行勘定調整表
(ぎんこうかんじょうちょうせいひょう)
銀行残高と帳簿残
高の不一致の原因
を明らかにするた
めに作成する表

STAGE 1 / THEME 2

2 不一致の原因　　修正仕訳が必要なものと不要なものがある

　不一致の原因には、修正仕訳が必要なものと修正仕訳が不要なものがあります。

　順番に見ていきましょう。

3 修正仕訳が必要なもの　　これらは修正仕訳が必要!

　修正仕訳が必要な不一致原因には、**誤記入**、**未渡小切手**、**連絡未通知**があります。

◆誤記入

　誤記入とは、会社が間違えて仕訳をしてしまった場合です。この場合は、誤った仕訳を正しい仕訳にするための修正仕訳が必要です。

　誤った仕訳を正しい仕訳にするためには、誤った仕訳の逆仕訳と正しい仕訳を合わせた仕訳をします。

ちょっと
やってみましょう

例7-1 **水道光熱費100円が当座預金口座から引き落とされた際、10円と記入していた。**

① 誤った仕訳:　（水 道 光 熱 費）　　10（当 座 預 金）　　10

② ①の逆仕訳:　（当 座 預 金）　　10（水 道 光 熱 費）　　10

　　　　　　　　　　　　　　　⊕

③ 正しい仕訳:　（水 道 光 熱 費）　100（当 座 預 金）　100

修正仕訳(②+③):　（水 道 光 熱 費）　　90（当 座 預 金）　　90

◆未渡小切手

　未渡小切手とは、買掛金などの支払いのために小切手を作成したけれども、まだ相手に渡していないものをいいます。

当座預金 さん

　小切手を作成したさいに、会社は**当座預金**[資産]の減少で処理していますが、まだ相手に渡していないので、**当座預金**[資産]の減少を取り消す処理をします。

(当 座 預 金)　×××(　　　　　　　　)　×××

当座預金の
減少を取り消す
→当座預金の
増加で処理する
ということです

　なお、相手科目は、その小切手をなんのために振り出したのかによって異なります。
　もし、買掛金を支払うために振り出した小切手が未渡しの場合には、相手科目は「買掛金」になります。

(当 座 預 金)　×××(買 　 掛 　 金)　×××

まだ負債が
減っていない
から…

STAGE 1 / THEME 2

また、広告費などの費用を支払うために振り出した小切手が未渡しの場合には、相手科目は**未払金**[負債]で処理します。

(当 座 預 金)　xxx（ 未 　 払 　 金 ）　xxx

費用は発生しているけどまだ支払っていないから…

それでは仕訳をしてみましょう

例7-2　① **買掛金100円の支払いのために作成していた小切手が未渡しであった。**

(当 座 預 金)　100（ 買 　 掛 　 金 ）　100

② **広告宣伝費100円の支払いのために作成していた小切手が未渡しであった。**

(当 座 預 金)　100（ 未 　 払 　 金 ）　100

◆連絡未通知

連絡未通知とは、実際には当座預金口座への入金や当座預金口座からの引き落としがあったものの、その連絡が会社に届いていなかった場合です。

この場合には、その取引の仕訳をする必要があります。

それでは仕訳を
してみましょう

| 例 7-3 | 得意先から当座預金口座に売掛金60円の振り込みがあったが、銀行からの連絡が未達であった。 |

| （当　座　預　金） | 60 | （売　　掛　　金） | 60 |

4 修正仕訳が不要なもの

差異の問題は時間が
解決してくれるから…

　修正仕訳が不要な不一致原因には、**時間外預入**、**未取立小切手**、**未取付小切手**があります。

◆時間外預入

　時間外預入とは、銀行の営業時間外に、夜間金庫などに預け入れることをいいます。

　たとえば、3月31日の営業時間後に現金を預け入れた場合、会社では3月31日の入金で処理しますが、銀行では翌営業日の4月1日の入金で処理するので、3月31日時点の当座預金残高に差異が生じます。

　しかし、翌営業日に銀行が入金処理をすれば差異はなくなるので、時間外預入については修正仕訳は不要です。

◆未取立小切手

　未取立小切手とは、取引先が振り出した小切手を銀行に預け入れて取立てを依頼したにもかかわらず、まだ銀行が取り立てていないものをいいます。

STAGE 1／THEME 2

　未取立小切手は、銀行が取り立てれば差異が解消するため、修正仕訳は不要です。

◆未取付小切手

　未取付小切手とは、取引先に小切手を振り出したにもかかわらず、取引先が銀行に小切手を持ち込んでいないものをいいます。

　未取付小切手は、取引先が銀行に小切手を持ち込めば差異が解消するため、修正仕訳は不要です。

 まとめ

●不一致の原因と修正仕訳の要否

　・修正仕訳が**必要**なもの…誤記入、未渡小切手、連絡未通知
　・修正仕訳が**不要**なもの…時間外預入、未取立小切手、未取付小
　　　　　　　　　　　　　切手

08

銀行勘定調整表を作成しよう！

銀行勘定調整表の作成❷

差異の原因がわかったので、
銀行勘定調整表を作って差異を調整した。

差異の原因、判明！

銀行勘定
調整表

銀行勘定調整表の
作り方を見て
みましょう

1 銀行勘定調整表の作成　3種類ある！

　銀行勘定調整表の作成方法には、**両者区分調整法**、
企業残高基準法、**銀行残高基準法**の3つがあります。

2 両者区分調整法　会社側と銀行側の両方からスタートする方法

　両者区分調整法は、会社の当座預金残高と銀行の残
高証明書残高のそれぞれに不一致の金額を加減して、両
者の金額を一致させる方法です。

　具体的には、修正仕訳が必要な項目は会社の当座預
金残高に加減し、修正仕訳が不要な項目は銀行の残高
証明書残高に加減します。

STAGE 1 / THEME 2

銀行勘定調整表（両者区分調整法）

当社の当座預金残高 ❶→ 2,030	銀行の残高証明書残高 ❷→ 1,910
（加　算）	（加　算）
未渡小切手 ⊕ 100	時間外預入 ⊕ 120
❸ 　連絡未通知 ⊕ 60	未取立小切手 ⊕ 150 ❹
（減　算）	（減　算）
誤記入 ⊖ 90	未取付小切手 ⊖ 80
2,100	←❺→ 2,100

●銀行勘定調整表（両者区分調整法）

❶ 調整前の会社側の残高を記入

❷ 調整前の銀行側の残高を記入

❸ 修正仕訳が必要な項目は会社側に加減

　　未 渡 小 切 手：（当 座 預 金）　100（買　　掛　　金）　100 →加算
　　連 絡 未 通 知：（当 座 預 金）　60（売　　掛　　金）　60 →加算
　　誤　　記　　入：（水道光熱費）　90（当 座 預 金）　90 →減算

❹ 修正仕訳が不要な項目は銀行側に加減

　　時 間 外 預 入：翌営業日に当座預金が増える→加算
　　未取立小切手：銀行が代金を取り立てると当座預金が増える→加算
　　未取付小切手：取引先が小切手を銀行に持ち込むと当座預金が減る
　　　　　　　　　　　　　　　　　　　　　　　　　　　→減算

❺ 差異を加減すると、両者の残高が一致

3 企業残高基準法

会社側からスタートして
銀行側にたどり着く方法

　企業残高基準法は、会社の当座預金残高に不一致の金額を加減して、銀行の残高証明書残高に一致させる方法です。

　企業残高基準法の銀行勘定調整表は、両者区分調整法の銀行勘定調整表をベースにして、下記のように作成します。

こちら側を
基準に
作成します

銀行勘定調整表（両者区分調整法）

当社の当座預金残高		2,030	銀行の残高証明書残高		1,910
（加　算）			（加　算）		
未渡小切手	⊕ 100		時間外預入	⊕ 120	
連絡未通知	⊕ 60		未取立小切手	⊕ 150	
（減　算）			（減　算）		
誤記入	⊖ 90		未取付小切手	⊖ 80	
		2,100			2,100

銀行勘定調整表（企業残高基準法）

		当社の当座預金残高		2,030
		（加　算）		
		未渡小切手	100	
		連絡未通知	60	
⊖→⊕		未取付小切手	80	240
		（減　算）		
		誤記入	90	
⊕→⊖		時間外預入	120	
⊕→⊖		未取立小切手	150	360
		銀行の残高証明書残高		1,910

銀行側の
調整項目に
ついては

「加算」と「減算」を
逆にして
調整します

STAGE 1 / THEME 2

④ 銀行残高基準法

銀行側からスタートして
会社側にたどり着く方法

　銀行残高基準法は、銀行の残高証明書残高に不一致の金額を加減して、会社の当座預金残高に一致させる方法です。

　銀行残高基準法の銀行勘定調整表は、両者区分調整法の銀行勘定調整表をベースにして、下記のように作成します。

こちら側を
基準に
作成します

銀行勘定調整表（両者区分調整法）

当社の当座預金残高		2,030	銀行の残高証明書残高		1,910
（加　算）			（加　算）		
未渡小切手	⊕	100	時間外預入	⊕	120
連絡未通知	⊕	60	未取立小切手	⊕	150
（減　算）			（減　算）		
誤記入	⊖	90	未取付小切手	⊖	80
		2,100			2,100

会社側の
調整項目に
ついては

「加算」と「減算」を
逆にして
調整します

銀行勘定調整表（銀行残高基準法）

銀行の残高証明書残高			1,910
（加　算）			
時間外預入		120	
未取立小切手		150	
誤記入	⊖→⊕	90	360
（減　算）			
未取付小切手		80	
未渡小切手	⊕→⊖	100	
連絡未通知	⊕→⊖	60	240
当社の当座預金残高			2,030

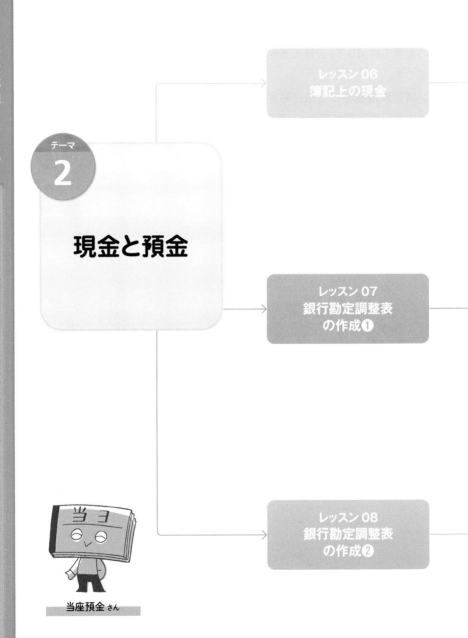

テーマ 2

現金と預金

レッスン 06
簿記上の現金

レッスン 07
銀行勘定調整表
の作成❶

レッスン 08
銀行勘定調整表
の作成❷

当座預金 さん

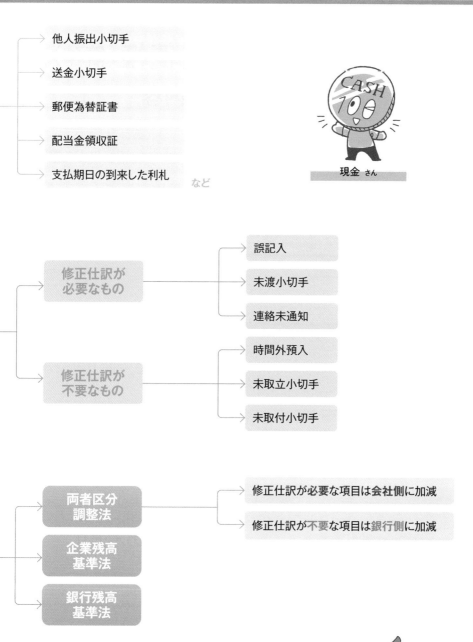

他人振出小切手

送金小切手

郵便為替証書

配当金領収証

支払期日の到来した利札 など

現金 さん

修正仕訳が
必要なもの

誤記入

未渡小切手

連絡未通知

修正仕訳が
不要なもの

時間外預入

未取立小切手

未取付小切手

両者区分
調整法

企業残高
基準法

銀行残高
基準法

修正仕訳が必要な項目は会社側に加減

修正仕訳が不要な項目は銀行側に加減

では問題編で
会いましょう！

ステージ 1 テーマ ① ② ③

テーマ 3 手形と電子記録債権（債務）、債権譲渡 で学ぶ内容

Lesson 09 手形の裏書き

A社の掛け代金を支払うために、
X社から受け取った手形を
A社に譲渡する……
なんてこともできる！

Lesson 10 手形の割引き

ちょっと資金が必要になったから、
持っている手形を銀行に
買い取ってもらおう！
……手数料とか取られるけどね

Lesson 11 手形の不渡り

手形の満期日に
代金の支払いがない……。
そんなときはどんな処理するの?

重要度が高いのはレッスン12と13

Lesson 12 営業外受取手形と
営業外支払手形

商品売買のときの手形と
土地等の売買のときの手形って
なにが違うのかな?

Lesson 13 電子記録債権
（債務）

電子記録債権を譲渡したとき
ってどんな処理するの?

Lesson 14 売掛金の譲渡

「売掛金買います」という広告を
見たことない?
怪しいカンジがするけど、
売掛金も譲渡できるんです!

手形のリレーみたいなものです
手形の裏書き

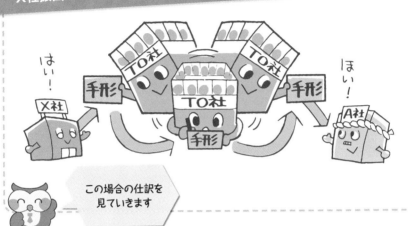

A社に対する買掛金の支払いとして
X社振出の約束手形の裏面にサインして渡した

この場合の仕訳を
見ていきます

1 手形の裏書き　　　　　裏面にサインして次の人へ!

　手形を持っている人は、満期日(支払期日)前に、買掛金等の支払いのため、手形を取引先に渡すことができます。これを**手形の裏書き**といいます。

> 語句
> **手形の裏書き**
> (てがたのうらがき)
> 持っている手形を満期日前に買掛金等の支払いのため、取引先に渡すこと。
> 裏書譲渡ともいう

手形の裏面に
必要事項を
記入してから

渡すので
「裏書き」と
いうのです

STAGE 1 ステージ1…取引と仕訳❶ ― テーマ3…手形と電子記録債権（債務）、債権譲渡

STAGE 2

STAGE 3

STAGE 4

STAGE 5

STAGE 6

STAGE 7

2 手形を裏書きしたとき

受け取った「手形」が
なくなるから…

手形の裏書きをしたときは、持っている手形がなくなるので、**受取手形[資産]**の減少で処理します。

ちょっとやって
みましょう

> 例9-1 TO社はA社に対する買掛金100円の支払いとしてさきにX社から受け取っていた約束手形を裏書きして渡した。
>
> （買　　掛　　金）100（受　取　手　形）100

3 裏書きされた手形を受け取ったとき

手形を「受け取る」
から…

裏書きされた手形を受け取ったときは、**受取手形[資産]**の増加で処理します。

> 例9-2 A社はTO社に対する売掛金100円について、X社振出の約束手形を裏書譲渡された。
>
> （受　取　手　形）100（売　　掛　　金）100

まとめ

●手形の裏書き

・裏書譲渡した側　→**受取手形[資産]**の減少で処理
・裏書譲渡された側→**受取手形[資産]**の増加で処理

手形を銀行に買ってもらう……ということ!

手形の割引き

所有する約束手形を銀行で買い取ってもらった。
現金を受け取ったが、手数料を取られた。

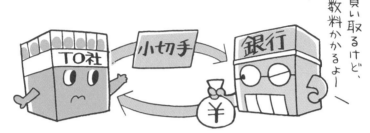

この場合の仕訳を
見ていきます

① 手形の割引き

銀行に手形を買い取ってもらうこと

手形を持っている人は、満期日(支払期日)前に、その手形を銀行等に持ち込んで、買い取ってもらうことができます。これを**手形の割引き**といいます。

手形を割り引くとき、手数料や利息を支払う必要があります。この手数料や利息は**割引料**といいます。

② 手形を割り引いたときの処理

割引料は
「手形売却損」で処理

手形を割り引くと、手許にあった手形がなくなるので、**受取手形[資産]**の減少で処理します。また、割引きに際してかかった費用は**手形売却損[費用]**で処理します。

> [語句]
>
> **手形の割引き**
> (てがたのわりびき)
>
> 満期日前に手形を銀行等に持ち込んで、買い取ってもらうこと。割引料がかかるので受け取れる金額は手形の額面金額より少なくなる

ちょっとやって
みましょう

例 10-1　TO社は受け取っていたX社振出の約束手形100円を
銀行で割り引き、割引料5円が差し引かれた残額は
当座預金口座に入金した。 → 100円―5円＝95円

| （手形売却損） | 5 | （受取手形） | 100 |
| （当座預金） | 95 | | |

まとめ

●手形の割引き

・手形を割り引いたとき→**受取手形**[資産]の減少で処理

・割引料→**手形売却損**[費用]で処理

STAGE 2

STAGE 3

STAGE 4

STAGE 5

STAGE 6

STAGE 7

「不渡手形」という
なんとも危なそうな勘定科目で処理する

手形の不渡り

所有する約束手形の満期日に
約束手形を銀行に持って行ったが
支払いを拒絶されてしまった！

この場合の仕訳を
見ていきます

① 手形の不渡り

期日に手形代金が支払われないこと

手形の不渡りとは、満期日に手形代金の支払いがされ
ないことをいい、そのときの手形を**不渡手形**といいます。

語句

手形の不渡り

(てがたのふわたり)

満期日に手形代
金の支払いがさ
れないこと

② 手形が不渡りとなったとき

「不渡手形」に振り替える

手形が不渡りとなったときは、**受取手形[資産]**から**不渡
手形[資産]**に振り替えます。

手形が不渡りとなっても
まだ振出人に請求する
ことができるので

「不渡手形」という
資産の勘定で
処理しておくのです

不渡手形 さん

例 11-1　所有するY社振出の約束手形100円が
不渡りとなった。

（不　渡　手　形）　100（受　取　手　形）　100

③ 不渡手形のその後

回収できたときと
回収できなかったとき

　不渡手形として処理したあと、代金を回収できたときは、
不渡手形[資産]の減少で処理します。

　また、代金を回収できなかったときは、貸倒れの処理を
します。

貸倒れの処理って
覚えていますか？
ちょっと見ておきましょう

●**貸倒れの処理**（3級の復習）

　・当期に発生した債権（売掛金、受取手形）の貸倒れ
　　→全額、**貸倒損失[費用]**で処理
　・前期（以前）に発生した債権（売掛金、受取手形）の貸倒れ
　　→まずは設定している**貸倒引当金**を取り崩す
　　→超過額は**貸倒損失[費用]**で処理

貸倒損失 さん

貸倒引当金 ちゃん

61

ちょっとやって
みましょう

例11-2 例11-1 で不渡手形（100円）として処理したもののうち、
60円は現金で回収したが、残額は回収不能となった。
なお、貸倒引当金の残高は0円である。

（現　　　　金）　　60（不　渡　手　形）　　100
（貸　倒　損　失）　　40

まとめ

●手形の不渡り

・不渡りとなったとき→**受取手形**[資産]から**不渡手形**[資産]に
　　　　　　　　　　振り替える
・回収できたとき→**不渡手形**[資産]の減少で処理
・回収不能のとき→貸倒れの処理

STAGE 1 ステージ1…取引と仕訳❶ ─ テーマ3…手形と電子記録債権（債務）・債権譲渡

STAGE 2

STAGE 3

STAGE 4

STAGE 5

STAGE 6

STAGE 7

参考　**手形の更改**

　手形の支払人が手形の所有者（受取人など）に対して、支払期限の延長を申し入れて、満期日を延長してもらうことがあります。このとき、古い手形を破棄して新しい手形を振り出すため、これを手形の**更改**（こうかい）といいます。

　手形の更改をしたときは、旧手形（支払手形や受取手形）の減少で処理するとともに、新手形（支払手形や受取手形）の増加で処理します。

　なお、満期日を延長した分の利息が発生するため、支払利息[費用]や受取利息[収益]を計上します。この利息は現金等で精算する場合と新手形の代金に含めて処理する場合があります。

> 新手形の代金に含めて処理する方法だけ見ておきましょうか…

> **例11-3** TO社はY社より同社振出の約束手形100円について手形の更改の申し入れを受けたため、これを承諾し、同社振出の約束手形を受け取った。なお、手形の更改にともなう利息10円は新手形の代金に含めて処理する。
>
> TO社：（受 取 手 形）110（受 取 手 形）100
> 　　　　　　　　　　　　　（受 取 利 息）　10
>
> Y社　：（支 払 手 形）100（支 払 手 形）110
> 　　　（支 払 利 息）　10

商品売買以外＝
営業外で振り出した/受け取った手形

営業外受取手形と営業外支払手形

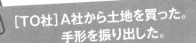

[TO社] A社から土地を買った。
手形を振り出した。

[A社] TO社に土地を売った。
手形を受け取った。

いつもは商品なんだけど、今日は土地ね！

この場合の仕訳
を見ていきます

STAGE 1 / THEME 3

1 営業外受取手形と営業外支払手形

「営業外」を
つけてね

商品の仕入代金の支払いで約束手形を振り出したとき
は**支払手形**[負債]で処理しましたが、土地や車両などの購
入代金の支払いで約束手形を振り出したときは、**営業外
支払手形**[負債]で処理します。

> （ 土 地 な ど ） ××× （ 営業外支払手形 ） ×××

また、商品の売上代金の回収として約束手形を受け
取ったときは、**受取手形**[資産]で処理しましたが、土地や
車両などの売却代金の回収で約束手形を受け取ったとき
は、**営業外受取手形**[資産]で処理します。

> （ 営業外受取手形 ） ××× （ 土 地 な ど ） ×××

語句

営業外 （えいぎょうがい）
本業以外の会社
の活動。商品売買
業における商品
売買以外の活動

さっそく処理を
確認しましょう

例12-1 ① TO社は、A社から土地100円を購入し、
代金は約束手形を振り出した。

（土 地）　100（営業外支払手形）　100

② A社は、TO社に土地（取得原価100円）を
100円で売却し、代金は約束手形で受け取った。

（営業外受取手形）　100（土 地）　100

まとめ

●営業外受取手形と営業外支払手形

	約束手形の受け取り	約束手形の振り出し
商 品 売 買	受取手形 [資産]	支払手形 [負債]
商品売買以外	営業外受取手形 [資産]	営業外支払手形 [負債]

STAGE 2

STAGE 3

STAGE 4

STAGE 5

STAGE 6

STAGE 7

13

3級の復習＋電子記録債権を譲渡したときの処理

電子記録債権（債務）

X社に電子記録債権100円を
95円で売却し、譲渡記録を行った。

でんさいネット
譲渡記録

TO社

電子記録
債権

A社

この場合の仕訳を
見ていきます

1 電子記録債権（債務）が発生したとき 　3級の復習!

電子記録債権（債務）の発生記録をしたときは、債権者は
電子記録債権[資産]で処理します。

（電子記録債権）　xxx（売 掛 金 な ど）　xxx

電子記録債権 さん

一方、債務者は**電子記録債務[負債]**で処理します。

（買 掛 金 な ど）　xxx（電子記録債務）　xxx

電子記録債務 くん

② 電子記録債権（債務）が消滅したとき　これも3級でやったね

　債務者の口座から債権者の口座に支払いが行われると、電子記録債権（債務）はなくなります。

　したがって、債権者は**電子記録債権**[**資産**]の減少で処理します。

（当座預金など）　×××（電子記録債権）　×××

　一方、債務者は**電子記録債務**[**負債**]の減少で処理します。

（電子記録債務）　×××（当座預金など）　×××

> ここまでを
> いちおう
> 確認して
> おきましょうか

例 13-1　① TO社はX社に対する売掛金100円につき、
　　　　　　　X社の承諾を得て、電子記録債権の発生記録を
　　　　　　　行った。

（電子記録債権）　100（売　掛　金）　100

② ①の債権の支払期日が到来し、
　　当座預金口座に入金された。

（当座預金）　100（電子記録債権）　100

債務者の
処理は…

例 13-2 ① X社はTO社に対する買掛金100円につき、
電子記録債務の発生記録を行った。

（買　　掛　　金）　100（電子記録債務）　100

② ①の債務の支払期日が到来し、
当座預金口座から決済した。

（電子記録債務）　100（当　座　預　金）　100

3 電子記録債権を譲渡したとき

「売却損」が
出ることも!

　電子記録債権は譲渡記録を行うことにより、他者に譲
渡することができます。このとき、帳簿価額よりも低い金額
で譲渡したときは、その差額は**電子記録債権売却損**［**費
用**］で処理します。

とりあえず
やってみましょう

例 13-3 TO社は電子記録債権100円をA社に95円で売却し、
譲渡記録を行った。
なお売却代金は当座預金口座に入金された。

→ 100円ー95円＝5円
（売却損）

（当　座　預　金）　95（電子記録債権）　100
（電子記録債権売却損）　5

まとめ

●電子記録債権（債務）

・電子記録債権を帳簿価額よりも低い金額で譲渡したとき
　→差額は**電子記録債権売却損**[**費用**]で処理

参考

営業外電子記録債権（債務）

　土地や車両など、商品以外のものを売買して、電子記録債権（債務）の発生記録をしたときは、債権者は**営業外電子記録債権**[**資産**]で、債務者は**営業外電子記録債務**[**負債**]で処理します。

営業外受取手形や営業外支払手形の電子記録債権（債務）バージョンです

例13-4　A社はTO社に土地（取得原価100円）を100円で売却し、TO社の承諾を得て、電子記録債権の発生記録を行った。

A社　：（営業外電子記録債権）100（土　　　地）100

TO社：（土　　　地）100（営業外電子記録債務）100

売掛金だって売れてしまう！

売掛金の譲渡

X社に対する売掛金100円を
A社に95円で譲渡した。

この場合の仕訳を
見ていきます

1 債権の譲渡

債務者への通知
または承諾が必要だけどね…

「受取手形」や「電子記録債権」だけでなく、「売掛金」など
の債権も、債務者への通知または承諾があれば他者に
譲渡することができます。

2 売掛金を譲渡したとき

帳簿価額よりも低い金額で
譲渡することもある！

売掛金を譲渡したときは、**売掛金**[資産]の減少で処理し
ます。また、譲渡金額が帳簿価額よりも低い場合には、そ
の差額は**債権売却損**[費用]で処理します。

ちょっとやって
みましょう

例14-1 TO社はX社に対する売掛金100円を、
X社の承諾を得てA社に95円で譲渡した。 ──→ 100円－95円
なお譲渡代金は当座預金口座に入金された。 ＝5円（売却損）

| （当 座 預 金） | 95 | （売　　掛　　金） | 100 |
| （債 権 売 却 損） | 5 | | |

まとめ

●売掛金の譲渡

・売掛金を帳簿価額よりも低い金額で譲渡したとき
→差額は**債権売却損**［費用］で処理

STAGE 2
STAGE 3
STAGE 4
STAGE 5
STAGE 6
STAGE 7

債務の保証

　債務の保証とは、お金を借りた債務者がその借金を返済できない場合に、債務者以外の者（保証人）が債権者に対して債務の支払いを保証することをいいます。保証人は債務者が借金を返済できない場合、その債務者の代わりに返済する義務を負うことになり、これを**偶発債務**といいます。

　この偶発債務の会計処理は、債務の保証をしたとき借方に**保証債務見返**、貸方に**保証債務**で処理し、返済したときは逆の仕訳を行います。このような一対なって使用する勘定科目を**対照勘定**といい、保証という事実を忘れないよう帳簿に記録します（備忘記録）。

例14-2 ① **TO社が債務の保証をしたとき**
　　　 TO社はX社のA社に対する借入金100円の保証人となった。

（保証債務見返）100（保証債務）100

② **X社が債務を返済したとき**
　　 X社はA社に対する借入金100円を返済した。

（保証債務）100（保証債務見返）100

③ **TO社がX社の代わりに返済したとき**
　　 X社はA社に対する借入金100円につき支払不能となり、代わりにTO社が現金で返済した。

（立替金）100（現金）100
（保証債務）100（保証債務見返）100

なお、**立替金**[資産]は**貸付金**[資産]や**未収入金**[資産]で処理することもあるので、問題文の指示にしたがってください。

次ページのまとめで
学習内容を整理
しましょう

STAGE 1　ステージ1…取引と仕訳❶ ― テーマ3…手形と電子記録債権（債務）、債権譲渡

STAGE 2

STAGE 3

STAGE 4

STAGE 5

STAGE 6

STAGE 7

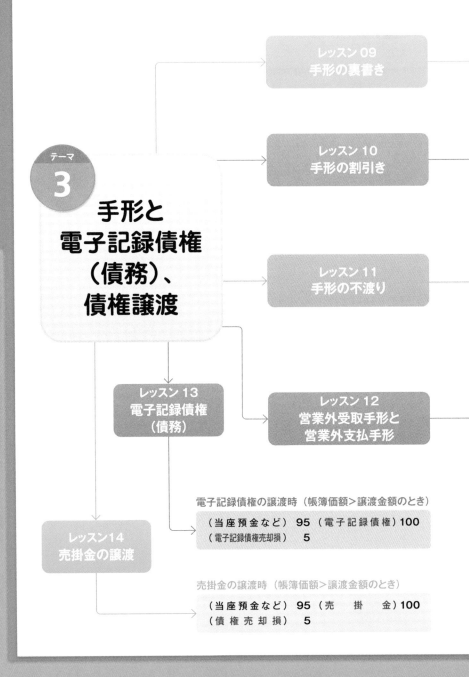

テーマ3
手形と
電子記録債権
（債務）、
債権譲渡

レッスン 09
手形の裏書き

レッスン 10
手形の割引き

レッスン 11
手形の不渡り

レッスン 13
電子記録債権
（債務）

レッスン 12
営業外受取手形と
営業外支払手形

レッスン14
売掛金の譲渡

電子記録債権の譲渡時（帳簿価額＞譲渡金額のとき）

（当座預金など）95 （電子記録債権）100
（電子記録債権売却損）　5

売掛金の譲渡時（帳簿価額＞譲渡金額のとき）

（当座預金など）95 （売　　掛　　金）100
（債　権　売　却　損）　5

手形の裏書時

（買 掛 金 な ど）100 （受 取 手 形）100

裏書きされた手形の受取時

（受 取 手 形）100 （売 掛 金 な ど）100

手形の割引時

（手 形 売 却 損）　5 （受 取 手 形）100
（当 座 預 金）95

手形の不渡時

（不 渡 手 形）100 （受 取 手 形）100

代金の回収時

（当座預金など）60 （不 渡 手 形）60

回収不能時（当期発生の場合）

（貸 倒 損 失）40 （不 渡 手 形）40

固定資産の購入で手形を振り出したとき

（土 地 な ど）100 （営業外支払手形）100

固定資産の売却で手形を受け取ったとき

（営業外受取手形）100 （土 地 な ど）100

不渡手形 さん

貸倒損失 さん

電子記録債権 さん

電子記録債務 くん

問題編もやっておいて
くださいね！

75

ステージ2

取引と仕訳❷

ここでは主に
固定資産の取引について
見ていきます。

有形固定資産は
3級でも少し
学習しましたね!

ステージ **2** テーマ ④

テーマ **4** 有形固定資産❶ で学ぶ内容

Lesson **15** 有形固定資産の割賦購入

備品を分割で購入した！
このときの処理は?

Lesson **16** 減価償却

3級で学習した定額法のほか、
定率法と生産高比例法
という方法もある！

Lesson **17** 有形固定資産の売却

3級で学習した内容、そのまま。
覚えている?

試験では第1問でも第2問でも
よく出てくる内容なのでしっかり学習を!

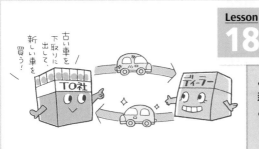

Lesson 18 有形固定資産の
買換え

この車を下取りに出して
新車を買った!
というときの処理は?

Lesson 19 有形固定資産の
除却と廃棄

このパソコン、古くなったから
使うのやめた!とか
捨てよう!
というときの処理は?

79

割賦(かっぷ)=分割ということ。
マグカップとかじゃないから!

有形固定資産の割賦購入

備品を購入した。分割払いにしたら
一括払いで買うよりも支払総額が多かった……。

この場合の
仕訳を
見ていきます

だよね~!

TO社

COPY

分割だと利息も
含まれるから、
総額は高くなるんだよ

1 有形固定資産とは

「長期に使う」「形がある」がポイント

最初は3級の
復習から!

有形固定資産とは、土地、建物、備品、車両運搬具など、
会社で長期的に使用する、具体的な形のある資産をいい
ます。

有形固定資産

① 建　　　　物……店舗、事務所、倉庫など

② 土　　　　地……店舗、事務所、倉庫などの敷地

③ 備　　　　品……パソコン、プリンター、応接セット、商品陳列棚など

④ 車両運搬具……営業用自動車、トラックなど

STAGE 2 / THEME 4

STAGE 1

STAGE 2 ステージ2…取引と仕訳❷ ― テーマ4…有形固定資産❶

STAGE 3

STAGE 4

STAGE 5

STAGE 6

STAGE 7

2 有形固定資産の購入

付随費用も取得原価に含める!

有形固定資産を購入したときは、購入したときの本体価格(購入代価)に、使うまでにかかった付随費用を加算した**取得原価**で処理します。

取得原価＝購入代価＋付随費用

これは3級の復習だからできるよね?

> **例 15-1** 建物780円を購入し、代金は後払いとした。
> なお、不動産会社に対する手数料20円は現金で支払った。
>
> 取得原価:780円＋20円＝800円
>
> | (建 物) | 800 | (未 払 金) | 780 |
> |---|---|---|---|
> | | | (現 金) | 20 |

ここから2級の範囲!

3 有形固定資産の割賦購入

分割で購入すると利息がかかる!

有形固定資産を分割払いで購入(割賦購入)する場合、一括購入の場合と比べて、支払額が増えます。その増加分は利息であるため、**支払利息[費用]**で処理します。

そして、この利息をいつ計上するかによって、処理が異なります。

(語句)
付随費用 (ふずいひよう)
購入から使えるようになるまでにかかった費用。
土地の整地費用や不動産会社に支払う仲介手数料、備品の設置費用など

(語句)
割賦購入 (かっぷこうにゅう)
分割払いで買うこと。一括購入と比べて代金の支払期間が長くなるのでその分の利息がかかる

4 購入時に前払利息で処理する方法 あとで「支払利息」に 振り替える

まず、購入時に**前払利息[資産]**で処理する方法から見てみましょう。

◆購入時

有形固定資産を割賦購入したときは、原則として、現<ruby>金<rt>げんきん</rt></ruby>正<ruby>価<rt>せい か</rt></ruby>（一括購入したときの価額）を取得原価とし、**利息分は前払利息[資産]**で処理します。

さっそく
やってみましょう

> **例 15-2** **備品800円を購入し、代金は2か月ごとに210円を 4回に分けて支払うこととした（前払利息で処理）。**
>
> ❶支払総額：210円×4回＝840円
> ❷利息分：840円−800円＝40円 ←前払利息
>
> | （備　　　　品） | 800 | （未　　払　　金） | 840 |
> | --- | --- | --- | --- |
> | （前　払　利　息） | 40 | | |

◆代金の支払時

代金を支払ったときは、支払った分に対応する利息を**前払利息[資産]**から**支払利息[費用]**に振り替えます。

決算において
当期分をまとめて
振り替えることも
あります

STAGE 2 / THEME 4

STAGE 1

STAGE 2　ステージ2…取引と仕訳❷ ― テーマ4…有形固定資産❶

STAGE 3

STAGE 4

STAGE 5

STAGE 6

STAGE 7

例15-3 例15-2 の備品について、第1回目の支払日につき、210円を当座預金口座から支払った。
なお、前払利息は定額法によって配分する。

支払った分の利息：40円÷4回＝10円

```
（未    払    金）  210（当 座 預 金）  210
（支 払 利 息）   10（前 払 利 息）   10
```

図に書くと
こんなカンジ！

1回目	2回目	3回目	4回目	
10円	10円	10円	10円	利息分 40円（前払利息）
200円	200円	200円	200円	取得原価 800円
210円	210円	210円	210円	← 支払総額 840円

◆決算時

　支払日と決算日が異なる場合には、最後の支払日から決算日までの利息分について、**前払利息**[資産]から**支払利息**[費用]に振り替えます。

さっそく
やってみましょう

例15-4 決算につき、 例15-2 で計上した前払利息（40円）について、
前回の支払日から決算日までの1か月分を
支払利息に振り替える。

40円は8か月分（4回×2か月）の利息

だから1か月分は…40円 × $\dfrac{1か月}{8か月}$ ＝5円

（支 払 利 息）　　　5（前 払 利 息）　　　5

5 購入時に支払利息で処理する方法
あとで「前払利息」に
振り替える

次に、購入時に支払利息[費用]で処理する方法です。

◆購入時

　有形固定資産を割賦購入したときは、原則として、現金
正価（一括購入したときの価額）を取得原価とし、利息分は支払
利息[費用]で処理します。

例15-5 備品800円を購入し、代金は2か月ごとに210円を
4回に分けて支払うこととした（支払利息で処理）。

❶支払総額：210円×4回＝840円
❷利息分：840円−800円＝40円 ←支払利息

（備　　　　品）　 800（未　 払　 金）　 840
（支 払 利 息）　　 40

STAGE 2 / THEME 4

84

STAGE 1

STAGE 2

ステージ2…取引と仕訳❷ ― テーマ4…有形固定資産❶

STAGE 3

STAGE 4

STAGE 5

STAGE 6

STAGE 7

◆代金の支払時

代金を支払ったときは、支払った金額だけ**未払金**[負債]の減少で処理します。

利息の処理
はない！

> 例 15-6 例 15-5 の備品について、第1回目の支払日につき、
> 210円を当座預金口座から支払った。
>
> （未　払　金）　210（当　座　預　金）　210

◆決算時

購入時に利息総額を**支払利息**[費用]として計上しているので、決算日において、次期分の利息を**支払利息**[費用]から**前払利息**[資産]に振り替えます。

> 例 15-7 決算につき、例 15-5 で計上した支払利息（40円）について、
> 5か月分は次期の分なので前払利息に振り替える。
>
> 40円は8か月分（4回×2か月）の利息
> だから5か月分は…40円×$\frac{5か月}{8か月}$＝25円
>
> （前　払　利　息）　25（支　払　利　息）　25

●有形固定資産の割賦購入

・現金正価→取得原価として処理
・支払総額と現金正価の差額→利息として処理

購入時に **前払利息**[資産] で処理したときは…	購入時に **支払利息**[費用] で処理したときは…
代金支払時に 支払った分に対応する利息を **支払利息**[費用] に振り替える	決算時に 次期分に対応する利息を **前払利息**[資産] に振り替える

支払利息 さん

Lesson 16

2級では定率法と生産高比例法を学習するよ!

減価償却

有形固定資産について
減価償却を行う。

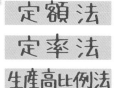

減価償却について
見ていきましょう

1 減価償却とは

価値が減った分だけ費用を計上!

減価償却とは、使用または時の経過によって生じた有形固定資産の価値の減少分を見積もり、その分だけ有形固定資産を減額するとともに、同額を費用(減価償却費)として計上する手続きをいいます。

最初は3級の
復習から!

なお、減価償却の方法には、**定額法**(3級で学習済み)、**定率法**、**生産高比例法**があります。

2 減価償却費の計算要素

この3つを使って計算する!

減価償却費は、有形固定資産の**取得原価**、**耐用年数**、**残存価額**を使って求めます。

減価償却費 さん

STAGE 1

STAGE 2 ステージ2…取引と仕訳❷ ─ テーマ4…有形固定資産❶

STAGE 3

STAGE 4

STAGE 5

STAGE 6

STAGE 7

減価償却費の計算で使う要素

① **取得原価**⋯⋯⋯有形固定資産を購入したときにかかった金額
② **耐用年数**⋯⋯⋯有形固定資産の使用可能期間
③ **残存価額**⋯⋯⋯最後まで使ったときに残っている価値

3 減価償却費の記帳方法　　「減価償却累計額」を使うか使わないか

減価償却費の記帳方法には、**間接法**と**直接法**があります。

◆間接法

間接法は、**減価償却費**[**費用**]を計上するとともに、同額を**減価償却累計額**で処理する方法です。

（ 減 価 償 却 費 ）　×××（ 減価償却累計額 ）　×××

3級で学習
した方法!

◆直接法

直接法は、**減価償却費**[**費用**]を計上するとともに、同額だけ直接、有形固定資産の取得原価を減額する方法です。

（ 減 価 償 却 費 ）　×××（ 備 品 な ど ）　×××

STAGE 2 / THEME 4

STAGE 1

STAGE 2 ステージ2…取引と仕訳❷ ─ テーマ4…有形固定資産❶

STAGE 3

STAGE 4

STAGE 5

STAGE 6

STAGE 7

4 減価償却の方法① 定額法 これは3級の復習!

定額法は、有形固定資産の価値の減少分は毎期同じと考えて減価償却費を計算する方法で、次の計算式によって価値の減少分(減価償却費の金額)を求めます。

> ### 減価償却費＝(取得原価－残存価額)÷耐用年数

ちなみに、
「残存価額が取得原価の10%」
というときは、取得原価の90%
(100%−10%)を耐用年数で償却
するということなので、

次のように計算
すると速いです

ちょっとやって
みましょう

> ### 減価償却費＝取得原価×0.9÷耐用年数

例 16-1 決算において、当期首に購入した備品(取得原価500円、耐用年数5年、残存価額は取得原価の10%)について定額法により減価償却を行う。
なお、記帳方法は直接法である。

減価償却費：500円×0.9÷5年＝90円

(減 価 償 却 費)　90 (備　　　　品)　90

⑤ 減価償却の方法② 定率法 最初にドン!っと計上される方法

定率法は、有形固定資産の帳簿価額に一定の償却率^(しょうきゃくりつ)を掛けて減価償却費を計算する方法です。

$$減価償却費 = \left(取得原価 - \frac{期首減価償却累計額}{}\right) \times 償却率$$

この例を使って
1年目から
3年目までの

減価償却費を
計算してみましょう

例16-2 **決算において、
第1期期首に購入した備品（取得原価500円）について
定率法（償却率は0.4）により減価償却を行う。
なお、記帳方法は間接法である。**

第1期の減価償却費：(500円－0円)×0.4＝200円

①第1期の決算

（ 減 価 償 却 費 ）　　 200 （ 備品減価償却累計額 ）　　 200

　　└→第1期末の減価償却累計額：200円

STAGE 1

STAGE 2 ステージ2…取引と仕訳❷ ―テーマ4…有形固定資産❶

STAGE 3

STAGE 4

STAGE 5

STAGE 6

STAGE 7

> 例16-2
> つづき
> 第2期の減価償却費：(500円−200円)×0.4=120円
>
> ②第2期の決算
>
> （減価償却費）　120（備品減価償却累計額）　120
>
> →第2期末の減価償却累計額：200円+120円=320円

> 例16-2
> つづき
> 第3期の減価償却費：(500円−320円)×0.4=72円
>
> ③第3期の決算
>
> （減価償却費）　72（備品減価償却累計額）　72
>
> →第3期末の減価償却累計額：320円+72円=392円

　以上のように、定率法によると、減価償却初年度に多額の減価償却費が計上され、時の経過にともなってだんだん費用計上額が減っていきます。

◆償却率の計算

　定率法のうち、200%定率法は、定額法の償却率を2倍した率を償却率として計算する方法です。

　定額法の償却率は「1÷耐用年数」で計算するので、200%定率法の償却率は次のようにして求めます。

これは試験でもよく出ます！

❶ 定額法の償却率：1÷耐用年数
❷ 200%定率法の償却率：定額法の償却率×200%

ちょっと計算
してみましょう

例16-3 決算において、備品(取得原価500円、
減価償却累計額200円)について、
200%定率法によって減価償却を行う。
なお、耐用年数は5年で記帳方法は間接法である。

❶定額法の償却率:1÷5年＝0.2
❷定率法の償却率:0.2×200%＝0.4
❸当期の減価償却費:(500円－200円)×0.4＝120円

(減 価 償 却 費)　　120 (備品減価償却累計額)　　120

6 減価償却の方法③　生産高比例法

使った分だけ
費用計上!

　生産高比例法は、毎期の利用度合いに応じた分を減
価償却費として計上する方法です。

$$減価償却費＝(取得原価－残存価額)×\frac{当期利用量}{総利用可能量}$$

STAGE 1

STAGE 2 ステージ2…取引と仕訳❷ ― テーマ4…有形固定資産❶

STAGE 3

STAGE 4

STAGE 5

STAGE 6

STAGE 7

計算して
みましょう

例16-4 決算において、
車両運搬具（取得原価2,000円）について、
生産高比例法によって減価償却を行う。
この車両運搬具の可能総走行距離は1,000km、
当期走行距離は150km、残存価額は取得原価の10％、
記帳方法は間接法である。

$$減価償却費：2,000円 \times 0.9 \times \frac{150km}{1,000km} = 270円$$

（ 減 価 償 却 費 ）　　270（ 車両運搬具減価償却累計額 ）　　270

7 期中取得の減価償却費 　月割り計算！なのだけど…

　3級で学習したように、期中に取得した有形固定資産の
減価償却費は、当期に使った分だけ月割りで計上します。
　なお、生産高比例法については、「時の経過」ではなく、
「利用度合い」に応じて減価償却費を計上する方法なの
で、期中に取得した場合でも月割り計算しません。

要するに、
定額法と定率法に
ついては月割り計算
するということです

● 減価償却

定額法

　　減価償却費：（取得原価－残存価額）÷ 耐用年数

定率法

　　減価償却費：（取得原価－期首減価償却累計額）× 償却率

> 200％定率法の償却率
> ①定額法の償却率：1÷ 耐用年数
> ②定率法の償却率：①×200％

生産高比例法

　　減価償却費：（取得原価－残存価額）× $\dfrac{当期利用量}{総利用可能量}$

STAGE 1

STAGE 2 ステージ2…取引と仕訳❷ ―テーマ4…有形固定資産❶

STAGE 3

STAGE 4

STAGE 5

STAGE 6

STAGE 7

Lesson 17

3級の復習……覚えている?

有形固定資産の売却

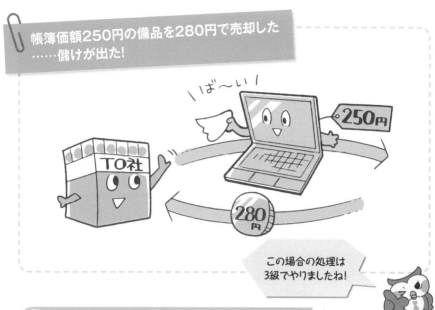

帳簿価額250円の備品を280円で売却した
……儲けが出た!

ば〜い

250円

280円

この場合の処理は
3級でやりましたね!

1 有形固定資産の売却　　3級で学習したとおり!

　有形固定資産を売却したときは、帳簿価額を減額する
とともに、売却価額と帳簿価額の差額を**固定資産売却損**
[費用]または**固定資産売却益**[収益]で処理します。

2 期中に売却したとき　　当期分の減価償却費を計上!

　有形固定資産を期中に売却したときは、期首から売却
日までの減価償却費を月割りで計上します。

3級の
復習ですが、

ちょっとやって
おきましょうか

例 17-1 8月31日に備品（取得原価500円、減価償却累計額200円）を280円で売却し、代金は来月末日に受け取ることにした。
この備品は定率法（償却率0.4）で償却しており、
間接法によって記帳している。
なお、当社の決算日は年1回、3月31日である。

❶当期分：4/1から8/31までの5か月分

❷当期の減価償却費：（500円－200円）×0.4× $\dfrac{5か月}{12か月}$ ＝50円

（未 収 入 金）	280	（備 品）	500
（備品減価償却累計額）	200	（固定資産売却益）	30
（減 価 償 却 費）	50		

貸借差額

固定資産売却損 さん

固定資産売却益 くん

STAGE 1

STAGE 2 ステージ2…取引と仕訳❷ ― テーマ4…有形固定資産❶

STAGE 3

STAGE 4

STAGE 5

STAGE 6

STAGE 7

Lesson

18

新車を買うときに、古い車を下取りに出すでしょ?

有形固定資産の買換え

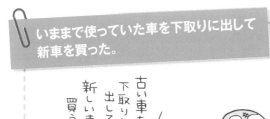

いままで使っていた車を下取りに出して新車を買った。

古い車を下取りに出して、新しい車を買う!

TO社

ディーラー

この場合の処理は?

1 有形固定資産の買換え 旧資産の売却＋新資産の購入

　いままで使っていた有形固定資産を下取りに出して、新しい資産を購入したときは、旧資産を下取価額で売却し、その売却代金を新資産の購入代金に充てたと考えて処理します。

さっそく
処理を見てみましょう

例 18-1 当期首において、車両（取得原価3,000円、
減価償却累計額1,800円、記帳方法は間接法）を
1,500円で下取りに出し、
新たに4,000円の車両を購入した。
なお、差額の2,500円は翌月末日に支払うこととした。

①旧資産の売却

（車両運搬具減価償却累計額）	1,800	（車両運搬具）	3,000
（現　　　　　金）	1,500	（固定資産売却益）	300

貸借差額

下取価額は
「現金」で受け取った
として処理します

その「現金」をすぐに
新資産の購入代金に
充てたと考えて処理します

例 18-1
つづき ②新資産の購入

（車両運搬具）	4,000	（現　　　　　金）	1,500
		（未　払　金）	2,500

③買換えの仕訳（①＋②）

（車両運搬具）	4,000	（車両運搬具）	3,000
（車両運搬具減価償却累計額）	1,800	（固定資産売却益）	300
		（未　払　金）	2,500

STAGE 2 / THEME 4

STAGE 1

STAGE 2 ステージ2…取引と仕訳❷ ― テーマ4…有形固定資産❶

STAGE 3

STAGE 4

STAGE 5

STAGE 6

STAGE 7

●有形固定資産の買換え

旧資産の売却＋新資産の購入　と考えて処理

☆下取価額は「現金」で受け取って、
　　すぐに新資産の購入代金に充てたと考えて処理

Lesson 19

有形固定資産の除却と廃棄

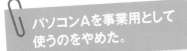
パソコンAを事業用として使うのをやめた。

パソコンBを廃棄した。

仕事には使わない キミはもう 除却 TO社

キミはもうさようなら 廃棄 TO社 廃棄センター

この場合の処理を見てみましょう

1 除却と廃棄とは

捨てるか捨てないかの違い

備品や車両などの有形固定資産は、そのうち古くなったり使えなくなったりして、事業用として使うのをやめたり、捨てたりします。

有形固定資産を事業用から外すことを**除却**、有形固定資産を捨てることを**廃棄**といいます。

2 除却したとき

まだ使える部分があるかも…

有形固定資産を除却したときは、帳簿価額を減額します。

STAGE 2 / THEME 4

100

| （減価償却累計額） | ××× | （備 | 品） | ××× |

期中に除却
したときは、

当期分の「減価償却費」
の計上もお忘れなく!

　また、スクラップとしての価値がある場合には、その価値（見積処分価額）を**貯蔵品[資産]**として計上します。

| （減価償却累計額） | ××× | （備 | 品） | ××× |
| （貯　蔵　品） | ××× | | | |

　そして、帳簿価額と見積処分価額との差額（仕訳の貸借差額）は、**固定資産除却損[費用]**で処理します。

（減価償却累計額）	×××	（備	品）	×××
（貯　蔵　品）	×××			
（固定資産除却損）	×××			

では
やってみましょう

例 19-1 当期首において、備品（取得原価500円、
減価償却累計額360円、記帳方法は間接法）を除却した。
なお、除却資産の処分価額は100円と見積もられた。

（備品減価償却累計額）	360	（備 品）	500
（貯 蔵 品）	100		
（固定資産除却損）	40		

貸借差額

3 廃棄したとき

処分価額はない！

　有形固定資産を廃棄したときは、帳簿価額を**固定資産
廃棄損**[費用]で処理します。

　なお、廃棄にかかった費用は**固定資産廃棄損**[費用]に
含めて処理します。

例 19-2 当期首において、備品（取得原価500円、
減価償却累計額360円、記帳方法は間接法）を廃棄した。
なお、廃棄費用50円は現金で支払った。

（備品減価償却累計額）	360	（備 品）	500
（固定資産廃棄損）	190	（現 金）	50

貸借差額

STAGE 2／THEME 4

●**有形固定資産の除却と廃棄**

・除却…事業用として使うのをやめること

☆処分価額は**貯蔵品**[資産]で処理

・廃棄…捨てること

☆廃棄費用は**固定資産廃棄損**[費用]に含めて処理

STAGE 1

STAGE 2 ステージ2…取引と仕訳❷ ─ テーマ4…有形固定資産❶

STAGE 3

STAGE 4

STAGE 5

STAGE 6

STAGE 7

テーマ 4

有形固定資産 ❶

レッスン 15
有形固定資産
の割賦購入

レッスン 16
減価償却

レッスン 17
有形固定資産の売却

レッスン 18
有形固定資産の買換え

レッスン 19
有形固定資産の
除却と廃棄

除却

廃棄

（備品減価償却累計額）360 （備　　　　品）500
（固定資産廃棄損）190 （現　金　な　ど） 50

（備品減価償却累計額）360 （備　　　　品）500
（貯　蔵　品）100
（固定資産除却損） 40

購入時に**前払利息**で処理する方法

購入時

（備　　　品）800（未 払 金）840
（前 払 利 息） 40

代金の支払時

（未 払 金）210（当座預金など）210
（支 払 利 息） 10（前 払 利 息） 10

決算時　当期分の利息を振り替える

（支 払 利 息）　5（前 払 利 息）　5

購入時に支払利息で処理する方法

購入時

（備　　　品）800（未 払 金）840
（支 払 利 息） 40

代金の支払時

（未 払 金）210（当座預金など）210

決算時　次期分の利息を振り替える

（前 払 利 息） 25（支 払 利 息） 25

**減価償却
の方法**

定額法　　　　定率法　　　　生産高比例法

**減価償却
の記帳方法**

間接法

（減 価 償 却 費）　×××（減価償却累計額）　×××

直接法

（減 価 償 却 費）　×××（備　品　な　ど）　×××

帳簿価額＜売却価額の場合

（未 収 入 金）280（備　　　品）500
（備品減価償却累計額）200（固定資産売却益） 30
（減 価 償 却 費） 50

帳簿価額＞売却価額の場合

（未 収 入 金）210（備　　　品）500
（備品減価償却累計額）200
（減 価 償 却 費） 50
（固定資産売却損） 40

❶旧資産の売却

（車両運搬具減価償却累計額）1,800（車 両 運 搬 具）3,000
（現　　　　　金）1,500（固 定 資 産 売 却 益）　300

❷新資産の購入　　　　　　　　＋

（車 両 運 搬 具）4,000（現　　　　　金）1,500
　　　　　　　　　　　　　（未　　払　　金）2,500

❸買換えの仕訳（❶＋❷）　　↓

（車 両 運 搬 具）4,000（車 両 運 搬 具）3,000
（車両運搬具減価償却累計額）1,800（固 定 資 産 売 却 益）　300
　　　　　　　　　　　　　（未　　払　　金）2,500

では問題編で
会いましょう！

ステージ 2 テーマ

テーマ 5 有形固定資産❷ で学ぶ内容

Lesson 20 建設仮勘定

建物の新築にあたって、着手金を支払った。まだ建物は完成していないけど、どういう処理するの?

Lesson 21 有形固定資産の改良と修繕

建物に非常階段を設置した場合と天井の雨漏りを修繕した場合では処理する勘定科目が違う!

こんな内容を
学習します

Lesson 22 有形固定資産の滅失

火災が生じて建物が焼失したときは
どういう処理するの？

Lesson 23 圧縮記帳

備品取得に際して、
国から国庫補助金を受けたときの処理は？

20

未完成の建物も「資産」です！

建設仮勘定

倉庫用の建物を新築することにした。
着手金を支払った。

この場合の仕訳を
見ていきます

1 建設中の建物の代金を支払ったとき　「仮」勘定で処理！

　倉庫やビルなどの固定資産の建設は長期にわたって
行われるため、完成前に建設代金の一部を支払うことが
あります。

　完成前に建設代金の一部を支払ったときは、**建設仮勘定**[**資産**]で処理します。

（建設仮勘定）　×××（当座預金など）　×××

2 建物が完成し、引き渡しを受けたとき　「仮」勘定がなくなるよね！

　建物等が完成し、引き渡しを受けたときは、**建設仮勘定**

[資産]から**建物**[資産]などの有形固定資産の勘定に振り替えます。

（建 物 な ど） ×××（建 設 仮 勘 定） ×××

例20-1 ① 建物の新築のため、
建設会社と500円の請負金額で契約し、
着手金100円を小切手を振り出して支払った。

（建 設 仮 勘 定） 100（当 座 預 金） 100

② ①の建物が完成し、引き渡しを受けたので、
契約金額の残高400円を小切手を振り出して支払った。

（建　　　　物） 500（建 設 仮 勘 定） 100
　　　　　　　　　　　（当 座 預 金） 400

なお、建設仮勘定はまだ完成していない(使用を開始していない)固定資産をあらわす勘定科目なので、建設仮勘定については減価償却はしません。

●建設仮勘定

・完成前に建設代金の一部を支払ったとき
　→建設仮勘定[資産]で処理

・完成、引き渡しを受けたとき
　→建設仮勘定[資産]から建物[資産]などに振り替える

STAGE 2 ステージ2…取引と仕訳❷ ― テーマ5…有形固定資産❷

ふつうの修繕とちょっと良くする工事は取り扱いが違う！

有形固定資産の改良と修繕

建物に避難階段を設置した。

天井の雨漏りを修繕した。

この場合の仕訳を
見ていきます

1 改良をしたとき

固定資産の価値が高まったら…

改良とは、建物に避難階段を設置したり、壁を防音加工にするなど、有形固定資産の価値を高めたり、耐用年数を延長させたりするための支出（資本的支出）をいいます。

改良をしたときの支出額は、その資産（建物など）の取得原価に含めて処理します。

(建 物 な ど) xxx (当座預金など) xxx

語句

改良 （かいりょう）
有形固定資産の価値を高めたり、耐用年数を延長させたりするための支出。資本的支出

STAGE 1

STAGE 2 ステージ2…取引と仕訳❷ ─ テーマ5…有形固定資産❷

STAGE 3

STAGE 4

STAGE 5

STAGE 6

STAGE7

2 修繕をしたとき

もとの機能にもどすための支出は…

語句

修繕（しゅうぜん）
有形固定資産の本来の機能を維持するための支出。収益的支出

修繕とは、雨漏りを直したり、壁のひび割れを直すなど、有形固定資産の本来の機能を維持するための支出（**収益的支出**）をいいます。

修繕をしたときの支出額は、**修繕費**[費用]で処理します。

では
やってみましょう

例21-1 建物の改良と修繕を行い、
代金500円は小切手を振り出して支払った。
このうち300円は改良のための支出である。

（建 物）	300	（当 座 預 金）	500
（修 繕 費）	200		

まとめ

●改良と修繕

・改良…価値の増加、耐用年数の延長
　　　→建物[資産]などで処理　 資本的支出

・修繕…本来の機能維持
　　　→修繕費[費用]　 収益的支出

Lesson

22

こういうとき、保険がかかっていると安心だね……

有形固定資産の滅失

火災が生じて建物の一部が
焼失してしまった……。

この場合の仕訳を
見ていきます

1 滅失とは

なくなってしまうこと!

　滅失とは、火災や地震、盗難などの被害を受けて資産
がなくなってしまうことをいいます。

　滅失の処理は、その資産に保険を掛けているかどうか
によって処理が異なります。

ここからは
建物が火災で
滅失したとして

説明して
いきます

STAGE 2 / THEME 5

STAGE 1

STAGE 2　ステージ2…取引と仕訳❷ ― テーマ5…有形固定資産❷

STAGE 3

STAGE 4

STAGE 5

STAGE 6

STAGE 7

2 保険を掛けていない場合　滅失したときに損失確定!

　保険を掛けてない建物が火災で滅失したときは、火災が発生した時点で損失が確定します。そのため、火災で滅失した有形固定資産の帳簿価額を全額、**火災損失**[**費用**]で処理します。

さっそく
仕訳をして
みましょう

> **例22-1** 当期首に建物（取得原価1,000円、減価償却累計額300円、記帳方法は間接法）が火災により焼失した。この建物には保険が付されていない。
>
> | （建物減価償却累計額） | 300 | （建　　　　物） | 1,000 |
> | （火　災　損　失） | 700 | | |

3 保険を掛けている場合　保険会社から連絡があるまで「未決算」としておく

　保険を掛けている建物が火災で滅失したときは、保険金額が確定するまで、損失額が確定しません。

　そのため、滅失時には有形固定資産の帳簿価額を**未決算**で処理しておきます。

　なお、未決算が保険金額を上回ったときは、その差額は保険金では回収できないことが確定しているので**火災損失**[**費用**]で処理します。

「火災未決算」
で処理すること
もあります

例 22-2 当期首に建物（取得原価1,000円、減価償却累計額
300円、記帳方法は間接法）が火災により焼失した。
① 建物には800円の火災保険が付されている。
② 建物には600円の火災保険が付されている。

①の場合

（建物減価償却累計額）	300	（建	物）	1,000
（未 決 算）	700			

②の場合

（建物減価償却累計額）	300	（建	物）	1,000
（未 決 算）	600			
（火 災 損 失）	100			

　そして後日、保険会社から連絡があって、保険金額が
確定したときは、保険金額（後日受け取り）を**未収入金**[資産]で
処理するとともに、計上している**未決算**を減らします。

　このとき、保険金額と未決算の差額は**火災損失**[費用]ま
たは**保険差益**[収益]で処理します。

「火災損失」は
「災害損失」
で処理すること
もあります

金額が確定しただけで
受け取りはあとなので、
「未収入金」で処理

（未 収 入 金）	×××	（未 決 算）	×××
（火 災 損 失）	×××	（保 険 差 益）	×××

いずれか

STAGE 2／THEME 5

114

火災損失 さん

保険差益 くん

STAGE 1

STAGE 2 　ステージ2…取引と仕訳❷ ― テーマ5…有形固定資産❷

STAGE 3

STAGE 4

STAGE 5

STAGE 6

STAGE 7

例 22-3　例 22-2 ①の場合の建物について、保険会社より
① 保険金500円を支払う旨の連絡を受けた。
② 保険金800円を支払う旨の連絡を受けた。

①の場合

（未 収 入 金）	500	（未 決 算）	700
（火 災 損 失）	200		

②の場合

（未 収 入 金）	800	（未 決 算）	700
		（保 険 差 益）	100

まとめ

●有形固定資産の滅失

・保険なし
　→滅失時に帳簿価額を火災損失 [費用] に振り替える

・保険付き
　→滅失時に帳簿価額を未決算に振り替える

　→保険金額の確定時に {
　　・未決算を減少させる
　　・保険金額と未決算の差額は火災損失 [費用]
　　　または保険差益 [収益] で処理

Lesson

23

有形固定資産の取得原価をギューッと圧縮する！

圧縮記帳

① 国から国庫補助金をもらった。

② 国庫補助金に自己資金を加えて備品を買った。

この場合の仕訳を見ていきます

1 圧縮記帳とは

有形固定資産の取得原価を減額すること

会社は、国庫補助金や工事負担金の交付を受けて、有形固定資産を取得することがあります。

国庫補助金などによって有形固定資産を取得したときは、国庫補助金などの額だけ有形固定資産の取得原価を減額する処理をします。これを**圧縮記帳**（直接減額方式）といいます。

> **語句**
> **国庫補助金**（こっこほじょきん）
> 国や地方公共団体から交付された、有形固定資産を取得するための補助金

> **語句**
> **工事負担金**（こうじふたんきん）
> 電力会社やガス会社などが、利用者から施設や設備の建設のために受け取った資金

STAGE 2 / THEME 5

STAGE 1

STAGE 2 ステージ2…取引と仕訳❷ ─ テーマ5…有形固定資産❷

STAGE 3

STAGE 4

STAGE 5

STAGE 6

STAGE 7

2 国庫補助金等を受け取ったとき

「〇〇受贈益」で処理する!

　国庫補助金や工事負担金を受け取ったときは、**国庫補助金受贈益**[収益]や**工事負担金受贈益**[収益]で処理します。

国庫補助金の場合の仕訳をしてみましょう

> 例 23-1 TO社は、国から国庫補助金400円を受け取り、当座預金口座に入金した。
>
> （当　座　預　金）　400（国庫補助金受贈益）　400

3 有形固定資産を取得したとき

取得原価を減額!

　有形固定資産を取得したときは、いったん購入価額を取得原価として計上します。

　そして、受け取った国庫補助金等の額だけ、有形固定資産の取得原価を直接減額するとともに、借方は**固定資産圧縮損**[費用]で処理します。

> 例 23-2 TO社は、例 23-1 で受け取った国庫補助金400円に自己資金600円を加えて備品1,000円を取得し、代金は小切手を振り出して支払った。
> なお、備品については補助金に相当する額の圧縮記帳（直接減額方式）を行った。
>
> （備　　　　　品）1,000（当　座　預　金）1,000
> （固定資産圧縮損）　400（備　　　　　品）　400

117

4 決算時　　　圧縮記帳後の帳簿価額をもとに減価償却!

　　圧縮記帳を行った有形固定資産の減価償却費は、圧
縮記帳後の帳簿価額をもとに計算します。

例23-3 TO社は、当期首に購入した 例23-2 の備品について、
定額法（残存価額はゼロ、耐用年数は5年）によって
減価償却を行う。
なお、記帳方法は間接法である。

　❶圧縮記帳後の帳簿価額：1,000円－400円＝600円
　❷減価償却費：600円÷5年＝120円

（ 減 価 償 却 費 ）　　120 （ 備品減価償却累計額 ）　　120

まとめ

●圧縮記帳

　・国庫補助金を受け取ったとき
　　→国庫補助金受贈益[収益]で処理

　・有形固定資産を取得したとき
　　→国庫補助金の分だけ取得原価を直接減額するとともに
　　　借方科目は固定資産圧縮損[費用]で処理

　・決算時
　　→圧縮記帳後の帳簿価額をもとに減価償却

STAGE 2 / THEME 5

固定資産圧縮損 さん

国庫補助金受贈益 くん

STAGE 1

STAGE 2　ステージ2…取引と仕訳❷ ― テーマ5…有形固定資産❷

STAGE 3

STAGE 4

STAGE 5

STAGE 6

STAGE 7

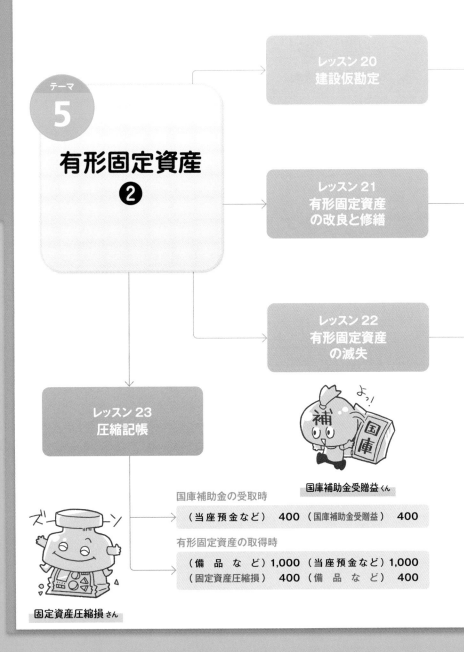

テーマ
5

有形固定資産 ❷

レッスン 20
建設仮勘定

レッスン 21
有形固定資産
の改良と修繕

レッスン 22
有形固定資産
の滅失

レッスン 23
圧縮記帳

国庫補助金受贈益 くん

国庫補助金の受取時

（当座預金など）　400　（国庫補助金受贈益）　400

有形固定資産の取得時

（備　品　な　ど）1,000　（当座預金など）1,000
（固定資産圧縮損）　400　（備　品　な　ど）　400

固定資産圧縮損 さん

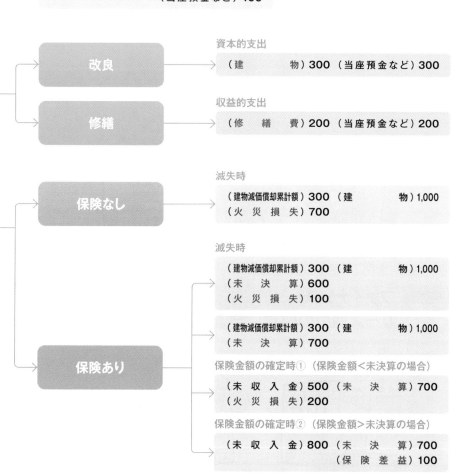

建設中の建物の代金の支払時

→　（建 設 仮 勘 定）100　（当座預金など）100

建物の完成・引渡時

→　（建　　　　物）500　（建 設 仮 勘 定）100
　　　　　　　　　　　　（当座預金など）400

改良

資本的支出

→　（建　　　　物）300　（当座預金など）300

修繕

収益的支出

→　（修　　繕　　費）200　（当座預金など）200

保険なし

滅失時

→　（建物減価償却累計額）300　（建　　　　物）1,000
　　（火 災 損 失）700

保険あり

滅失時

→　（建物減価償却累計額）300　（建　　　　物）1,000
　　（未　決　算）600
　　（火 災 損 失）100

→　（建物減価償却累計額）300　（建　　　　物）1,000
　　（未　決　算）700

保険金額の確定時①（保険金額＜未決算の場合）

→　（未 収 入 金）500　（未　決　算）700
　　（火 災 損 失）200

保険金額の確定時②（保険金額＞未決算の場合）

→　（未 収 入 金）800　（未　決　算）700
　　　　　　　　　　　　（保 険 差 益）100

ステージ 2 テーマ ④ ⑤ ⑥ ⑦

テーマ

6 リース取引 で学ぶ内容

Lesson 24 リース取引とは

会社で使う複合機。
買ってもいいけどメンテナンスなど
メンドクサイのでリースにした！

Lesson 25 ファイナンス・リース取引の処理

「リースだけど、買ったのと同じ」
ということは、有形固定資産の購入と
同じ処理なのかな？

買ったのと同じなら、
うちの子と同じ
処理だね

←うちの子
（自分で買った備品）

一連の流れでおさえて！

Lesson 26 オペレーティング・リース取引の処理

通常の「賃貸借取引」ということは、建物を借りて家賃を支払ったときの処理と似ているハズ！

これはふつうに借りた処理ね！

24

会社で使うパソコンとか複合機はリースが便利！

リース取引とは

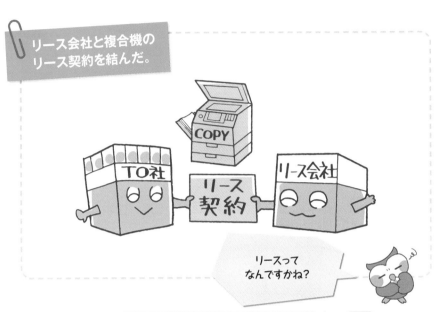

リース会社と複合機の
リース契約を結んだ。

リースって
なんですかね？

① リース取引とは

月額払いで資産を借りること

　リース取引とは、事業を行うのに必要な資産をあらかじ
め決められた期間（リース期間）にわたって借りる契約を結ん
で、借手が貸手に使用料（リース料）を支払う取引をいいます。

② リース取引の分類

借りているけど、買ったのと同じなら…

　リース取引は、法的には賃貸借取引ですが、リース契約
によっては、売買取引と同様の経済的実態をもつリース取
引があります。このようなリース取引を**ファイナンス・リー
ス取引**といいます。

　また、ファイナンス・リース取引以外のリース取引を**オペ
レーティング・リース取引**といいます。

<語句>
**ファイナンス・リー
ス取引**
❶リース期間の途
中で解約すること
ができない取引（ま
たはこれに準ずる取引）
で、❷借手がリー
ス物件から生じる
経済的利益を享
受し、かつ使用に
かかる費用を実質
的に負担すること
となるリース取引

STAGE 2 / THEME 6

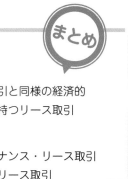

● リース取引とは

```
                    ┌──────────────┐
              ┌────→│ ファイナンス・  │   売買取引と同様の経済的
              │     │ リース取引     │   実態を持つリース取引
 ┌─────────┐ │     └──────────────┘
 │ リース取引 │─┤
 └─────────┘ │     ┌──────────────┐
              └────→│ オペレーティング・ │  ファイナンス・リース取引
                    │ リース取引     │   以外のリース取引
                    └──────────────┘
```

STAGE 1

STAGE 2 ステージ2…取引と仕訳❷ ― テーマ6…リース取引

STAGE 3

STAGE 4

STAGE 5

STAGE 6

STAGE 7

「買ったのと同様」だから資産計上するよ!

ファイナンス・リース取引の処理

リース契約が
ファイナンス・リース取引に該当した。

買ったのと同じなら、
うちの子と同じ
処理だね

TO社

←うちの子
（自分で買った備品）

ファイナンス
リース

COPY

リース会社

2級では借手側
の処理のみ学習
します!

1 ファイナンス・リース取引の処理 売買処理をする!

　ファイナンス・リース取引は、通常の売買取引(代金は分割払い)と同様の処理を行います。

　具体的には、取引開始時にリース物件を**リース資産**[資産]、分割払いによる「あとで支払わなければならない義務」を**リース債務**[負債]で処理します。

（リース資産）　xxx（リース債務）　xxx

　なお、借手が貸手に支払うリース料総額の中には、利息相当額が含まれますが、この利息相当額の処理については、**利子込み法**と**利子抜き法**の2つの処理方法があります。

備品[資産]
を買って、
代金は後払い
(未払金[負債])
にしたのと同じ!

STAGE 1

STAGE 2　ステージ2…取引と仕訳❷ ─ テーマ6…リース取引

STAGE 3

STAGE 4

STAGE 5

STAGE 6

STAGE 7

2　利子込み法

計上価額=リース料総額

まずは利子込み法による処理を見てみましょう。

◆リース取引を開始したとき

利子込み法で、リース取引を開始したときは、利息相当額を含んだリース料総額で、**リース資産**[**資産**]と**リース債務**[**負債**]を計上します。

具体例を使って
やってみましょう

> 例 25-1　**当期首（4月1日）に下記の条件で備品について
> リース契約を結んだ（ファイナンス・リース取引）。**
>
> **リース期間:5年間**　（利子込み法）
> **見積現金購入価額:500円**
> **年間リース料:120円（毎年3月31日）**
>
> リース料総額:120円×5年＝600円
>
> （リース資産）　600（リース債務）　600

◆リース料を支払ったとき

リース料を支払ったときは、**リース債務**[**負債**]を減少させます。

例25-2 3月31日。下記のリース資産について、
リース料を現金で支払った。

リース期間:5年間　　　　利子込み法
見積現金購入価額:500円
年間リース料:120円(毎年3月31日)

(リ ー ス 債 務)　120 (現　　　　金)　120

◆決算時

　決算時には、リース資産について、リース期間を耐用年
数、残存価額をゼロとして減価償却を行います。

計算して
みましょう

例25-3 3月31日。決算日において、
リース資産(計上価額600円)について
定額法(残存価額はゼロ、耐用年数は5年)で
減価償却を行う。なお、記帳方法は間接法である。

減価償却費:600円÷5年=120円

(減 価 償 却 費)　120 (リース資産減価償却累計額)　120

STAGE 2 / THEME 6

STAGE 1

STAGE 2 ステージ2…取引と仕訳❷ ─ テーマ6…リース取引

STAGE 3

STAGE 4

STAGE 5

STAGE 6

STAGE 7

3 利子抜き法　計上価額=見積現金購入価額

次に利子抜き法による処理を見てみましょう。

◆リース取引を開始したとき

利子抜き法で、リース取引を開始したときは、リース料総額から利息相当額を控除した金額（見積現金購入価額）で、**リース資産[資産]**と**リース債務[負債]**を計上します。

では
やってみましょう

例25-4 当期首（4月1日）に下記の条件で備品について
リース契約を結んだ（ファイナンス・リース取引）。

> リース期間：5年間　　　　（利子抜き法）
> 見積現金購入価額：500円
> 年間リース料：120円（毎年3月31日）

（リース資産）　500（リース債務）　　500

◆リース料を支払ったとき

リース料を支払ったときは、支払ったリース料に対応する**リース債務[負債]**を減少させるとともに、リース料に含まれる利息相当額を**支払利息[費用]**で処理します。

このときの利息相当額は、（2級の場合は）定額法によって計算します。

すこ〜し
難しいかな?

例25-5 3月31日。下記のリース資産について、
リース料を現金で支払った。

リース期間:5年間   利子抜き法
見積現金購入価額:500円
年間リース料:120円(毎年3月31日)

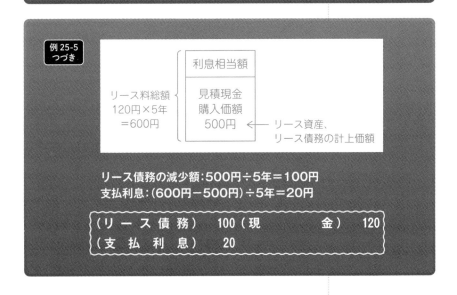

例25-5
つづき

利息相当額

リース料総額
120円×5年
=600円

見積現金
購入価額
500円   ← リース資産、
リース債務の計上価額

リース債務の減少額:500円÷5年=100円
支払利息:(600円−500円)÷5年=20円

(リース債務) 100 (現   金) 120
(支 払 利 息)   20

◆決算時

　決算時には、リース資産について、リース期間を耐用年
数、残存価額をゼロとして減価償却を行います。

STAGE 2 / THEME 6

これは簡単
ですね!

例25-6 3月31日。決算日において、
リース資産（計上価額500円）について
定額法（残存価額はゼロ、耐用年数は5年）で
減価償却を行う。なお、記帳方法は間接法である。

減価償却費：500円÷5年＝100円

（減 価 償 却 費）　　100（リース資産減価償却累計額）　　100

　また、決算日とリース料の支払日が異なる場合には、当
期分の利息相当額のうち、まだ支払っていない分につい
て利息の未払計上を行います。

たとえば、決算日が
3月31日で
リース料の支払日が
毎年1月末日の場合は、

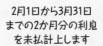

2月1日から3月31日
までの2か月分の利息
を未払計上します

（支 払 利 息）　　×××（未 払 利 息）　　×××

STAGE 1

STAGE 2　ステージ2…取引と仕訳❷ ― テーマ6…リース取引

STAGE 3

STAGE 4

STAGE 5

STAGE 6

STAGE 7

まとめ

●ファイナンス・リース取引の処理

利子込み法

リース料総額 ─┤

| 利息相当額 |
| 見積現金
購入価額 |

リース資産、
リース債務の計上価額

☆支払利息は計上しない

利子抜き法

リース料総額 ─┤

| 利息相当額 |
| 見積現金
購入価額 |

── リース資産、
リース債務の計上価額

☆リース料支払時に、リース料に含まれる
利息相当額を**支払利息**[費用]で計上

STAGE 1

STAGE 2 ステージ2…取引と仕訳❷ ― テーマ6…リース取引

STAGE 3

STAGE 4

STAGE 5

STAGE 6

STAGE 7

Lesson 26

ふつうに「借りた」処理をして!

オペレーティング・リース取引の処理

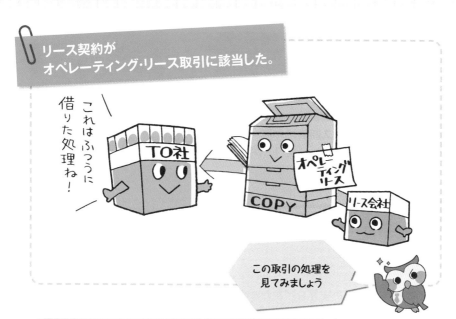

リース契約が
オペレーティング・リース取引に該当した。

これはふつうに借りた処理ね!

TO社

オペレーティングリース

COPY

リース会社

この取引の処理を
見てみましょう

---

1 オペレーティング・リース取引の処理 借りた処理をする!

オペレーティング・リース取引は、通常の賃貸借取引(有形固定資産を借りて、リース料を支払った)に準じた処理を行います。

◆リース取引を開始したとき

オペレーティング・リース取引を開始したときは、なんの処理もしません。

◆リース料を支払ったとき

リース料を支払ったときは、支払ったリース料を**支払リース料[費用]**で処理します。

建物を借りて
支払った賃借料を
支払家賃[費用]
で処理するのと
同じ!

では
確認です!

例 26-1 当期首（4月1日）にリース取引（オペレーティング・リース
取引）を開始している。
3月31日となり、リース料を現金で支払った。

リース期間:5年間
年間リース料:120円（毎年3月31日）

（支払リース料）　120（現　　　　金）　120

◆決算時

　決算日とリース料の支払日が異なる場合には、当期分の
リース料のうち、まだ支払っていない分について未払計上
を行います。

（支払リース料）　×××（未払リース料）　×××

まとめ

●オペレーティング・リース取引

・リース料を支払ったとき
　→支払リース料［費用］を計上

・決算日≠リース料支払日のとき
　→当期分の未払リース料［負債］を計上

STAGE 2 / THEME 6

STAGE 1

STAGE 2　ステージ2…取引と仕訳❷　─　テーマ6…リース取引

STAGE 3

STAGE 4

STAGE 5

STAGE 6

STAGE 7

リース取引は必ず
マスターしましょう!

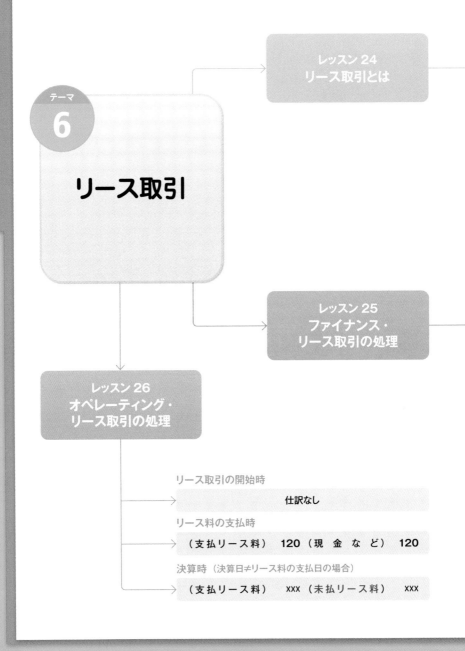

テーマ
6

リース取引

レッスン 24
リース取引とは

レッスン 25
**ファイナンス・
リース取引の処理**

レッスン 26
**オペレーティング・
リース取引の処理**

リース取引の開始時

仕訳なし

リース料の支払時

（支払リース料）　120　（現金など）　120

決算時（決算日≠リース料の支払日の場合）

（支払リース料）　xxx　（未払リース料）　xxx

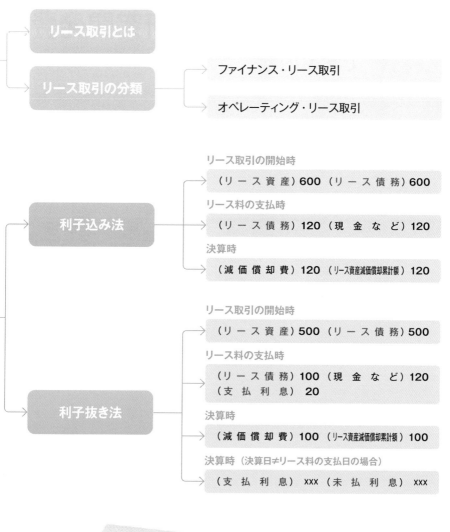

リース取引とは

リース取引の分類

→ ファイナンス・リース取引

→ オペレーティング・リース取引

利子込み法

リース取引の開始時

→ （リ ー ス 資 産）600 （リ ー ス 債 務）600

リース料の支払時

→ （リ ー ス 債 務）120 （現 金 な ど）120

決算時

→ （減 価 償 却 費）120 （リース資産減価償却累計額）120

利子抜き法

リース取引の開始時

→ （リ ー ス 資 産）500 （リ ー ス 債 務）500

リース料の支払時

→ （リ ー ス 債 務）100 （現 金 な ど）120
（支 払 利 息） 20

決算時

→ （減 価 償 却 費）100 （リース資産減価償却累計額）100

決算時（決算日≠リース料の支払日の場合）

→ （支 払 利 息）xxx （未 払 利 息）xxx

問題を解いて、
知識を定着させましょう!

ステージ2 テーマ ⑦

テーマ 7 無形固定資産と研究開発費
で学ぶ内容

Lesson 27 無形固定資産

特許権を取得した！
こんなとき、どう処理するの？

Lesson 28 ソフトウェア

社内で利用するための
ソフトウェアを購入した！
こんなときの処理は？

形がないものでも資産計上&償却

研究開発費

新技術の研究や新製品の開発のためだけ
に使う器具や備品の購入費。
資産計上？　費用計上？

Lesson 27

目には見えなくても、価値があるものは資産計上！

無形固定資産

特許権を取得した。

このときの処理を
見てみましょう

1 無形固定資産とは 「有形」…形がある 「無形」…形がない

無形固定資産とは、具体的な形のない、長期に保有する資産をいいます。

無形固定資産
にはこんなものが
あります

●主な無形固定資産

法律上の権利

・特許権 ・商標権 ・借地権

経済的な価値

・のれん ←ブランド力とかノウハウ、知名度、顧客といった
帳簿上にはあらわれない経済的な価値

ソフトウェア ←レッスン28で学習！

STAGE 2 / THEME 7

140

2 無形固定資産を取得したとき

有形固定資産の取得と同じ!…

無形固定資産を取得したときは、取得に要した金額で計上します。

(特　　許　　権)　xxx (現　金　な　ど)　xxx

特許権を取得
したときは…

3 決算時

残存価額ゼロとした定額法で償却!

無形固定資産は、決算において償却します。

償却方法は**残存価額をゼロとした定額法**で、記帳方法は**直接法**です。

(特 許 権 償 却)　xxx (特　　許　　権)　xxx

また、償却期間は特許権などの法律上の権利については、法律で決められた期間、のれんについては、取得後20年以内の期間ですが、試験では問題文に指示がありますので、指示にしたがって解答してください。

借方は
「〇〇償却」
となります

STAGE 1

STAGE 2 ステージ2…取引と仕訳❷ ─ テーマ7…無形固定資産と研究開発費

STAGE 3

STAGE 4

STAGE 5

STAGE 6

STAGE 7

例 27-1 ① 特許権を700円で取得し、
登録料100円とともに小切手を振り出して支払った。

(特 許 権) 800 (当 座 預 金) 800

② 決算において、
①の特許権を償却期間8年で償却する。

特許権償却：800円÷8年＝100円

(特 許 権 償 却) 100 (特 許 権) 100

まとめ

●無形固定資産の償却

・残存価額をゼロとした定額法で償却
・記帳方法は直接法

STAGE 1

STAGE 2 ステージ2…取引と仕訳❷ ― テーマ7…無形固定資産と研究開発費

STAGE 3

STAGE 4

STAGE 5

STAGE 6

STAGE 7

Lesson 28

パソコンにインストールする「アレ」の処理

ソフトウェア

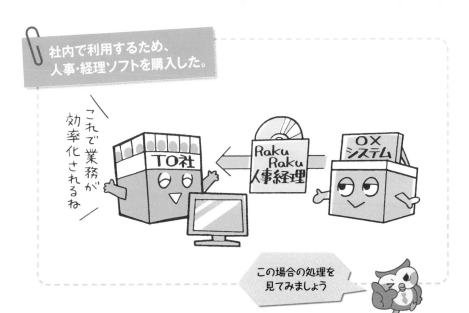

社内で利用するため、
人事・経理ソフトを購入した。

これで業務が
効率化される
ね

TO社

Raku Raku 人事経理

○×
システム

この場合の処理を
見てみましょう

1 ソフトウェアを取得したとき

そのまんま「ソフトウェア」
で処理!

自社で利用するためのソフトウェア（自社利用目的のソフトウェア）を購入したときは、**ソフトウェア[資産]**で処理します。

（ソフトウェア）　×××（現　金　な　ど）　×××

ソフトウェア さん

なお、自社で利用するためのソフトウェアの開発を外部に依頼した場合の、引き渡しを受ける前に支払った金額は**ソフトウェア仮勘定[資産]**で処理します。

（ソフトウェア仮勘定）　×××（現　金　な　ど）　×××

「建設仮勘定」
みたいなもの
ですね

そして、ソフトウェアが完成し、引き渡しを受けたときは、**ソフトウェア仮勘定**[資産]から**ソフトウェア**[資産]に振り替えます。

```
（ソフトウェア）    ×××（ソフトウェア仮勘定）    ×××
```

② 決算時

やっぱり「償却」！

自社利用目的のソフトウェアは、利用可能期間にわたって、**残存価額をゼロとした定額法**で償却します。

なお、記帳方法は**直接法**です。

例 28-1 ① 当期首に自社利用目的のソフトウェア500円を購入し、現金で支払った。

```
（ソフトウェア）   500（現      金）   500
```

② 決算において、①のソフトウェアを
利用可能期間5年で償却する。

ソフトウェア償却：500円÷5年＝100円

```
（ソフトウェア償却）   100（ソフトウェア）   100
```

まとめ

●ソフトウェア

・ソフトウェアの購入費や製作費→ソフトウェア[資産]で処理
・完成・引き渡し前に支払ったソフトウェアの製作費
→ソフトウェア仮勘定[資産]で処理

STAGE 2／THEME 7

STAGE 1

STAGE 2 ステージ2…取引と仕訳❷ ― テーマ7…無形固定資産と研究開発費

STAGE 3

STAGE 4

STAGE 5

STAGE 6

STAGE 7

Lesson 29

成功するかどうかわからないから支出時に費用計上！

研究開発費

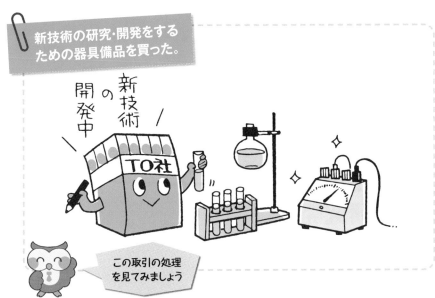

新技術の研究・開発をするための器具備品を買った。

この取引の処理を見てみましょう

1 研究開発費の処理

支出したときに費用計上！

新技術の発見や新製品の開発を目的とした研究・開発に要した費用は**研究開発費[費用]**で処理します。

研究しかないわ!!

研究開発費 さん

例 29-1 もっぱら研究・開発のために使用する器具・装置を100円で購入し、小切手を振り出して支払った。

（研究開発費） 100（当座預金） 100

145

取得時（特許権の場合）

（特　　許　　権）800　（当座預金など）800

決算時（特許権の場合）

（特 許 権 償 却）100　（特　　　許　　　権）100

取得時

（ソフトウェア）500　（現　金　な　ど）500

決算時

（ソフトウェア償却）100　（ソ フ ト ウ ェ ア）100

ソフトウェア さん

研究・開発目的の支出

（研 究 開 発 費）100　（当座預金など）100

研究開発費 さん

問題、
解いてますか〜?

ステージ3

取引と仕訳❸

株式や社債を取得・所有しているときの処理や
各種引当金の設定、そして
海外の会社と取引があったときの換算
について見ていきます。

ちょっと細かい内容も
ありますが…
見ていきましょう!

ステージ 3 テーマ ⑧ ⑨ ⑩

テーマ 8 有価証券 で学ぶ内容

Lesson 30 有価証券の分類

株式や公社債を所有する目的は
さまざま。
目的に応じて分類・処理しよう!

目的別に
いろいろ
買ってみた

売買目的で!
❶ N社株式

長期保有で利息を得る!
❷ R社社債

支配目的で!
❸ S社株式

❶〜❸以外の目的で!
❹ B社株式

TO社

Lesson 31 株式の処理

❶株式を買った　❷配当金を受け取った
❸株式を売却した
ときの処理は?

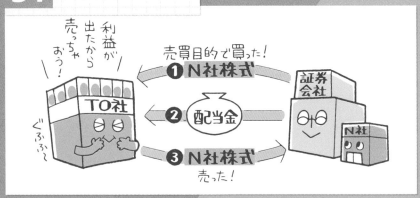

利益が
出たから
売っちゃ
おう!

売買目的で買った!
❶ N社株式

❷ 配当金

❸ N社株式
売った!

TO社

ぐふふ〜

証券
会社

N社

有価証券は試験によく出る！
しっかり内容を確認しておこう！

Lesson 32 公社債の処理

❶公社債を買った　❷利息を受け取った
❸公社債を売却した
ときの処理は?

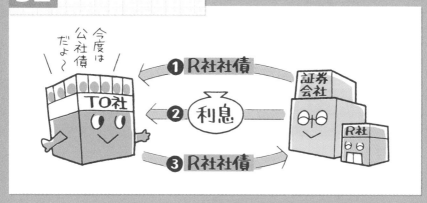

Lesson 33 有価証券の
期末評価

時価情報は重要だけど、売る予定がないも
のなら、取得原価のままでいいんじゃない?
……って話。

取得する目的によって分類されるし、処理も違う！
有価証券の分類

① 売買して儲けを得るため N社株式を買った。

② 満期まで所有して利息を得る ためR社社債を買った。

目的別にいろいろ買ってみた

売買目的で！ ❶ N社株式

長期保有で利息を得る！ ❷ R社社債

支配目的で！ ❸ S社株式

❶〜❸以外の目的で！ ❹ B社株式

③ S社の株式を買って S社を子会社とした。

④ B社とは長期的に付き合って いきたいからB社株式を買った。

いろんな目的で たくさん 買いましたね…

1 有価証券とは
価値の有る証券！

簿記でいう**有価証券**とは、投資の目的で所有する**株式**および**公社債**（国債、地方債、社債）をいいます。

2 有価証券の分類
所有目的によって分類される

有価証券は、どんな目的で所有するのかによって、次のように分類されます。

> **語句**
>
> **公社債**（こうしゃさい）
> 国が発行する**国債**、地方自治体が発行する**地方債**、株式会社が発行する**社債**をまとめた言い方

STAGE 3 / THEME 8

STAGE 1

STAGE 2

STAGE 3 ステージ3…取引と仕訳❸ 一テーマ8…有価証券

STAGE 4

STAGE 5

STAGE 6

STAGE 7

有価証券の分類

❶ 売買目的有価証券（ばいばいもくてきゆうかしょうけん）

　　　　　　　　　短期間で売買して利益を得ることを目的として保有する株式や公社債

❷ 満期保有目的債券（まんきほゆうもくてきさいけん）

　　　　　　　　　満期まで所有するつもりで保有する公社債

❸ 子会社株式・関連会社株式

　　子会社株式 …… 他社を支配するために保有する株式

　　関連会社株式 …… 他社に影響力を及ぼすために保有する株式

❹ その他有価証券

　　　　　　　　　上記のいずれにも分類されない有価証券

かせぐよー

売買

売買目的有価証券 さん

満期保有目的債券 さん　　子会社株式 さん　　その他有価証券 さん

他社が発行する株式の過半数（50%超）を所有したときなどは

「他社を支配している」とされて子会社株式に分類されます

参考　**貸借対照表上の表示区分**

　　有価証券は上記のように分類され、すべて資産として計上しますが、貸借対照表上（B/S上）の表示科目と表示区分は下記のように異なります。

分　類	B/S上の表示科目	B/S上の表示区分
売買目的有価証券	有価証券	流動資産
満期保有目的債券	投資有価証券※	固定資産※（投資その他の資産）
子会社株式・関連会社株式	関係会社株式	固定資産（投資その他の資産）
その他有価証券	投資有価証券※	固定資産※（投資その他の資産）

※ 決算日の翌日から1年以内に満期日が到来する債券については、売買目的有価証券と同様の表示科目、表示区分となります。

貸借対照表の表示区分はレッスン59で学習します

どの目的で所有する株式でも処理は同じ

株式の処理

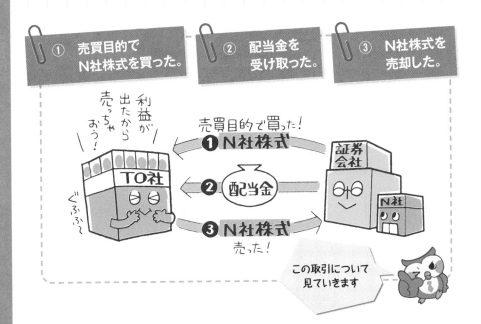

① 売買目的で
N社株式を買った。

② 配当金を
受け取った。

③ N社株式を
売却した。

この取引について
見ていきます

1 株式を購入したとき　購入代価＋付随費用で処理

　株式を取得したときは、保有目的に応じた勘定科目で資産計上します。

　この場合の計上価額(取得原価)は、購入代価に証券会社に支払った手数料などの付随費用を加算した金額となります。

取得原価＝購入単価×購入株数＋付随費用
　　　　　　└─ 購入代価 ─┘

購入代価は
1株あたりの
購入単価に
購入株数を
掛けた金額
です

STAGE 1

STAGE 2

STAGE 3 ステージ3…取引と仕訳❸ — テーマ8…有価証券

STAGE 4

STAGE 5

STAGE 6

STAGE 7

かせぐよー

売買

では仕訳を
確認しましょう

例 31-1 売買目的でN社株式を@10円で20株購入し、
代金は購入手数料10円とともに
後日支払うこととした。

取得原価：@10円×20株＋10円＝210円

（ 売買目的有価証券 ）　210（ 未　　払　　金 ）　210

ちなみに
「子会社として支配した」
だったら…

子

おとーさーん

（ 子 会 社 株 式 ）　210（ 未　　払　　金 ）　210

その他　その他

「その他有価
証券」だったら…

（ その他有価証券 ）　210（ 未　　払　　金 ）　210

2 配当金を受け取ったとき　　「受取配当金」で処理！

　株式を所有していると、会社から**配当**という形で利益の
分配を受けることができます。

　配当金を受け取ったときは、**受取配当金[収益]**で処理し
ます。

(　　　　　) ×××（受 取 配 当 金）　×××

なお、株主総会で配当額が決定すると、株主のもとに**配
当金領収証**が送られてきます。この配当金領収証を金融
機関に持っていくと現金を受け取ることができます。その
ため、配当金領収証を受け取ったときは**現金**[資産]の増加
として処理します。

（現　　　　　金）×××（受 取 配 当 金）　×××

では仕訳を
確認しましょう

例31-2 **保有するN社株式について、
配当金領収証50円を受け取った。**

（現　　　　　金）　50（受 取 配 当 金）　50

3 株式を売却したとき① 有形固定資産の売却と同じ!

株式を売却したときは、売却した株式の帳簿価額を減
少させます。

なお、帳簿価額と売却価額との差額は、**有価証券売却
損**[費用]または**有価証券売却益**[収益]で処理します。

処理は
有形固定資産の
売却と同様!

仕訳を確認して
おきましょう

例 31-3 売買目的で保有するN社株式10株(帳簿価額は210円)を1株あたり20円で売却し、代金は現金で受け取った。

売却価額:@20円×10株=200円

(現　　　金)　200 (売買目的有価証券)　210
(有価証券売却損)　10

└─ 貸借差額

1株25円で
売却したら…

例 31-4 売買目的で保有するN社株式10株(帳簿価額は210円)を1株あたり25円で売却し、代金は現金で受け取った。

売却価額:@25円×10株=250円

(現　　　金)　250 (売買目的有価証券)　210
　　　　　　　　　(有価証券売却益)　40

└─ 貸借差額

4 株式を売却したとき②

複数回に分けて買った
株式の場合は…

　複数回に分けて購入した株式を売却したときは、売却した株式の帳簿価額は**平均原価法**で計算します。

平均単価の
計算は
こうやります

例 31-5 当期中に2回に分けて売買目的で購入した
N社株式50株のうち、30株を1株あたり26円で売却し、
代金は現金で受け取った。
なお、1回目は10株を1株あたり20円で購入し、
2回目は40株を1株あたり25円で購入している。

例 31-5
つづき 平均単価：$\dfrac{@20円×10株＋@25円×40株}{10株＋40株}=@24円$

売却した株式の帳簿価額：@24円×30株＝720円
売却価額：@26円×30株＝780円

| （現　　　　金） | 780 | （売買目的有価証券） | 720 |
| | | （有価証券売却益） | 60 |

 貸借差額

 まとめ

●株式の処理

・複数回に分けて購入した株式を売却したとき
→売却株式の帳簿価額は平均原価法で計算する！
平均単価を求める！

STAGE 3 / THEME 8

参考 **売却手数料の処理**

　有価証券を売却するときにかかった手数料の処理は、①「**支払手数料**」**で処理する方法**と、②「**有価証券売却損益**」**に含めて処理する方法**の2つがあります。

例31-6 売買目的で保有するN社株式（帳簿価額は210円）を250円で売却し、売却手数料10円を差し引いた残高は現金で受け取った。

手取額：250円－10円＝240円

①「支払手数料」で処理する方法

（現　　　　金）	240	（売買目的有価証券）	210
（支払手数料）	10	（有価証券売却益）	40

売却価額－帳簿価額

②「有価証券売却損益」に含めて処理する方法

（現　　　　金）	240	（売買目的有価証券）	210
		（有価証券売却益）	30

手取額－帳簿価額

STAGE 1
STAGE 2
STAGE 3 ステージ3…取引と仕訳❸ ― テーマ8…有価証券
STAGE 4
STAGE 5
STAGE 6
STAGE 7

32

公社債を持っていると、定期的に利息を受け取れる

公社債の処理

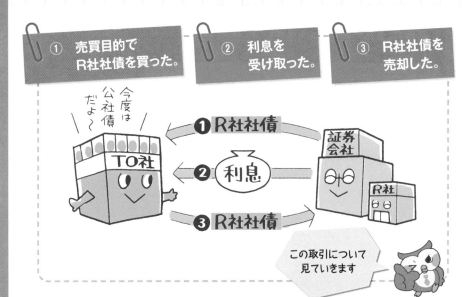

① 売買目的で
R社社債を買った。

② 利息を
受け取った。

③ R社社債を
売却した。

今度は公社債だよ〜

❶ R社社債

❷ 利息

❸ R社社債

TO社

証券会社

R社

この取引について
見ていきます

1 公社債を購入したとき

「1口いくら」で計算するよ

公社債は1口、2口と数えます。

株式は「1株〇円で購入した」といいますが、公社債は
「額面100円あたり〇円で購入した」といいます。

額面とは、公社債の券面に記載されている金額をいい
ます。

> したがって、
> 額面1,000円の
> 社債を
> 額面100円につき
> 95円で購入した

> という場合の
> 取得原価は
> こうなります

購入口数:1,000円÷100円=10口
取得原価:95円×10口=950円

まとめて計算するならこう!

取得原価:$1,000円 × \dfrac{95円}{100円} = 950円$

STAGE 1

STAGE 2

STAGE 3 ステージ3…取引と仕訳❸ ― テーマ8…有価証券

STAGE 4

STAGE 5

STAGE 6

STAGE 7

　なお、公社債の場合も付随費用があるときは、購入代価に付随費用を加算した金額を取得原価として計上します。

$$\text{取得原価}=\underbrace{\text{額面金額}\times\frac{\text{買入単価}}{100\text{円}}}_{\text{購入代価}}+\text{付随費用}$$

かせぐよー

では仕訳を
確認しましょう

例 32-1 売買目的で額面1,000円のR社社債を
額面100円につき95円で購入し、
代金は購入手数料10円とともに
後日支払うこととした。

$$\text{取得原価：}1,000\text{円}\times\frac{95\text{円}}{100\text{円}}+10\text{円}=960\text{円}$$

| （売買目的有価証券） | 960 | （未 払 金） | 960 |

ちなみに
「満期保有目的債券」
だったら…

満期

| （満期保有目的債券） | 960 | （未 払 金） | 960 |

② 利息を受け取ったとき 「有価証券利息」で処理!

国債や社債は、国や会社が一般の人から 資金を調達するために発行するもの（一般の人が国や会社にお金を貸しているのと同じ）です。

ですから、国債や社債を所有していると、国や会社から利息を受け取ることができます。

所有する公社債について利息を受け取ったときは、**有価証券利息[収益]**で処理します。

お金の
貸し借りには
利息が
つきますよね!

```
(          ) xxx （有価証券利息） xxx
```

公社債の利息は、公社債の発行者から受け取っている利札のうち、期限が到来した分を金融機関に持っていくと現金を受け取ることができます。

そのため、期限到来後の公社債利札は**現金[資産]**で処理します。

では仕訳を
確認しましょう

```
（現      金） xxx （有価証券利息） xxx
```

例 32-2 所有するR社社債について、
社債利札10円の期限が到来した。

```
（現      金） 10 （有価証券利息） 10
```

STAGE 1
STAGE 2
STAGE 3 ステージ3…取引と仕訳❸ ─ テーマ8…有価証券
STAGE 4
STAGE 5
STAGE 6
STAGE 7

③ 公社債を売却したとき

処理は株式の売却と同じ!

公社債を売却したときは、売却した公社債の帳簿価額を減少させます。

なお、帳簿価額と売却価額との差額は、**有価証券売却損**[費用]または**有価証券売却益**[収益]で処理します。

ではやってみましょう

例 32-3 **売買目的で保有するR社社債について、額面1,000円（帳簿価額960円）を額面100円につき97円で売却し、代金は現金で受け取った。**

売却価額：$1,000円 \times \dfrac{97円}{100円} = 970円$

（現　　　　金）	970	（売買目的有価証券）	960
		（有価証券売却益）	10

貸借差額

---

④ 端数利息の処理

利払日以外の日に売買すると利息の精算も必要

公社債の利息は、利払日に、その時点の所有者に支払われます。そのため、利払日以外の日に公社債を売買したときは、公社債の買主は売主に対して、前回の利払日の翌日から売買日までの利息を日割りで計算して支払います。

このときの前回の利払日の翌日から売買日までの利息を**端数利息**といいます。

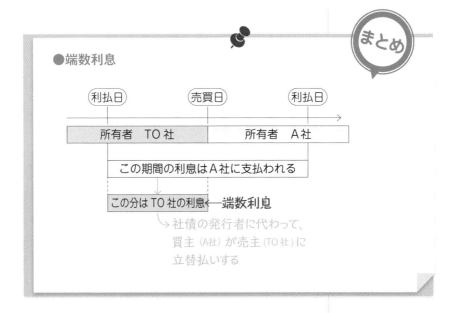

●端数利息

端数利息は次の計算式で求めます。

$$端数利息 = 額面金額 \times 年利率 \times \frac{前回の利払日の翌日から売買日までの日数}{365日}$$

◆売主の処理

売主は買主から端数利息を受け取ります。したがって、**有価証券利息**[収益]を計上します。

STAGE 1

STAGE 2

STAGE 3 ステージ3…取引と仕訳❸ ─ テーマ8…有価証券

STAGE 4

STAGE 5

STAGE 6

STAGE 7

売主の処理
を見てみましょう

例32-4 **9月18日。TO社はA社に売買目的で所有する R社社債（額面金額1,000円、年利率7.3％、 利払日は6月末日と12月末日、帳簿価額960円） を額面100円につき97円で売却し、 代金は端数利息とともに現金で受け取った。**

売却価額：$1,000円 \times \dfrac{97円}{100円} = 970円$

端数利息：$1,000円 \times 7.3\% \times \dfrac{80日}{365日} = 16円$

例32-4 つづき **① 社債の売却の仕訳**

（現　　　　　金）	970	（売買目的有価証券）	960
		（有価証券売却益）	10

② 利息の受け取りの仕訳　＋

（現　　　　　金）	16	（有価証券利息）	16

③ 解答の仕訳（①＋②）

（現　　　　　金）	986	（売買目的有価証券）	960
		（有価証券売却益）	10
		（有価証券利息）	16

◆買主の処理

買主は、売買日に、公社債の発行者に代わって売主に
端数利息を立替払いします。このとき、買主は端数利息に
ついて**有価証券利息**[収益]の減少で処理します。

こんどは買主
の処理！

例32-5 9月18日。A社はTO社から売買目的で
R社社債（額面金額1,000円、年利率7.3%、
利払日は6月末日と12月末日）を額面100円につき
97円で購入し、代金は端数利息とともに現金で支払った。

取得原価：$1,000円 \times \dfrac{97円}{100円} = 970円$

端数利息：$1,000円 \times 7.3\% \times \dfrac{80日}{365日} = 16円$

例32-5
つづき

① 社債の購入の仕訳

（売買目的有価証券）　970　（現　　　金）　970

② 利息の立替払いの仕訳　＋

（有価証券利息）　16　（現　　　金）　16

③ 解答の仕訳（①＋②）

（売買目的有価証券）　970　（現　　　金）　986
（有価証券利息）　16

STAGE 3／THEME 8

166

STAGE 1
STAGE 2
STAGE 3 ステージ3…取引と仕訳❸ ── テーマ8…有価証券
STAGE 4
STAGE 5
STAGE 6
STAGE 7

Lesson 33

売る予定がないなら、評価替えなし！

有価証券の期末評価

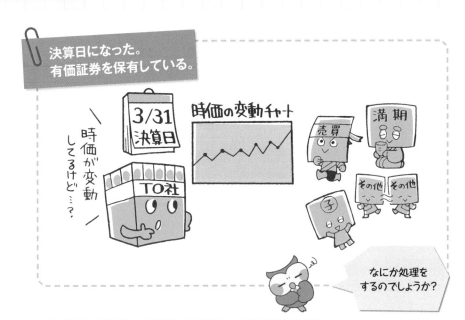

決算日になった。
有価証券を保有している。

なにか処理を
するのでしょうか？

1 売買目的有価証券の評価替え 時価評価する！

売買目的有価証券は、決算日において時価に評価替え
します（**時価法**）。

(語句)
評価替え （ひょうかがえ）
有価証券の帳簿
価額を時価に修
正すること

◆時価が帳簿価額よりも低い場合

時価が帳簿価額よりも低い場合は、その分だけ帳簿価
額を減額します。

そして、相手科目（借方科目）は**有価証券評価損［費用］**で処
理します。

「いま売ったら
損失が出る」
という状態ですね

（ 有価証券評価損 ）　xxx （ **売買目的有価証券** ）　xxx

時価から帳簿価額を
差し引いた金額がマイナス
のときは「評価損」です

例 33-1 決算日における売買目的有価証券（帳簿価額500円）の
時価は450円であった。

評価損益：450円－500円＝△50円→評価損
　　　　　　時価　　　帳簿価額

（ 有価証券評価損 ）　　　50 （ 売買目的有価証券 ）　　　50

◆時価が帳簿価額よりも高い場合

　時価が帳簿価額よりも高い場合は、その分だけ帳簿価
額を増額します。

　そして、相手科目（貸方科目）は**有価証券評価益**[収益]で処
理します。

（ 売買目的有価証券 ）　　　×××　（ 有価証券評価益 ）　　　×××

「いま売ったら
利益が出る」
という状態
ですね

時価から帳簿価額を
差し引いた金額がプラス
のときは「評価益」です

例 33-2 決算日における売買目的有価証券（帳簿価額500円）の
時価は520円であった。

評価損益：520円－500円＝20円→評価益
　　　　　　時価　　　帳簿価額

（ 売買目的有価証券 ）　　　20 （ 有価証券評価益 ）　　　20

STAGE 1

STAGE 2

STAGE 3 ステージ3…取引と仕訳❸ ― テーマ8…有価証券

STAGE 4

STAGE 5

STAGE 6

STAGE 7

参考 **洗替法と切放法**

　売買目的有価証券の評価差額の処理には**洗替法**と**切放法**の2つの方法があります。

洗替法	前期末に時価評価したあと、翌期首に再振替仕訳をして取得原価に戻す方法
切放法	前期末に時価評価した金額をそのまま翌期の帳簿価額として処理する方法（翌期首に再振替仕訳をしない）

語句

再振替仕訳（さいふりかえしわけ）

決算時に行った仕訳の逆仕訳を翌期首に行うこと

2 満期保有目的債券の評価替え 原則評価替えなし。ただし…

　満期保有目的債券は、売る予定がなく満期まで長期に保有するものなので、原則として時価に評価替えしません。

　ただし、額面金額と取得原価の差額が**金利調整差額**と認められるときは、その差額を取得日から満期日まで、一定の方法によって帳簿価額に加減します。

　これを**償却原価法**といいます。

　2級で学習する償却原価法は**定額法**で、次の計算式によって求めた償却額を帳簿価額に加減します。

語句

金利調整差額（きんりちょうせいさがく）

たとえば市場の金利は3％だけど、社債の利率は2％という場合、ふつうに考えると低い利率の社債は買われない。そこで、額面金額よりも低い価額で社債を発行することにより、お得感を出して金利の不利をカバーすることがある。この場合の額面金額と取得原価の差額をいう

$$当期償却額 = (\underset{\text{金利調整差額}}{額面金額 - 取得原価}) \times \frac{当期の所有月数}{取得日から満期日\\までの月数}$$

なお、相手科目は**有価証券利息[収益]**で処理します。

「金利の調整」なので、有価証券利息 [収益] で処理するんですね!

では
計算と仕訳を
やってみましょう

まずは取得日の
仕訳から…

例33-3 当期首（×1年4月1日）に満期保有目的で
R社社債（額面1,000円、満期日は×4年3月31日）を
額面100円あたり97円で購入し、
代金は当座預金口座から支払った。

取得原価：$1,000円 \times \dfrac{97円}{100円} = 970円$

（満期保有目的債券）　970（当　座　預　金）　970

そして
決算日の仕訳は…

例33-4 ×2年3月31日。決算において、例33-3 で取得した
R社社債について償却原価法（定額法）を適用する。

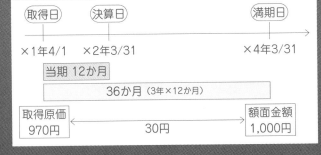

当期償却額：$(1,000円 - 970円) \times \dfrac{12か月}{36か月} = 10円$

（満期保有目的債券）　10（有 価 証 券 利 息）　10

STAGE 3 / THEME 8

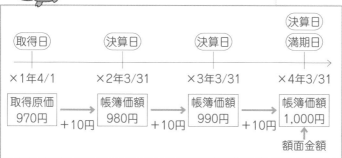

STAGE 1

STAGE 2

STAGE 3　ステージ3…取引と仕訳❸ ― テーマ8…有価証券

STAGE 4

STAGE 5

STAGE 6

STAGE 7

3 子会社株式・関連会社株式　評価替えなし！

　子会社株式や関連会社株式は、売却を想定していないので、決算において時価に評価替えしません。

仕 訳 な し

4 その他有価証券の評価替え　時価評価する！

　その他有価証券は「いつかは売却するもの」なので、決算日における価値を表すため、時価に評価替えします。

　しかし、売買目的有価証券とは異なり、「すぐに売却するもの」ではないため、その評価差額は原則として収益や費用として計上せず、**その他有価証券評価差額金**［純資産］で処理します（**全部純資産直入法**）。

その他有価証券の評価差額の処理には
全部純資産直入法と
部分純資産直入法
がありますが、

2級で学習するのは
全部純資産直入法
だけです

　なお、その他有価証券の評価差額は**洗替法**で処理するため、翌期首において再振替仕訳をして、取得原価に戻します。

では
仕訳を確認
しましょう

例33-5 決算日におけるその他有価証券（帳簿価額800円）の時価は750円であった。

評価差額：750円－800円＝△50円→値下がりした！
　　　　　時価　　帳簿価額

決算時：	（その他有価証券評価差額金）	50	（その他有価証券）	50
翌期首：	（その他有価証券）	50	（その他有価証券評価差額金）	50

これは？

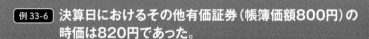

例33-6 決算日におけるその他有価証券（帳簿価額800円）の時価は820円であった。

評価差額：820円－800円＝20円→値上がりした！
　　　　　時価　　帳簿価額

決算時：（その他有価証券）　　20（その他有価証券評価差額金）　　20

翌期首：（その他有価証券評価差額金）　　20（その他有価証券）　　20

まとめ

●有価証券の評価替え

有価証券の分類	時価への評価替え	評価差額の処理
売買目的有価証券	時価に評価替えする	有価証券評価損[費用] 有価証券評価益[収益]
満期保有目的債券	原則：時価に評価替えしない	－
	例外：金利調整差額は償却原価法で処理	有価証券利息[収益]
子会社株式・関連会社株式	時価に評価替えしない	－
その他有価証券	時価に評価替えする	その他有価証券評価差額金[純資産]

STAGE 1
STAGE 2
STAGE 3 ステージ3…取引と仕訳❸ ─ テーマ8…有価証券
STAGE 4
STAGE 5
STAGE 6
STAGE 7

テーマ
8

有価証券

レッスン 30
有価証券の分類

レッスン 31
株式の処理

レッスン 32
公社債の処理

レッスン 33
有価証券の期末評価

**売買目的
有価証券**

決算時（帳簿価額 500 円＞時価 450 円）

| （有価証券評価損） | 50 | （売買目的有価証券） | 50 |

決算時（帳簿価額 500 円＜時価 520 円）

| （売買目的有価証券） | 20 | （有価証券評価益） | 20 |

**満期保有
目的債券**

決算時（原則）

| 仕訳なし |

決算時（金利調整差額があるとき）

| （満期保有目的債券） | 10 | （有価証券利息） | 10 |

または

| （有価証券利息） | xxx | （満期保有目的債券） | xxx |

**子会社株式・
関連会社株式**

決算時

| 仕訳なし |

**その他
有価証券**

決算時（帳簿価額 800 円＞時価 750 円）

| （その他有価証券評価差額金） | 50 | （その他有価証券） | 50 |

決算時（帳簿価額 800 円＜時価 820 円）

| （その他有価証券） | 20 | （その他有価証券評価差額金） | 20 |

売買目的　　　子会社株式・
有価証券　　　関連会社株式

満期保有　　　その他
目的債券　　　有価証券

購入時

（売買目的有価証券など）210	（未払金など）210

配当金の受取時

（現　　　　　金）50	（受取配当金）50

売却時

（現　金　な　ど）xxx	（売買目的有価証券）xxx
（有価証券売却損）xxx	（有価証券売却益）xxx

いずれか

☆複数回に分けて購入した株式を
　売却したときの売却株式の
　帳簿価額は平均原価法で計算する!

一連の流れ

端数利息

購入時

（売買目的有価証券など）960	（未払金など）960

利息の受取時

（現　金　な　ど）10	（有価証券利息）10

売却時

（現　金　な　ど）xxx	（売買目的有価証券）xxx
（有価証券売却損）xxx	（有価証券売却益）xxx

いずれか

売主の処理

（現　金　な　ど）986	（売買目的有価証券）960
	（有価証券売却益）10
	（有価証券利息）16

買主の処理

（売買目的有価証券）970	（現　金　な　ど）986
（有価証券利息）16	

☆利払日≠売買日のときは
　買主は売主に端数利息を
　支払う

へった!

有価証券評価損 さん

ふえた!

有価証券評価益 くん

ぼくだけ
特別♪

差額

その他

その他有価証券評価差額金 くん

はい、問題編の問題
を解いてきて!

175

ステージ 3 テーマ ⑧ ⑨ ⑩

テーマ 9 引当金 で学ぶ内容

Lesson 34 貸倒引当金

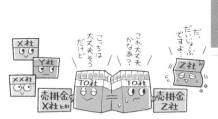

貸倒れのリスクが高い債権は
ほかよりも高い貸倒設定率で
計算して!

Lesson 35 修繕引当金

毎年定期的にやっている建物の
修繕。
当期は都合がつかなかったから、
次期にやることにした
……という場合の処理は?

Lesson 36 賞与引当金

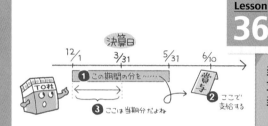

当期の労働分にかかる金額は
支払いが次期でも
当期の費用として計上するよ!

決算手続きでよく出る項目だけど、
内容自体はそんなに難しくない！

Lesson 37 退職給付引当金

退職金って、退職時に支払われる
けど、その従業員は入社時から退
職時まで会社に貢献してるよね？
だから当期の労働分は当期の費
用にしよう……って話。

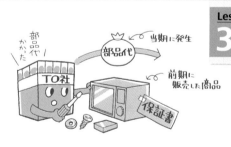

Lesson 38 商品保証引当金

当期に販売した商品の無料修理
を次期に行うということもあるから、
それに備えて引当金を設定しよう！

34

あやしい会社の売掛金の貸倒リスクは個別に評価して!

貸倒引当金

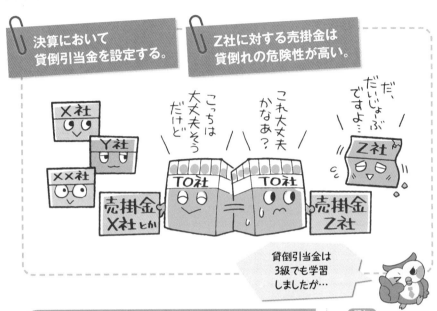

決算において
貸倒引当金を設定する。

Z社に対する売掛金は
貸倒れの危険性が高い。

貸倒引当金は
3級でも学習
しましたが…

1 貸倒引当金

3級の復習!

　貸倒引当金とは、売掛金や受取手形などの債権が将来
回収不能となるリスクに備えて設定する引当金をいいます。

　貸倒引当金は売掛金や受取手形(**売上債権**)のほか、貸
付金(**営業外債権**)に対して設定します。

> **語句**
>
> **引当金** (ひきあてきん)
> 将来予想される
> 費用や損失に備
> えて、その見積額
> を費用計上したと
> きの貸方科目

$$\begin{matrix} \text{貸倒引当金} \\ \text{の設定額} \end{matrix} = \begin{matrix} \text{債権の} \\ \text{期末残高} \end{matrix} \times \begin{matrix} \text{貸倒設定率} \\ \text{(貸倒実績率)} \end{matrix}$$

(貸倒引当金繰入)　×××(貸 倒 引 当 金)　×××

STAGE 3 / THEME 9

STAGE 1

STAGE 2

STAGE 3 ステージ3…取引と仕訳❸ ― テーマ9…引当金

STAGE 4

STAGE 5

STAGE 6

STAGE 7

② 一括評価と個別評価

貸倒れの危険性が高いなら
貸倒設定率を高く見積もる!

一般的な債権（経営状態に重大な問題が生じていない会社に対する
債権）は、過去の貸倒れ実績にもとづいて、一括して貸倒引
当金を設定します（**一括評価**）。

一方、貸倒れの可能性が高い債権については、個別に
回収可能性を見積もって貸倒引当金を設定します（**個別評価**）。

ちょっとやって
みましょうか

例 34-1 | **決算において、売掛金の期末残高500円に対して
貸倒引当金を設定する。
なお、Z社に対する売掛金200円については50%の
貸倒引当金を設定するが、それ以外の売掛金については
貸倒実績率2%で貸倒引当金を設定する。
貸倒引当金の期末残高は8円である。**

貸倒引当金(Z　社)：200円×50%　　　　＝100円
貸倒引当金(Z社以外)：(500円−200円)×2% ＝　 6円
　　　　　　　　　　　　　　　　　　　　106円

貸倒引当金繰入：106円−8円＝98円

（貸倒引当金繰入）　　98（貸 倒 引 当 金）　　98

貸倒引当金繰入 さん

貸倒引当金 ちゃん

貸倒引当金繰入の表示区分

売上債権（売掛金や受取手形）にかかる**貸倒引当金繰入[費用]**は損益計算書上、**販売費及び一般管理費**に表示します。

一方、営業外債権（貸付金）にかかる**貸倒引当金繰入[費用]**は損益計算書上、**営業外費用**に表示します。

貸倒引当金繰入	**売上債権** （売掛金や受取手形） **にかかるもの**	**販売費及び 一般管理費**
	営業外債権 （貸付金） **にかかるもの**	**営業外費用**

損益計算書の
表示区分は
レッスン56で
学習します

STAGE 1
STAGE 2
STAGE 3　ステージ3…取引と仕訳❸ ― テーマ9…引当金
STAGE 4
STAGE 5
STAGE 6
STAGE 7

Lesson

35

当期に行うはずの修繕を次期に延期したときは…

修繕引当金

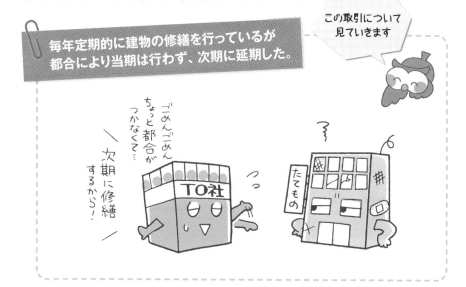

この取引について
見ていきます

毎年定期的に建物の修繕を行っているが
都合により当期は行わず、次期に延期した。

ごめんごめん
ちょっと都合が
つかなくて…

次期に修繕
するから！

TO社

たてもの

1　修繕引当金を設定したとき　　決算時の処理

　会社は、所有する建物や機械などについて毎年修繕を
して、その機能を維持しています。そのため、毎年行うは
ずの修繕が、時期や会社の都合で当期に行わなかった
場合でも、その費用は**修繕引当金繰入**［費用］として計上し
ます。

　このときの貸方科目が**修繕引当金**［負債］です。

例35-1　**決算において、修繕引当金100円を設定する。**

（修繕引当金繰入）　100（修　繕　引　当　金）　100

---

② 修繕費を支払ったとき　　修繕引当金を取り崩す！

　修繕を行って、修繕費を支払ったときは、設定している**修繕引当金[負債]**を取り崩します。

　なお、修繕引当金を超える金額や当期分の修繕にかかる金額は**修繕費[費用]**で処理します。

例35-2 建物の修繕を行い、
修繕費150円を小切手を振り出して支払った。
なお、修繕引当金100円がある。

（修 繕 引 当 金）　100（当 座 預 金）　150
（修　　繕　　費）　 50

●修繕引当金

　・前期に行うはずの修繕を当期に行ったとき
　　→設定している**修繕引当金[負債]**を取り崩す

　・当期に行う修繕を当期に行ったとき
　　→**修繕費[費用]**で処理

STAGE 1
STAGE 2
STAGE 3 ステージ3…取引と仕訳❸ ─ テーマ9…引当金
STAGE 4
STAGE 5
STAGE 6
STAGE 7

Lesson
36

当期の労働分は当期に計上！

賞与引当金

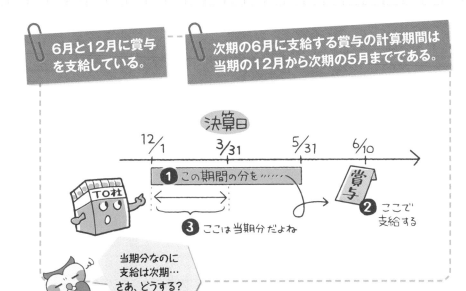

6月と12月に賞与を支給している。

次期の6月に支給する賞与の計算期間は当期の12月から次期の5月までである。

決算日

❶ この期間の分を……

❸ ここは当期分だよね

賞与

❷ ここで支給する

当期分なのに支給は次期…さあ、どうする？

❶ 賞与引当金を設定したとき

決算時の処理

たとえば、3月決算の会社が、毎年6月10日と12月10日に賞与を支給しており、賞与の計算期間が6月支給分は12月1日から5月31日、12月支給分は6月1日から11月30日までであったとしましょう。

図にするとこんなカンジ！

期首		支給日		支給日	決算日		支給日
当期							

4/1　5/31 6/10　11/30 12/10　3/31　5/31 6/10

→● 計算期間　→● 計算期間　→●

この場合、6月支給分のうち12月1日から3月31日までの
分については、当期分にもかかわらず、支給は次期となり
ます。

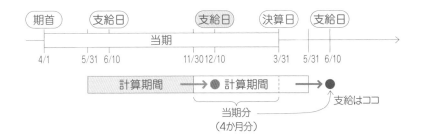

このように次期に支給される賞与のうち、当期発生分(4
か月分)については**賞与引当金繰入**[費用]として処理します。
そのときの貸方科目が**賞与引当金**[負債]です。

具体的な
計算はこう
なります!

例36-1 **決算(3月31日)において、
次期の6月10日に支給する賞与600円
(計算期間は12月1日から5月31日)について、
賞与引当金を設定する。**

賞与引当金繰入:$600円 \times \dfrac{4か月}{6か月} = 400円$

(賞 与 引 当 金 繰 入) 400 (賞 与 引 当 金) 400

② 賞与を支給したとき

「賞与引当金」を
取り崩し、当期分は…

賞与引当金の設定後、賞与を支給したときは、設定して
いる**賞与引当金**[負債]を取り崩します。また、当期分の賞
与については**賞与**[費用]で処理します。

STAGE 1
STAGE 2
STAGE 3 ステージ3…取引と仕訳❸ — テーマ9…引当金
STAGE 4
STAGE 5
STAGE 6
STAGE 7

例 36-2 **6月10日。賞与600円（計算期間は12月1日から 5月31日）を現金で支払った。 なお、前期の決算において賞与引当金400円が 設定されている。**

前期分：400円
当期分：600円−400円＝200円

（賞 与 引 当 金）	400	（現 金）	600
（賞 与）	200		

まとめ

●賞与引当金

・前期分の賞与を当期に支給したとき
　→設定している**賞与引当金[負債]**を取り崩す

・当期分の賞与を当期に支給したとき
　→**賞与[費用]**で処理

参考 **役員賞与引当金**

　役員に対して賞与を支給する場合で、当期の賞与にも かかわらず支給が次期になるときは、当期分について**役 員賞与引当金繰入[費用]**を計上します。このときの貸方 科目は**役員賞与引当金[負債]**です。

決算時	（役員賞与引当金繰入）	×××	（役員賞与引当金）	×××
支給時	（役員賞与引当金）	×××	（当座預金など）	×××

処理は
賞与引当金と
同様です

将来支払う退職金。いまからコツコツ費用計上

退職給付引当金

TO社では退職金の支給規定がある。
当期の労働分に対する退職金の金額
を見積もり、費用計上した。

この場合の
処理を見て
みましょう

ちゃんと積み立てて
おきますね

TO社

退職金の規定

STAGE 3 / THEME 9

① 退職給付引当金を設定したとき <small>決算時の処理</small>

　従業員が退職するとき、退職金を支給する会社があり
ますが、退職時に支払われる退職金は退職した年度のみ
の費用ではなく、入社から退職日までの従業員の労働分
にかかる費用です。

　そのため、決算において、当期の労働分に対応する退
職金の金額を見積もって、**退職給付費用**[費用]として計上
します。

　このときの貸方科目が**退職給付引当金**[負債]です。

STAGE 1

STAGE 2

STAGE 3 ステージ3…取引と仕訳❸ ― テーマ9…引当金

STAGE 4

STAGE 5

STAGE 6

STAGE 7

では
やってみましょう

例 37-1 | 決算において、
退職給付引当金100円を設定した。

（退職給付費用）　100（退職給付引当金）　100

2 退職金を支給したとき 「退職給付引当金」を取り崩す!

　従業員の退職において、退職金を支給したときは、設定
している**退職給付引当金[負債]**を取り崩します。

これは
簡単ですね!

例 37-2 | 従業員が退職し、
退職金500円を当座預金口座から支払った。
なお、退職給付引当金の残高は3,000円である。

（退職給付引当金）　500（当　座　預　金）　500

当期販売の商品の修理を次期にすることもあるよね……
商品保証引当金

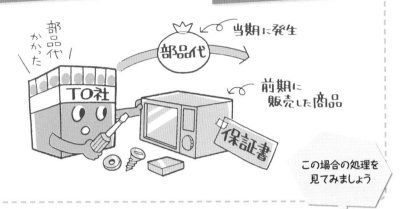

TO社では保証期間内に商品が壊れたら無料で修理することにしている。

本日、前期に販売した商品の無料修理をした。

この場合の処理を見てみましょう

1 商品保証引当金を設定したとき

決算時の処理

　商品を販売するとき、もしその商品に不具合があった場合には、保証期間内に限り無料で修理するという約束をする(基本保証をつける)ことがあります。

　そして、当期に販売した商品の修理を次期に行った場合、その修理費は当期の売上に対応する当期の費用とするべきです。

　そのため、決算において、当期に販売した商品のうち次期以降に発生すると予想される修理費の金額を見積もり、**商品保証引当金繰入[費用]**として計上します。

　このときの貸方科目が**商品保証引当金[負債]**です。

では
やってみましょう

例38-1 決算において、当期の総売上高20,000円に対して 0.2%の商品保証引当金を設定する。

商品保証引当金繰入：20,000円×0.2％＝40円

| （商品保証引当金繰入） | 40 | （商品保証引当金） | 40 |

2 実際に修理が行われたとき

「商品保証引当金」
を取り崩す！

　商品保証引当金の設定後、実際に修理が行われたとき
は、設定している**商品保証引当金**[負債]を取り崩します。
　なお、設定している**商品保証引当金**[負債]を超える金額
については、**商品保証費**[費用]で処理します。

例38-2 前期に販売した商品について、無料修理に応じた。 この修理にかかった費用100円を現金で支払った。 なお、商品保証引当金の残高は40円である。

| （商品保証引当金） | 40 | （現　　　　金） | 100 |
| （商　品　保　証　費） | 60 | | |

STAGE 3 ステージ3…取引と仕訳❸ ― テーマ9…引当金

参考 **商品保証引当金の残高がある場合**

　商品保証引当金を設定した翌期末に、設定した商品
保証引当金が残っている場合には、**商品保証引当金[負
債]**を取り崩すとともに、貸方科目は**商品保証引当金戻
入[収益]**で処理します。

> 例38-3 決算において、前期の期末に設定した商品保証
> 引当金の残高60円があるが、保証期間が経過
> したため、これを取り崩す。
>
> （ 商品保証引当金 ） 60（ 商品保証引当金戻入 ） 60

　なお、損益計算書上では、**商品保証引当金戻入[収益]**は
商品保証引当金繰入[費用]と相殺して（純額で）表示します。

STAGE 1

STAGE 2

STAGE 3 ステージ3…取引と仕訳❸ ― テーマ9…引当金

STAGE 4

STAGE 5

STAGE 6

STAGE 7

引当金は
これで終了！

テーマ
9

引当金

レッスン 34
貸倒引当金

レッスン 35
修繕引当金

レッスン 36
賞与引当金

レッスン 37
退職給付引当金

レッスン 38
商品保証引当金

決算時

→ （貸倒引当金繰入）98（貸 倒 引 当 金）98

☆貸倒れの可能性が高い債権に
　ついては、個別に回収可能性を
　見積もって貸倒引当金を設定する

決算時

→ （修繕引当金繰入）100（修 繕 引 当 金）100

修繕費の支払時

→ （修 繕 引 当 金）100（当座預金など）150
　（修　　　繕　　　費）50

決算時

→ （賞与引当金繰入）400（賞 与 引 当 金）400

賞与の支給時

→ （賞 与 引 当 金）400（現 金 な ど）600
　（賞　　　　　　与）200

決算時

→ （退職給付費用）100（退職給付引当金）100

退職金の支給時

→ （退職給付引当金）500（当座預金など）500

決算時

→ （商品保証引当金繰入）40（商品保証引当金）40

修理時

→ （商品保証引当金）40（現　　　　　金）100
　（商 品 保 証 費）60

では、問題編の問題を
解いてみましょう！

ステージ 3 テーマ ⑧ ⑨ ⑩

テーマ 10 外貨建取引 で学ぶ内容

Lesson 39 外貨建取引の処理

外国企業と取引した場合の帳簿に計上する金額はどのように計算する?

Lesson 40 決済時の処理

取引発生時と決済時の為替相場が違う……という場合の処理は?

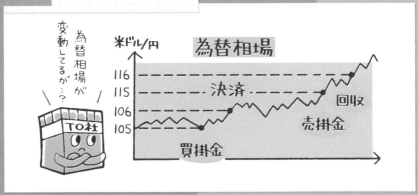

こんな内容を
学習します

いつ、なにを、どういうふうに
換算するのかをおさえて!

Lesson 41 決算時の処理

決算日にある外貨建ての通貨や
売掛金……
このままなにもしないでいいの?

チーム外貨建て

この中で一人だけ
仲間はずれがいるよ!

Lesson 42 為替予約

為替相場の変動によっては、
為替差損が多く発生するかもしれない……
そんなリスクを一定におさえるためには?

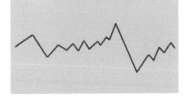

決済額が
いくらになるか
分からないって
こわくない?

為替予約って
いうのがあるよ!

為替相場は日々変動している……いつの相場で換算する?

外貨建取引の処理

① 商品10ドルを仕入れた。
為替相場は1ドル100円。

② 商品20ドルを売り上げた。
為替相場は1ドル110円。

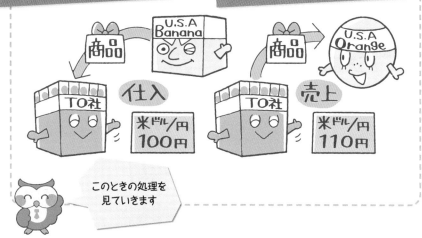

このときの処理を
見ていきます

1 外貨建取引の換算
ドルとかユーロとかを円に換算する!

外貨建取引とは、取引額が外国通貨で行われる取引をいいます。

外貨建取引が発生したときは、原則として**取引発生時の為替相場**(HR)で円に換算した金額で記帳します。

語句
為替相場（かわせそうば）
2国間の通貨の交換比率。為替レートともいう

語句
HR（ヒストリカル・レート）
取引発生時の為替相場を意味する略語

STAGE 1
STAGE 2
STAGE 3
STAGE 4
STAGE 5
STAGE 6
STAGE 7

STAGE 3 ステージ3…取引と仕訳❸ ─ テーマ10…外貨建取引

② 輸入時の処理

輸入(仕入)の場合の換算は…

商品を輸入したときは、輸入時(取引発生時)の為替相場で換算した金額で仕入れの処理をします。

こんなカンジで換算します

例 39-1 **アメリカのBanana社から商品10ドルを仕入れ、代金は掛けとした。**
このときの為替相場は1ドル100円である。

換算額:10ドル×100円=1,000円

(仕 　　　　入) 1,000 (買 　掛 　金) 1,000

◆手付金の支払いがあるとき

商品の輸入に先立って、手付金を支払ったときは、手付金支払時(取引発生時)の為替相場で換算した金額で**前払金[資産]**を計上します。

では
やってみましょう

例 39-2 **×1年4月20日。**
アメリカのBanana社から商品10ドルを仕入れる契約をし、手付金2ドルを現金で支払った。
このときの為替相場は1ドル101円である。

前払金:2ドル×101円=202円

(前 　払 　金) 202 (現 　　　金) 202

その後、商品を輸入したときは、❶計上している**前払金**
[**資産**]を減額します。

このとき、❷商品の仕入代金(外貨建て)と前払金(外貨建て)
との差額部分(通常は買掛金)は、輸入時(取引発生時)の為替相
場で換算した金額で計上します。

そして、❶と❷の合計額をもって❸**仕入**[**費用**]を計上し
ます。

具体例で
見てみましょう

例39-3 ×1年5月1日。
アメリカのBanana社から商品10ドルを仕入れ、
例39-2 で支払った手付金2ドルを控除した残額を
翌月末日に支払うことにした。 ────→❶ 前払金:202円
このときの為替相場は1ドル105円である。

❷ 買掛金:(10ドル−2ドル)×105円=840円
❸ 仕　入:202円+840円=1,042円

（仕　　　　　入）❸ 1,042　（前　　払　　金）❶ 202
　　　　　　　　　　　　　　（買　　掛　　金）❷ 840

---

(3) 輸出時の処理　　　　　輸出(売上)の場合の換算は…

　商品を輸出したときは、輸出時(取引発生時)の為替相場で
換算した金額で売上げの処理をします。

STAGE 1

STAGE 2

STAGE 3 ステージ3…取引と仕訳❸ ─ テーマ10…外貨建取引

STAGE 4

STAGE 5

STAGE 6

STAGE 7

こんなカンジで
換算します

例 39-4　アメリカのOrange社に商品20ドルを売り上げ、
代金は掛けとした。
このときの為替相場は1ドル110円である。

換算額：20ドル×110円＝2,200円

（売　　掛　　金）　2,200　（売　　　　　上）　2,200

◆手付金の受け取りがあるとき

　商品の輸出に先立って、手付金を受け取っていたとき
は、手付金受取時（取引発生時）の為替相場で換算した金額
で**前受金**[**負債**]を計上します。

やって
みましょう

例 39-5　×1年6月20日。
アメリカのOrange社に商品20ドルを売り上げる
契約をし、手付金2ドルを現金で受け取った。
このときの為替相場は1ドル112円である。

前受金：2ドル×112円＝224円

（現　　　　　金）　224　（前　　受　　金）　224

　その後、商品を輸出したときは、❶計上している**前受金**
[**負債**]を減額します。

このとき、❷商品の売上代金(外貨建て)と前受金(外貨建て)との差額部分(通常は売掛金)は、輸出時(取引発生時)の為替相場で換算した金額で計上します。

　そして、❶と❷の合計額をもって❸売上[収益]を計上します。

例39-6 ×1年7月1日。
アメリカのOrange社に商品20ドルを売り上げ、
例39-5 で受け取った手付金2ドルを控除した残額を
翌月末日に受け取ることにした。　　　→❶ 前受金:224円
このときの為替相場は1ドル115円である。

❷ 売掛金:(20ドル−2ドル)×115円=2,070円
❸ 売　上:224円+2,070円=2,294円

| (前 受 金)❶ | 224 | (売 上)❸ | 2,294 |
| (売 掛 金)❷ | 2,070 | | |

前受金は契約負債[負債]で処理することもできます

契約負債については
テーマ14収益認識で
詳しく学習します

 まとめ

●外貨建取引の換算

・前払金や前受金があるときに輸入や輸出をしたときは
　❶ 計上している前払金[資産]や前受金[負債]を減少
　❷ 買掛金[負債]や売掛金[資産]は、輸入時または輸出時の為替相場で換算
　❸ ❶+❷で仕入[費用]または売上[収益]を計上

STAGE 1
STAGE 2
STAGE 3 ステージ3…取引と仕訳❸ ─ テーマ10…外貨建取引
STAGE 4
STAGE 5
STAGE 6
STAGE 7

Lesson 40

取引発生時と決済時の為替相場が違うんですけど……

決済時の処理

① 1ドル105円のときの買掛金を1ドル106円のときに決済した。

② 1ドル115円のときの売掛金を1ドル116円のときに回収した。

為替相場が変動してるが…?

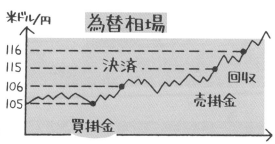

どんな処理になるのかな…

1 決済時の処理

相場変動による差額は「為替差損益」で!

　掛け代金を決済したときは、❶発生時の為替相場で換算している**買掛金[負債]**や**売掛金[資産]**を減少させます。

　そして、❷決済金額については、決済時の為替相場で換算した金額で計上します。

　そのときに生じる貸借差額（為替相場の変動による差額）は**為替差損益**で処理します。

語句

為替差損益（かわせさそんえき）

為替差損[費用]と為替差益[収益]を合わせた勘定科目

取引ごとに為替差損[費用]と為替差益[収益]を 分けて仕訳することもあります

例 40-1 アメリカのBanana社に対する買掛金8ドルを
当座預金口座から決済した。
このときの為替相場は1ドル106円である。
なお、買掛金8ドルは取引発生時の為替相場
（1ドル105円）で計上されている。

❶ 買　掛　金：8ドル×105円＝840円
❷ 当座預金：8ドル×106円＝848円

（買　　掛　　金）❶ 840 （当　座　預　金）❷ 848
（為　替　差　損　益）　　　8

貸借差額

例 40-2 アメリカのOrange社に対する売掛金18ドルが
当座預金口座に入金された。
このときの為替相場は1ドル116円である。
なお、売掛金18ドルは取引発生時の為替相場
（1ドル115円）で計上されている。

❶ 売　掛　金：18ドル×115円＝2,070円
❷ 当座預金：18ドル×116円＝2,088円

（当　座　預　金）❷ 2,088 （売　　掛　　金）❶ 2,070
　　　　　　　　　　　　　　（為　替　差　損　益）　　18

貸借差額

まとめ

●決済時の処理

・為替相場の変動による決済差額
　→為替差損益で処理

STAGE 3 / THEME 10

STAGE 1

STAGE 2

STAGE 3 ステージ3…取引と仕訳❸ — テーマ10…外貨建取引

STAGE 4

STAGE 5

STAGE 6

STAGE 7

Lesson 41

換算替えするものとしないものがある！

決算時の処理

決算日を迎えた。
① 外貨建て現金10ドルがある。

② 外貨建て売掛金
20ドルがある。

チーム外貨建て

この中で一人だけ仲間はずれがいるよ！

1 YEAH! $10

2 Hi! 売掛金 $20

3 Hoo! 買掛金 $15

4 OH! $5

③ 外貨建て買掛金
15ドルがある。

④ Banana社から仕入れた
商品5ドルが残っている。

1 決算時における換算

換算替えするものとしないもの

外貨建ての資産・負債は、HRで換算されていますが、外貨建ての資産・負債のうち、**貨幣項目**については、決算日において**決算時の為替相場(CR)**に換算替えします。

非貨幣項目は
HRのままです！

仲間はずれは
誰でしょうか？

語句
CR (カレント・レート)
決算時の為替相場を意味する略語

語句
貨幣項目 (かへいこうもく)
将来、貨幣で決済されるもの(あとで現金等を支払ったり、受け取ったりするもの)

貨幣項目と非貨幣項目

❶ **貨幣項目**←CRで換算替えする！

　資産……………外国通貨、外貨預金、受取手形、売掛金、
　　　　　　　　　未収入金、貸付金　など
　負債……………支払手形、買掛金、未払金、借入金　など

❷ **非貨幣項目**←CR換算替えしない！

　資産……………商品、前払金、有形固定資産　など
　負債……………前受金　など

　また、CRで換算した際に生じた為替差額は、**為替差損
益**で処理します。

いくつか
やってみましょう

> 例 41-1 　**決算日において、**
> **外貨建ての現金（帳簿価額1,000円、10ドル）がある。**
> **なお、決算時の為替相場は1ドル111円である。**
>
> ❶ CR換算額：10ドル×111円＝1,110円
> ❷ 帳 簿 価 額：1,000円
> ❸ 為替差損益：1,110円－1,000円＝110円…現金の増加
>
> （現　　　　金）　110（為 替 差 損 益）　110

帳簿価額1,000円を
CR換算額1,110円
に換えるので

現金を110円
増やして

相手科目は
為替差損益で
処理します

STAGE 3 / THEME 10

STAGE 1

STAGE 2

STAGE 3 ステージ3…取引と仕訳❸ ─ テーマ10…外貨建取引

STAGE 4

STAGE 5

STAGE 6

STAGE 7

例 41-2 決算日において、
外貨建ての売掛金（帳簿価額2,240円、20ドル）がある。
なお、決算時の為替相場は1ドル111円である。

❶ CR換算額：20ドル×111円＝2,220円
❷ 帳 簿 価 額：2,240円
❸ 為替差損益：2,220円－2,240円＝△20円…売掛金の減少

（為 替 差 損 益）　　20（売　　掛　　金）　　20

帳簿価額2,240円を
CR換算額2,220円
に換えるので

売掛金を20円
減らして

相手科目は
為替差損益で
処理します

例 41-3 決算日において、
外貨建ての買掛金（帳簿価額1,620円、15ドル）がある。
なお、決算時の為替相場は1ドル111円である。

❶ CR換算額：15ドル×111円＝1,665円
❷ 帳 簿 価 額：1,620円
❸ 為替差損益：1,665円－1,620円＝45円…買掛金の増加

（為 替 差 損 益）　　45（買　　掛　　金）　　45

帳簿価額1,620円を
CR換算額1,665円
に換えるので

買掛金を45円
増やして

相手科目は
為替差損益で
処理します

これは
どうでしょう?

例 41-4 決算日において、
外貨建ての商品（帳簿価額575円、5ドル）がある。
なお、決算時の為替相場は1ドル111円である。

商品は非貨幣項目だから…

仕訳なし

まとめ

●決算時の処理

・外貨建ての現金、預金、受取手形、売掛金、
支払手形、買掛金などは**CR**で換算
　→換算差額は**為替差損益**で処理

・外貨建ての商品、前払金、前受金などは換算替えしない!

純額を「為替差損」または
「為替差益」で表示

2 **為替差損益の表示**

　為替差損益が最終的に借方残高になるときは、**為替差
損**[費用]として損益計算書上、**営業外費用**に表示します。
　また、為替差損益が最終的に貸方残高になるときは、
為替差益[収益]として損益計算書上、**営業外収益**に表示
します。

為替差損益 ちゃん

STAGE 3 / THEME 10

為替差損益　　　　　　　　　為替差損益

30円		80円

損 益 計 算 書

⋮

Ⅳ 営 業 外 収 益

　　為 替 差 益　　　　　　　80

Ⅴ 営 業 外 費 用

　　為 替 差 損　　　　　　　30

損益計算書の
表示は
レッスン59で
学習するので

学習後にまた
ここに戻って
確認してくださいね

STAGE 1

STAGE 2

STAGE 3　ステージ3…取引と仕訳❸ ― テーマ10…外貨建取引

STAGE 4

STAGE 5

STAGE 6

STAGE 7

42

リスクヘッジは重要だよね……

為替予約

為替リスクを回避するため、為替予約を付した。

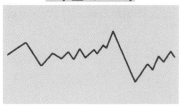

1 為替予約とは
決済時の為替相場を約束しておくこと

　為替相場は日々変動しているため、代金の決済時において大幅な為替差損(または為替差益)が生じることもあります。

　そのような為替相場の不確実性を回避するため、あらかじめ決められた為替レートで決済することを契約しておくことができます。これを**為替予約**といいます。

　なお、あらかじめ決められた為替相場のことを**先物為替相場(FR)**または**予約レート**といいます。

> **語句**
>
> **FR**（フォワード・レート）
> 先物為替相場(将来の為替相場のこと)の略語

STAGE 1
STAGE 2
STAGE 3 ステージ3…取引と仕訳❸ ─ テーマ10…外貨建取引
STAGE 4
STAGE 5
STAGE 6
STAGE 7

ちなみに
現在の為替相場
のことを

直物為替相場
（SR）といいます

語句
SR（スポット・レート）
直物為替相場（現
在の為替相場）の略語

為替予約の処理には、**独立処理**(原則)と**振当処理**(容認)
がありますが、2級の範囲は振当処理のみなので、ここで
は振当処理について見ていきます。

2 取引発生時までに為替予約を付したとき
最初から
FRで!

まずは取引発生時までに為替予約を付したときの、一
連の処理を見ていきましょう。

◆取引発生時の処理

営業取引について、取引発生時までに為替予約を付し
たときは、FR(予約レート)で換算します。

語句
営業取引（えいぎょうと
りひき）
売上や仕入といっ
た会社の本業で
ある取引

さっそく
やってみましょう

例 42-1 **2月10日。**
Banana社から商品10ドルを仕入れ、
代金は4月30日に支払うことにした。
また取引時に為替予約を付した。
この日の直物為替相場は1ドル102円、
先物為替相場は1ドル104円である。

換算額：10ドル×104円＝1,040円

（仕 入）1,040（買 掛 金）1,040

◆決算時の処理

為替予約を付したときは、決算時において、外貨建ての売掛金や買掛金等について換算替えをしません。

◆決済時の処理

為替予約を付したときは、予約レートで決済されます。したがって、換算差額(為替差損益)は生じません。

決算時には
仕訳なし!

例 42-2 **4月30日。**
2月10日に発生した買掛金10ドルを
当座預金口座から支払った。
この日の直物為替相場は1ドル105円である。
なお、この買掛金には取引時に1ドル104円で
為替予約を付している。

買掛金の帳簿価額:10ドル×104円=1,040円

(買　　掛　　金) 1,040 (当　座　預　金) 1,040

---

③ 取引発生後に為替予約を付したとき

為替予約を付したときに
「為替差損益」が生じる!

つづいて、取引発生後に為替予約を付したときの、一連の処理を見ていきましょう。

◆取引発生時の処理

取引が発生したときは、取引発生時の直物為替相場で換算します。

例 42-3 **2月10日。**
Banana社から商品10ドルを仕入れ、
代金は4月30日に支払うことにした。
この日の直物為替相場は1ドル102円である。

換算額：10ドル×102円＝1,020円

（仕　　　　入）1,020（買　　掛　　金）1,020

◆為替予約時の処理

　営業取引について、取引発生後に為替予約を付したときは、外貨建債権債務(売掛金や買掛金など)をFR(予約レート)で換算替えします。

具体例を使って
仕訳してみましょう

例 42-4 **2月28日。**
例 42-3 **で生じた買掛金10ドル(帳簿価額1,020円)**
について為替予約を付した。
なお、この日の直物為替相場は1ドル103円、
先物為替相場は1ドル105円である。

❶ FR換算額：10ドル×105円＝1,050円
❷ 帳簿価額：1,020円
❸ 為替差損益：1,050円－1,020円＝30円…買掛金の増加

（為 替 差 損 益）　　30（買　　掛　　金）　　30

◆決算時の処理

為替予約を付したときは、決算時において、外貨建ての売掛金や買掛金等について換算替えをしません。

◆決済時の処理

為替予約を付したときは、予約レートで決済されます。したがって、換算差額(為替差損益)は生じません。

やっぱり
仕訳なし!

例 42-5 **4月30日。**
2月10日に発生した買掛金10ドルを
当座預金口座から支払った。
この日の直物為替相場は1ドル104円である。
なお、この買掛金には2月28日に1ドル105円で
為替予約を付している。

決済額:10ドル×105円=1,050円←買掛金の帳簿価額

(買　　掛　　金) 1,050 (当 座 預 金) 1,050

STAGE 3 / THEME 10

●為替予約

| 取引発生時までに為替予約を付した場合 | →為替差損益は生じない |

為替予約

| 取引発生日 | 決算日 | 決済日 |

予約レートで
換算

換算替え
しない

予約レートで
決済

| 取引発生後に為替予約を付した場合 |

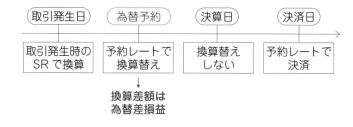

| 取引発生日 | 為替予約 | 決算日 | 決済日 |

取引発生時の
SRで換算

予約レートで
換算替え

換算替え
しない

予約レートで
決済

換算差額は
為替差損益

STAGE 1

STAGE 2

STAGE 3 ステージ3…取引と仕訳❸ ─ テーマ10…外貨建取引

STAGE 4

STAGE 5

STAGE 6

STAGE 7

テーマ
10

外貨建取引

レッスン 39
外貨建取引の処理

レッスン 40
決済時の処理

レッスン 41
決算時の処理

レッスン 42
為替予約

輸入取引

手付金の支払時

（前 払 金）202（現金など）202

輸入時

（仕　　　入）1,042（前 払 金）202
　　　　　　　　　（買 掛 金）840

決済時（買掛金の決済）

（買 掛 金）840（当座預金など）848
（為替差損益）　8

外貨建て現金

（現　　　金）110（為替差損益）110

外貨建売掛金

（為 替 差 損 益）20（売　掛　金）20

外貨建買掛金

（為 替 差 損 益）45（買　掛　金）45

外貨建商品・前払金・前受金など←**換算替えしない**
　　　　　　　仕訳なし

輸出取引

手付金の受取時

（現金など）224（前 受 金）224

輸出時

（前 受 金）224（売　　　上）2,294
（売 掛 金）2,070

決済時（売掛金の回収）

（当座預金など）2,088（売 掛 金）2,070
　　　　　　　　　　（為替差損益）18

どっちかな——？

為替差損益ちゃん

取引発生時までに為替予約を付したとき

取引発生時＝為替予約時

（仕　　　入）1,040（買 掛 金）1,040

決算時

　　　　　仕訳なし

決済時

（買 掛 金）1,040（当座預金など）1,040

取引発生後に為替予約を付したとき

取引発生時

（仕　　　入）1,020（買 掛 金）1,020

為替予約時

（為替差損益）30（買 掛 金）30

決算時

　　　　　仕訳なし

決済時

（買 掛 金）1,050（当座預金など）1,050

問題編の問題
を解いておこう！

ステージ4

取引と仕訳❹

会社設立時や増資時において株式を発行した！
剰余金を株主に配当した！
消費税や法人税の処理などについて
見ていきます。
また、そもそも収益っていつ、いくらで
計上するの？…という話も見ておきましょう。

株式会社らしい
取引を見ていきます

ステージ 4  テーマ ⑪

テーマ 11 株式の発行 で学ぶ内容

Lesson 43 株式会社と純資産

株式会社の仕組みって知っている?

Lesson 44 株式の発行

株式を発行して払い込みを受けた……3級でもちょっとやりましたね。さて、どんな処理だったかな?

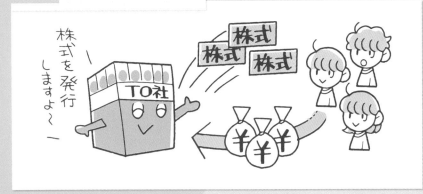

株式を発行する場面は
会社設立時、増資時のほか、合併時もある!

G社を吸収合併した!
……どんな処理をすればいい?

多数の人から少しずつ出資してもらいましょう〜

株式会社と純資産

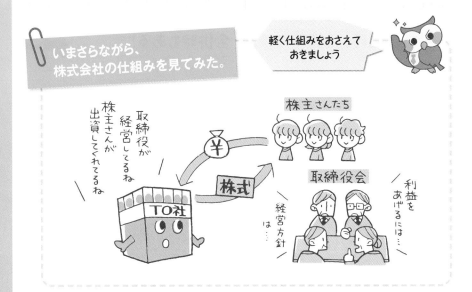

いまさらながら、
株式会社の仕組みを見てみた。

軽く仕組みをおさえて
おきましょう

1 株式会社とは
株式を発行して資金調達する!

株式会社とは、株式を発行して投資家に買ってもらうことによって資金を調達する企業形態をいいます。

2 株主と配当
株主＝出資者

株式を買った人(投資家)を**株主**といいます。

株主は株式会社の出資者なので、会社が稼いだ利益は株主のものです。したがって、会社が活動して儲けが出たら、(その一部)を**配当**として株主に還元します。

STAGE 1
STAGE 2
STAGE 3
STAGE 4 ステージ4…取引と仕訳❹ ─ テーマ11…株式の発行
STAGE 5
STAGE 6
STAGE 7

3 株主総会と取締役会　株主は基本的事項のみを決める!

　株主は株式会社の出資者なので、本来、株主が会社のすべてを決定することができます。しかし、株主は全国に何万人といますし、また経営能力があるわけではありません。

　そこで、株式会社では、**株主総会**という場で、株主が会社の基本的事項を決定し、具体的な日々の経営については**取締役**(取締役会)が行うという仕組みがとられています。

株主への配当額などは
取締役会が
議案を作って

株主総会によって
株主の承認を得る形で
決定します

4 純資産項目　純資産=株主資本&評価・換算差額等

　純資産とは、資産と負債の差額で求めたもので、その内容は**株主資本**とその他の項目(2級では**評価・換算差額等**)に区分されます。

　また、株主資本は、会社の元手部分と儲け部分に分かれます。

　株式会社の純資産項目には次のものがあります。

●株式会社の純資産項目

純資産	株主資本	資本金 会社が最低限維持しなければならない金額			元手
		資本剰余金 株主からの 出資額のうち 資本金 以外のもの	資本準備金 株式の発行において、 資本金としなかった金額		
			その他資本剰余金 資本準備金以外の資本剰余金		
		利益剰余金 会社の活動に よって生じた 利益	利益準備金 会社法の規定で積み立てが 強制される金額		儲け
			その他 利益剰余金 利益準備金 以外の 利益剰余金	任意積立金 会社が任意で 積み立てる金額 （新築積立金、 別途積立金など）	
				繰越利益剰余金 配当、処分が 決まって いない剰余金	
	評価・換算差額等	その他有価証券評価差額金 その他有価証券の 期末評価で生じた差額			

STAGE 1
STAGE 2
STAGE 3

STAGE 4 ステージ4…取引と仕訳❹ ━ テーマ11…株式の発行

STAGE 5
STAGE 6
STAGE 7

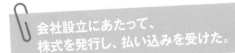

Lesson 44

まずはコレをやらないと！ 株式会社の基本です

株式の発行

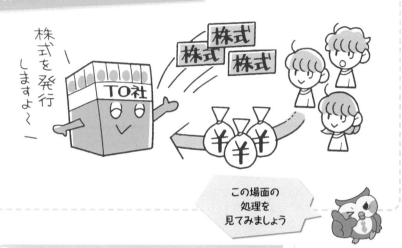

会社設立にあたって、
株式を発行し、払い込みを受けた。

株式を発行しますよ～

この場面の
処理を
見てみましょう

1 会社設立時の株式の発行

原則と例外がある！

　株式会社の設立において、株式を発行したときは、原則として払込金額の全額を**資本金**[純資産]として処理します。

(当座預金など)　×××（資　本　金）　×××

　ただし、払込金額のうち、2分の1以上を**資本金**[純資産]とし、それ以外を**資本準備金**[純資産]として処理することも認められています（容認）。

これが
原則

指示がない
場合には
原則処理！

| （当座預金など） | ×××（資　　本　　金） | ××× |
| | （資　本　準　備　金） | ××× |

これが
容認

◆設立時の株式発行費用

　株式を発行する際、広告費や証券会社に対する手数料などがかかります。

　これらの株式発行費用のうち、会社設立時にかかったものは原則として創立費[費用]で処理します。

例 44-1 会社設立にあたり、株式50株を1株100円で発行し、払込金額は普通預金とした。
なお、株式発行費用10円は現金で支払った。

　　資本金：@100円×50株＝5,000円

| （普　通　預　金）5,000 | （資　　本　　金）5,000 |
| （創　　立　　費）　　10 | （現　　　　　金）　　10 |

指示がないから
原則処理！

224

STAGE 1
STAGE 2
STAGE 3
STAGE 4 ステージ4…取引と仕訳❹ — テーマ11…株式の発行
STAGE 5
STAGE 6
STAGE 7

では
これは?

例 44-2 会社設立にあたり、株式50株を1株100円で発行し、
払込金額は普通預金とした。
払込金額のうち会社法で認められる最低額を資本金とした。
なお、株式発行費用10円は現金で支払った。

払 込 金 額：@100円×50株＝5,000円

資　本　金：5,000円×$\frac{1}{2}$＝2,500円

資本準備金：5,000円－2,500円＝2,500円

（普 通 預 金）5,000（資　　本　　金）2,500
　　　　　　　　　　　（資 本 準 備 金）2,500
（創　　立　　費）　10（現　　　　　金）　10

2　増資時の株式の発行

変わるのは株式発行費用
の処理だけ

　会社の設立後、さらに株式を発行して資本を増加させ
ることを**増資**といいます。

　増資時における株式の発行も、設立時と同様に**資本金**
[純資産]に関する処理をします。

◆**増資時の株式発行費用**

　増資時にかかった株式発行費用は、原則として**株式交
付費**[費用]で処理します。

原則は全額、
容認は
2分の1以上
でしたよね?

では仕訳を
確認しましょう

例 44-3 増資にあたり、株式40株を1株150円で発行し、
払込金額は当座預金とした。
なお、株式発行費用15円は現金で支払った。

資本金：@150円×40株＝6,000円

| （当 座 預 金） | 6,000 | （資 本 金） | 6,000 |
| （株 式 交 付 費） | 15 | （現 金） | 15 |

これは
どう？

例 44-4 増資にあたり、株式40株を1株150円で発行し、
払込金額は当座預金とした。
払込金額のうち会社法で認められる最低額を資本金とした。
なお、株式発行費用15円は現金で支払った。

払 込 金 額：@150円×40株＝6,000円

資 本 金：$6,000円×\dfrac{1}{2}＝3,000円$

資本準備金：6,000円－3,000円＝3,000円

（当 座 預 金）	6,000	（資 本 金）	3,000
		（資 本 準 備 金）	3,000
（株 式 交 付 費）	15	（現 金）	15

STAGE 4／THEME 11

STAGE 1
STAGE 2
STAGE 3
STAGE 4
STAGE 5
STAGE 6
STAGE 7

●株式の発行

・株式を発行したとき

原則　払込金額の全額を**資本金**[純資産]で処理

容認　払込金額のうち2分の1以上を**資本金**[純資産]で処理

↳残りは**資本準備金**[純資産]で処理

・株式発行費用の処理 ⎰設立時→**創立費**[費用]で処理
　　　　　　　　　　⎱増資時→**株式交付費**[費用]で処理

3 新株発行の流れ

払込期日を境に勘定科目が変わる！

新株の発行の流れは、まず会社は株主の募集を行います。そして、新株を引き受けようと思う人は申し込みをし、申込証拠金として引き受ける予定の全額を会社に払い込みます。

この申込時の払込金額は、株式の割り当てが終わるまで、**株式申込証拠金**[純資産]として処理するとともに、会社の預金とは分けて**別段預金**[資産]として処理しておきます。

語句
割り当て（わりあて）
会社が誰に何株を発行するかを決定すること

例44-5 増資にあたり、株式40株を1株150円で発行することになり、株主を募集したところ、全額について申し込みがあったので、申込証拠金を別段預金に預け入れた。

申込証拠金：@150円×40株＝6,000円

（別　段　預　金）6,000（株式申込証拠金）6,000

その後、会社は払込期日までに株式の割り当てをし、割り当てにもれた株主には、申込証拠金を返します。

割り当てが済んだら株主が確定するので、払込期日に**株式申込証拠金**[純資産]は**資本金**[純資産]などに振り替えるとともに、**別段預金**[資産]は**当座預金**[資産]などに振り替えます。

こんな
カンジね!

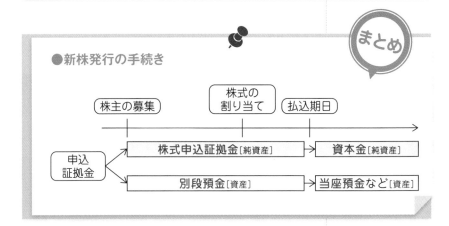

例44-6 払込期日になり、**例44-5**の申込者全員に株式を割り当てた。
別段預金は当座預金に振り替え、
資本金の額は会社法の定める最低額とした。

資　本　金：$6,000円 \times \dfrac{1}{2} = 3,000円$

資本準備金：$6,000円 - 3,000円 = 3,000円$

（株式申込証拠金）	6,000	（資　　本　　金）	3,000
		（資 本 準 備 金）	3,000
（当 座 預 金）	6,000	（別 段 預 金）	6,000

まとめ

●新株発行の手続き

| 株主の募集 | 株式の割り当て | 払込期日 |

申込証拠金 →
株式申込証拠金[純資産] → 資本金[純資産]
別段預金[資産] → 当座預金など[資産]

Lesson

45

STAGE 1
STAGE 2
STAGE 3

STAGE 4 ステージ4…取引と仕訳❹ ─ テーマ11…株式の発行

STAGE 5
STAGE 6
STAGE 7

他の会社を吸収して、対価として株式を交付する！

合 併

TO社はG社を吸収合併し、
G社の株主に対してTO社の株式
を交付した。

この場面の処理
を見てみましょう

1 合併とは

2つ以上の会社が1つになること

　合併とは、2つ以上の会社が1つの会社となることをい
い、合併には**新設合併**と**吸収合併**があります。

　たとえば、TO社とG社があって、TO社もG社も解散して
新しく会社(N社)を設立する形が新設合併です。

　これに対して、G社(被合併会社)が解散してTO社(合併会社)
に吸収される形が吸収合併です。

　ほとんどの場合は、吸収合併なので本書では吸収合併
を前提に説明します。

新設合併

吸収合併

② 吸収合併したとき

諸資産・諸負債を受け入れ、株式を発行する!

吸収合併は、合併会社(TO社)が被合併会社(G社)を購入したのと同じです。したがって、合併会社(TO社)は被合併会社(G社)の資産と負債を時価で受け入れる処理をします。

（ 諸 資 産 ）	×××	（ 諸 負 債 ）	×××
	時価		時価

また、合併会社(TO社)は被合併会社(G社)の株主に対して、合併の対価として合併会社(TO社)の株式を発行します。そのため、**資本金**[純資産]などが増加します。

（ 諸 資 産 ）	×××	（ 諸 負 債 ）	×××
		（ 資 本 金 ）	×××

なお、新たに発行した株式の価額(合併対価)が、受け入れた純資産額(資産−負債)よりも高い場合には、その差額を**のれん**[資産]として処理します。

（ 諸 資 産 ）	×××	（ 諸 負 債 ）	×××
（ の れ ん ）	×××	（ 資 本 金 ）	×××

貸借差額が借方に生じたら「のれん」

のれん さん

純資産額より高い価額で
買ったときのその差額は
被合併会社の
「目に見えない価値」です

この
「目に見えない価値」は
「のれん」で処理します

STAGE 1

STAGE 2

STAGE 3

STAGE 4 ステージ4…取引と仕訳❹ ─ テーマ11…株式の発行

STAGE 5

STAGE 6

STAGE 7

一方、新たに発行した株式の価額（合併対価）が、受け入
れた純資産額（資産−負債）よりも低い場合には、その差額を
負ののれん発生益[収益]として処理します。

（ 諸　　資　　産 ）　xxx（ 諸　　負　　債 ）　xxx
　　　　　　　　　　　　　 （ 資　　本　　金 ）　xxx
貸借差額が
貸方に生じたら　　　　 → （ 負ののれん発生益 ）　xxx
「負ののれん発生益」

負ののれん発生益くん

例 45-1 TO社はG社を吸収合併し、G社の株主に対し、
株式10株を交付した。TO社株式の時価は@60円である。
なお、G社の諸資産（時価）は900円、
諸負債（時価）は400円である。
発行した株式については全額を資本金として処理する。

　　資本金：@60円×10株＝600円

（ 諸　　資　　産 ）　900（ 諸　　負　　債 ）　400
（ の　　れ　　ん ）　100（ 資　　本　　金 ）　600
　　　　貸借差額

3 決算時

のれんは償却する！

決算時には、のれんを20年以内の期間で償却します。

無形固定資産の償却についてはレッスン27で学習しましたが、

ここでもいちおう見ておきましょう

例45-2 決算において、
当期首に発生したのれん100円を
10年間で均等償却する。

のれん償却：100円÷10年＝10円

（の れ ん 償 却）　　10（の　　れ　　ん）　　10

のれん償却 さん

まとめ

●合併の処理

① 被合併会社の資産・負債を時価で受け入れ

② 交付した株式→資本金[純資産]などの増加

③ 貸借差額はのれん[資産]または負ののれん発生益[収益]で処理

☆のれん[資産]は決算において償却する！→レッスン27参照

STAGE 1

STAGE 2

STAGE 3

STAGE 4 ステージ4…取引と仕訳❹ ― テーマ11…株式の発行

STAGE 5

STAGE 6

STAGE 7

のれんの処理は
よく出題されるよ!

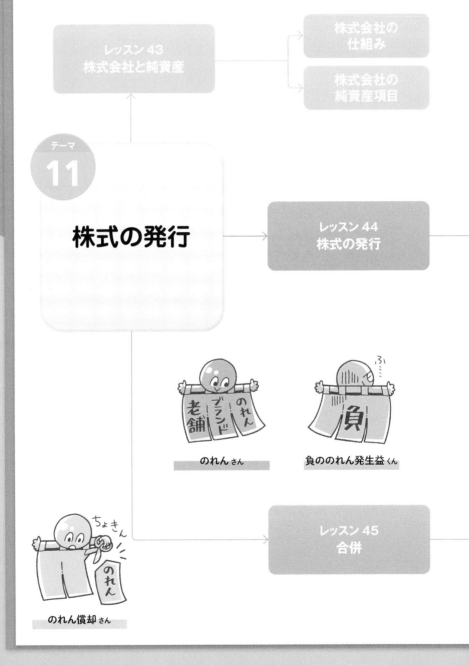

レッスン 43
株式会社と純資産

株式会社の
仕組み

株式会社の
純資産項目

テーマ
11

株式の発行

レッスン 44
株式の発行

のれん さん

負ののれん発生益 くん

ちょきん

のれん

のれん償却 さん

レッスン 45
合併

会社設立時

会社設立時（原則）

（当座預金など）5,000　（資　本　金）5,000
（創　立　費）　　10　（現　金　な　ど）　10

会社設立時（容認）

（当座預金など）5,000　（資　本　金）2,500
　　　　　　　　　　　　（資本準備金）2,500
（創　立　費）　　10　（現　金　な　ど）　10

増資時

増資時（原則）

（当座預金など）6,000　（資　本　金）6,000
（株式交付費）　　15　（現　金　な　ど）　15

増資時（容認）

（当座預金など）6,000　（資　本　金）3,000
　　　　　　　　　　　　（資本準備金）3,000
（株式交付費）　　15　（現　金　な　ど）　15

新株発行の流れ

申込証拠金の受取時

（別　段　預　金）6,000　（株式申込証拠金）6,000

払込期日（容認処理の場合）

（株式申込証拠金）6,000　（資　本　金）3,000
　　　　　　　　　　　　　（資本準備金）3,000
（当座預金など）6,000　（別　段　預　金）6,000

吸収合併時

（諸　資　産）xxx　（諸　負　債）xxx
（の　れ　ん）xxx　（資　本　金）xxx
　　　　　　　　　（負ののれん発生益）xxx

いずれか

では、
問題を解きに
いきましょう〜

決算時

（のれん償却）xxx　（の　れ　ん）xxx

ステージ 4 テーマ  12

テーマ 12 剰余金の配当と処分 で学ぶ内容

Lesson 46 損益勘定からの振り替え

当期純利益を計上した！
3級でも学習したけど、損益勘定から
何勘定のどちらに振り替えるんだっけ？

利益が出た！ → 会社の元手が増える！ → …ということは？

いえーい！　TO社

やったね　TO社

…　TO社

Lesson 47 剰余金の配当と処分

株主総会で株主配当金と
利益準備金の額が決定した！
……どんな処理をするの？

配当金はこれでどうでしょ？　TO社　¥○○○○

オ○期株主総会

異議なーし！

利益準備金の積立額
の計算をおさえよう!

こんな内容を
学習します

Lesson 48 準備金積立額 の計算

……ところで、
配当の際に積み立てる利益準備金って、
いくら積み立てるの?

配当金の10分の1で…
だけど、限度があって…

えーとっ

株主配当金
200円

Lesson 49 株主資本等 変動計算書

株主資本等が変動したら、
株主資本等変動計算書という
財務諸表を作成する!

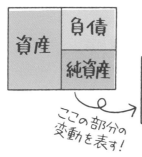

資産 | 負債
純資産

ここの部分の
変動を表す!

できた!

株主資本等
変動計算書

当期純損益を繰越利益剰余金勘定に振り替えます！

損益勘定からの振り替え

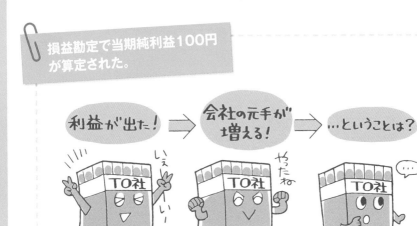

損益勘定で当期純利益100円
が算定された。

利益が出た！ → 会社の元手が増える！ → …ということは？

これは3級の
復習ですよ！

1 損益勘定からの振り替え
損益勘定から
繰越利益剰余金勘定へ！

　株式会社では、損益勘定で計算された当期純利益また
は当期純損失を繰越利益剰余金勘定に振り替えます。

2 当期純利益の場合
利益→繰越利益剰余金［純資産］
の増加！

　当期純利益を計上したときは、損益勘定から繰越利益
剰余金勘定の**貸方**に振り替えます。

繰越利益剰余金 くん

STAGE 4 / THEME 12

さっそく
やってみましょう

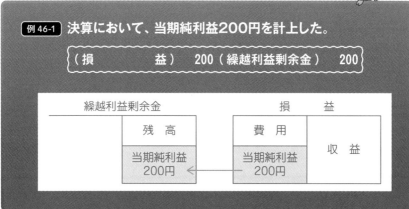

例 46-1 決算において、当期純利益200円を計上した。

（損　　　　益）　200（繰越利益剰余金）　200

繰越利益剰余金 ／ 損　益

| 残　高 |
| 当期純利益 200円 |

費　用 / 収　益
当期純利益 200円

3 当期純損失の場合

損失→繰越利益剰余金［純資産］の減少!

　当期純損失を計上したときは、損益勘定から繰越利益剰余金勘定の**借方**に振り替えます。

これは?

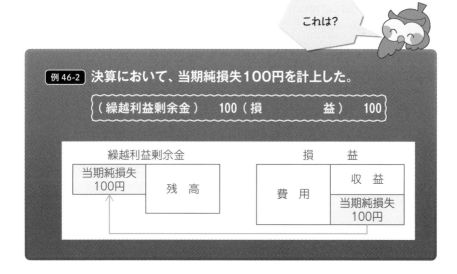

例 46-2 決算において、当期純損失100円を計上した。

（繰越利益剰余金）　100（損　　　　益）　100

繰越利益剰余金

当期純損失 100円 ／ 残　高

損　益

費　用 ／ 収　益
当期純損失 100円

STAGE 1
STAGE 2
STAGE 3
STAGE 4 ステージ4…取引と仕訳❹ ― テーマ12…剰余金の配当と処分
STAGE 5
STAGE 6
STAGE 7

Lesson

47

儲けが出たら株主さんに還元します

剰余金の配当と処分

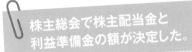

株主総会で株主配当金と
利益準備金の額が決定した。

このときの
仕訳を
見てみましょう

1 剰余金の配当と処分とは　利益の使い道を決めること

　剰余金とは、会社が稼いだ利益でまだ使われていない
部分をいいます。

　株主は株式会社の出資者なので、会社が稼いだ利益
は株主のものです。したがって、会社が活動して利益が出
たら、(その一部を)株主に還元します。これを**剰余金の配当**
といいます。

　また、稼いだ利益のうち、一部は利益準備金や任意積
立金など、会社に留保します。これを**剰余金の処分**といい
ます。

配当や処分は
株主総会で
決定されます

STAGE 4 / THEME 12

240

STAGE 1　STAGE 2　STAGE 3　STAGE 4　STAGE 5　STAGE 6　STAGE 7

STAGE 4　ステージ4…取引と仕訳❹ ─ テーマ12…剰余金の配当と処分

2　株主総会で配当等が決定したとき　剰余金勘定から振り替える!

剰余金を配当するさい、その財源となるものには**繰越利益剰余金**[純資産]と**その他資本剰余金**[純資産]があります。

◆繰越利益剰余金からの配当等

株主総会で繰越利益剰余金からの配当等が決定したときは、**繰越利益剰余金**[純資産]からそれぞれの勘定科目に振り替えます。

なお、株主配当金については、株主総会の場では配当額が決定するだけで支払いは後日となるため、**未払配当金**[負債]で処理します。

さっそく
やってみましょう

例47-1　**株主総会において、繰越利益剰余金を次のように配当等することが承認された。**
　　　　株主配当金 300円　利益準備金 30円　別途積立金 20円

（繰越利益剰余金）　350　（未 払 配 当 金）　300
　　　　　　　　　　　　　（利 益 準 備 金）　 30
　　　　　　　　　　　　　（別 途 積 立 金）　 20

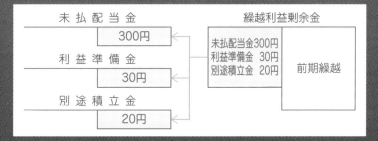

241

これは…?

◆その他資本剰余金からの配当等

　株主総会でその他資本剰余金からの配当等が決定したときは、**その他資本剰余金**[純資産]からそれぞれの勘定科目に振り替えます。

> 例47-2 **株主総会において、その他資本剰余金を次のように配当等することが承認された。**
> **株主配当金 200円　資本準備金 20円**
>
> （その他資本剰余金）　220（未 払 配 当 金）　200
> 　　　　　　　　　　　　　（資 本 準 備 金）　 20

未 払 配 当 金 ｜ 200円

資 本 準 備 金 ｜ 20円

その他資本剰余金 ｜ 未払配当金200円 資本準備金 20円 ｜ 前期繰越

3　配当金を支払ったとき
「未払配当金」がなくなるね!

　株主に配当金を支払ったときは、**未払配当金**[負債]の減少で処理します。

| 例 47-3 | 例 47-2 |で決定した株主配当金200円を
当座預金口座から支払った。

（未 払 配 当 金）　200（当 座 預 金）　200

●剰余金の配当と処分

・繰越利益剰余金を財源とした配当・処分
→**繰越利益剰余金[純資産]**の減少で処理
・その他資本剰余金を財源とした配当・処分
→**その他資本剰余金[純資産]**の減少で処理

48

計算がちょっとややこしいけど、がんばって！

準備金積立額の計算

利益準備金積立額を
計算した。

配当金の10分の1で…
だけど、限度があって…

えーとっ

TO社

株主配当金
200円

どのように計算するか
見てみましょう

1 準備金積立額の計算 積立てが強制されている！

　剰余金を配当するときは、剰余金の一部を準備金（利益準備金または資本準備金）として積み立てることが会社法により強制されています。

利益の全部を社外に
流出してしまうと
会社の財政基盤が
弱くなってしまいます。

だから会社法は
「最低、これだけは会社に
残しておいてね」という
ルールを設けているのです

2 繰越利益剰余金からの配当 「利益準備金」を積み立てる！

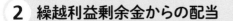

　配当財源が繰越利益剰余金の場合には、利益準備金を積み立てます。

利益準備金の積立額は配当金の10分の1です。ただし、資本準備金と利益準備金の合計額が資本金の4分の1に達するまでとなっています。

計算式で表すと次のとおりです。

❶ 積立予定額:配当金 $\times \dfrac{1}{10}$

❷ 積立限度額:資本金 $\times \dfrac{1}{4} - \left(\begin{array}{c}\text{資本}\\\text{準備金}\end{array} + \begin{array}{c}\text{利益}\\\text{準備金}\end{array}\right)$

❸ 積　立　額:❶と❷のいずれか小さいほう

この計算式
を使って
計算してみましょう

例48-1 株主総会において、繰越利益剰余金を次のように配当等することが承認された。
　　株主配当金 200円　利益準備金 ?円（各自推定）
なお、資本金は1,000円、資本準備金は100円、利益準備金は60円であった。

❶ 積立予定額:200円 $\times \dfrac{1}{10}$ ＝20円

❷ 積立限度額:1,000円 $\times \dfrac{1}{4}$ －（100円＋60円）＝90円

❸ 積　立　額:❶＜❷　→❶ 20円

（繰越利益剰余金）　220（未　払　配　当　金）　200
　　　　　　　　　　　　（利　益　準　備　金）　 20

3 その他資本剰余金からの配当

「資本準備金」を積み立てる!

計算は
さきほどと
同様です

　配当財源がその他資本剰余金の場合には、資本準備金を積み立てます。

　資本準備金の積立額は、利益準備金の積立額と同様に計算します。

例48-2 **株主総会において、その他資本剰余金を次のように配当等することが承認された。**
**　　株主配当金200円　資本準備金?円（各自推定）**
**　　なお、資本金は800円、資本準備金は150円、**
**　　利益準備金は40円であった。**

❶ 積立予定額：$200円 \times \dfrac{1}{10} = 20円$

❷ 積立限度額：$800円 \times \dfrac{1}{4} - (150円 + 40円) = 10円$

❸ 積　立　額：❶＞❷　→　❷ 10円

（その他資本剰余金）　210（未　払　配　当　金）　200
　　　　　　　　　　　　　　（資　本　準　備　金）　　10

まとめ

●利益準備金、資本準備金の積み立て

・配当財源が繰越利益剰余金
　→**利益準備金**[純資産]を積み立てる
・配当財源がその他資本剰余金
　→**資本準備金**[純資産]を積み立てる

STAGE 4 / THEME 12

テキストを全部
読み終えたあと

余裕がある人は
これも確認して
おいてください

 参考

繰越利益剰余金とその他資本剰余金からの配当

　配当財源が繰越利益剰余金とその他資本剰余金の両方の場合には、剰余金の割合によって資本準備金積立額と利益準備金積立額を計算します。

例48-3 　株主総会において、繰越利益剰余金とその他資本剰余金を財源とした剰余金の配当等が次のように承認された。
　　繰越利益剰余金からの株主配当金 300円
　　その他資本剰余金からの株主配当金 200円
　　利益準備金 ?円（各自計算）
　　資本準備金 ?円（各自計算）
なお、資本金は1,000円、資本準備金は100円、利益準備金は60円であった。

例48-3
つづき

❶ 積立予定額：$(300円 + 200円) \times \dfrac{1}{10} = 50円$

❷ 積立限度額：$1,000円 \times \dfrac{1}{4} - (100円 + 60円) = 90円$

❸ 積 立 額：❶＜❷ → ❶ 50円

❹ 利益準備金：$50円 \times \dfrac{300円}{300円 + 200円} = 30円$

❺ 資本準備金：$50円 \times \dfrac{200円}{300円 + 200円} = 20円$

（繰越利益剰余金）　330　（未 払 配 当 金）　　　500
（その他資本剰余金）　220　（利 益 準 備 金）❹　 30
　　　　　　　　　　　　　　（資 本 準 備 金）❺　 20

247

純資産の変動を表す財務諸表

株主資本等変動計算書

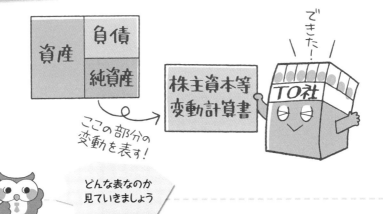

当期の株主資本等の変動について
株主資本等変動計算書を作成した。

できた！

ここの部分の
変動を表す！

どんな表なのか
見ていきましょう

1 株主資本等変動計算書　貸借対照表の純資産の部の変動を項目ごとに表す！

　株主資本等変動計算書は、貸借対照表の純資産（主に株主資本）の変動を表す財務諸表で、純資産について、項目ごとに当期首残高、当期変動額、当期末残高を記載します。

　なお、純資産の減少を表すときは、金額の前に「△」をつけます。

形式は
次のとおりです

株主資本等変動計算書
自×1年4月1日　至×2年3月31日

(下段へ続く)

	株主資本			
	資本金	資本剰余金		
		資本準備金	その他資本剰余金	資本剰余金合計
❶→当期首残高	xxx	xxx	xxx	xxx
当期変動額				
新株の発行	xxx	xxx		xxx
❷ 　剰余金の配当		xxx	△xxx	△xxx
当期純利益				
株主資本以外の項目の当期変動額（純額）				
当期変動額合計	xxx	xxx	xxx	xxx
❸→当期末残高	xxx	xxx	xxx	xxx

（上段から続く）

	株主資本					評価・換算差額等	純資産合計
	利益剰余金				株主資本合計	その他有価証券評価差額金	
	利益準備金	その他利益剰余金		利益剰余金合計			
		別途積立金	繰越利益剰余金				
当期首残高	xxx	xxx	xxx	xxx	xxx	xxx	xxx
当期変動額							
新株の発行					xxx		xxx
剰余金の配当等	xxx	xxx	△xxx	△xxx	△xxx		△xxx
当期純利益			xxx	xxx	xxx		xxx
株主資本以外の項目の当期変動額（純額）						xxx	xxx
当期変動額合計	xxx	xxx	xxx	xxx	xxx	xxx	xxx
当期末残高	xxx	xxx	xxx	xxx	xxx	xxx	xxx

●株主資本等変動計算書

❶ 当期首残高…当期首時点の残高

❷ 当期変動額…当期の変動原因と変動額

　　　　　　★純資産の減少は金額の前に「△」をつける

❸ 当期末残高…当期末時点の残高（❶±❷）

STAGE 1
STAGE 2
STAGE 3
STAGE 4 ステージ4…取引と仕訳❹─テーマ12…剰余金の配当と処分
STAGE 5
STAGE 6
STAGE 7

2 株主資本等変動計算書の記入 いくつか やってみよう!

いくつかの具体例を使って、株主資本等変動計算書の
記入（当期変動額のみ）を見てみましょう。

◆新株の発行

新株を発行すると**資本金**[純資産]や**資本準備金**[純資産]
が増加します。

例 49-1 **当期に株式を発行し、**
1,000円の払い込みを受け、当座預金とした。
なお、払込金額のうち600円は資本金とし、
残額は資本準備金とした。

（当 座 預 金）1,000（資　本　　金）　600
　　　　　　　　　　　（資 本 準 備 金）　400

	株 主 資 本						評価・換算差額等	純資産合計
	資本金	資本剰余金	利益剰余金			株主資本合計	その他有価証券評価差額金	
		資本準備金	利益準備金	繰越利益剰余金	利益剰余金合計			
当 期 首 残 高	×××	×××	×××	×××	×××	×××	×××	×××
当 期 変 動 額								
新株の発行	**600**	**400**				**1,000**		**1,000**
当期変動額合計	**600**	**400**				**1,000**		**1,000**
当 期 末 残 高	×××	×××	×××	×××	×××	×××	×××	×××

STAGE 1

STAGE 2

STAGE 3

STAGE 4 ステージ4…取引と仕訳❹ ─テーマ12…剰余金の配当と処分

STAGE 5

STAGE 6

STAGE 7

◆剰余金の配当、処分

　剰余金の配当、処分をすると**繰越利益剰余金**[純資産]などが減少し、**利益準備金**[純資産]などが増加します。

　なお、**未払配当金**[負債]は純資産ではないので株主資本等変動計算書に記入しません。

例49-2 株主総会において、繰越利益剰余金を次のように配当等することが承認された。
株主配当金 200円　利益準備金 20円

（繰越利益剰余金）　220（未払配当金）　200
　　　　　　　　　　　　　（利益準備金）　20

	株　　主　　資　　本						評価・換算差額等	純資産合計
	資本金	資本剰余金	利益剰余金			株主資本合計	その他有価証券評価差額金	
		資本準備金	利益準備金	繰越利益剰余金	利益剰余金合計			
当期首残高	×××	×××	×××	×××	×××	×××	×××	×××
当期変動額								
剰余金の配当等			20	△220	△200	△200		△200
当期変動額合計			20	△220	△200	△200		△200
当期末残高	×××	×××	×××	×××	×××	×××	×××	×××

◆当期純利益の計上

　当期純利益を計上すると**繰越利益剰余金**[純資産]が増加します。

例 49-3 　決算において、当期純利益100円を計上した。

（損　　　　　　　益）　　100（繰越利益剰余金）　　100

	株　　主　　資　　本						評価・換算差額等	純資産合　計
		資本剰余金	利益剰余金			株主資本合　計	その他有価証券評価差額金	
	資本金	資　本準備金	利　益準備金	繰越利益剰余金	利益剰余金合　計			
当 期 首 残 高	×××	×××	×××	×××	×××	×××	×××	×××
当 期 変 動 額								
当 期 純 利 益				100	100	100		100
当期変動額合計				100	100	100		100
当 期 末 残 高	×××	×××	×××	×××	×××	×××	×××	×××

◆その他有価証券評価差額金の計上

　その他有価証券を時価に評価替えしたときの評価差額は、**その他有価証券評価差額金**[**純資産**]で処理します。純資産の増減となるので、株主資本等変動計算書に記入しますが、株主資本以外の純資産項目の変動については、変動原因を「株主資本以外の項目の当期変動額（純額）」として記載します。

例 49-4 　決算において、その他有価証券（帳簿価額80円）を時価95円に評価替えした。

　　評価差額：95円－80円＝15円→評価差益

（その他有価証券）　　15（その他有価証券評価差額金）　　15

STAGE 1
STAGE 2
STAGE 3
STAGE 4 ステージ4…取引と仕訳❹ ― テーマ12…剰余金の配当と処分
STAGE 5
STAGE 6
STAGE 7

	株 主 資 本						評価・換算差額等	純資産合計
		資本剰余金	利益剰余金			株主資本合計	その他有価証券評価差額金	
	資本金	資 本準備金	利 益準備金	繰越利益剰余金	利益剰余金合計			
当期首残高	xxx	xxx	xxx	xxx	xxx	xxx	xxx	xxx
当期変動額								
株主資本以外の項目の当期変動額（純額）							15	15
当期変動額合計							15	15
当期末残高	xxx	xxx	xxx	xxx	xxx	xxx	xxx	xxx

📌 参考 **株主資本の計数変動**

　　株主資本の計数変動とは、資本準備金からその他資
本剰余金への振り替えなど、株主資本内での金額の移
動をいいます。

　　株主資本の計数変動は、資本と利益の区分内であれ
ば自由に行うことができますが、繰越利益剰余金から資
本準備金への振り替えなど、資本と利益の区分を超えた
振り替えは、一定の場合を除いて、行うことはできません。

> 一定の場合には
> 利益準備金を資本金に
> 振り替えるなど

> 資本と利益の
> 区分を超えた振り替えが
> 認められています

例49-5 ① 利益準備金800円を
繰越利益剰余金に振り替えた。

（ 利 益 準 備 金 ） 800 （ 繰越利益剰余金 ） 800

② 資本準備金900円を
その他資本剰余金に振り替えた。

（ 資 本 準 備 金 ） 900 （ その他資本剰余金 ） 900

テーマ
12

剰余金の配当と処分

レッスン 46
損益勘定からの振り替え

レッスン 47
剰余金の配当と処分

レッスン 48
準備金積立額の計算

レッスン 49
株主資本等変動計算書

利益準備金 くん

いっちに〜

さんし〜

当期純利益を計上したとき

→ （損　　　　　益）200 （繰越利益剰余金）200

当期純損失を計上したとき

→ （繰越利益剰余金）100 （損　　　　　益）100

繰越利益剰余金くん

株主総会時

→ （繰越利益剰余金）350 （未 払 配 当 金）300
　　　　　　　　　　　　 （利 益 準 備 金） 30
　　　　　　　　　　　　 （別途積立金など） 20

繰越利益剰余金
からの配当等

配当金の支払時

→ （未 払 配 当 金）300 （当座預金など）300

株主総会時

→ （その他資本剰余金）220 （未 払 配 当 金）200
　　　　　　　　　　　　 （資 本 準 備 金） 20

その他資本剰余金
からの配当等

配当金の支払時

→ （未 払 配 当 金）200 （当座預金など）200

利益準備金、資本準備金の積立額

❶ 積立予定額：配当金×$\frac{1}{10}$

❷ 積立限度額：資本金×$\frac{1}{4}$−（資本準備金＋利益準備金）

❸ 積　立　額：❶と❷のいずれか小さいほう

問題編の問題を解いて
準備金積立額の計算と
株主資本等変動計算書の作成を
マスターして！

ステージ 4 テーマ ⑪ ⑫ ⑬ ⑭

テーマ 13 税金、税効果会計 で学ぶ内容

Lesson 50 消費税

3級で学習しましたが、
ここで復習しておきましょう。

Lesson 51 法人税等

法人税の中間納付時、確定申告時の処理、
3級でも学習したけど覚えている?

ここでは税金に関する処理を
見てみよう

法人税等の金額は利益に税率を掛けて求めるけど、その利益は税法上の利益。
税法上の利益ってどうやって計算するの?

会計と税法のズレ、
どこでどのようにして調整するの?

とりあえず支払って、とりあえず受け取って、
最後に精算!

消費税

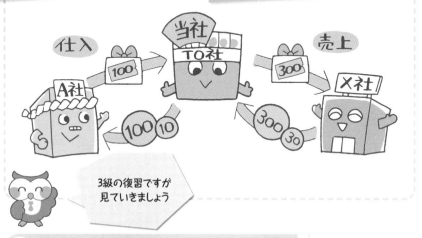

3級の復習ですが
見ていきましょう

1 消費税の処理方法

「仮払消費税」「仮受消費税」
で処理!

　商品を仕入れたときに支払った消費税額や、商品を売り上げたときに受け取った消費税額は、仕入価額や売上価額に含めずに処理します(**税抜方式**)。

STAGE 4 / THEME 13

◆商品を仕入れたとき

商品を仕入れたときに支払った消費税は、**仮払消費税**
[資産]で処理します。

仮払消費税 さん

> 例50-1 **商品100円（税抜価格）を仕入れ、代金は掛けとした。**
> **消費税率は10%である。**
>
> 仮払消費税：100円×10%＝10円
>
> | （仕 入） | 100 | （買 掛 金） | 110 |
> |---|---|---|---|
> | （仮 払 消 費 税） | 10 | | |

◆商品を売り上げたとき

商品を売り上げたときに受け取った消費税は、**仮受消
費税**[負債]で処理します。

仮受消費税 くん

> 例50-2 **商品300円（税抜価格）を売り上げ、代金は掛けとした。**
> **消費税率は10%である。**
>
> 仮受消費税：300円×10%＝30円
>
> | （売 掛 金） | 330 | （売 上） | 300 |
> |---|---|---|---|
> | | | （仮 受 消 費 税） | 30 |

STAGE 1
STAGE 2
STAGE 3
STAGE 4 ステージ4…取引と仕訳❹ ―テーマ13…税金、税効果会計
STAGE 5
STAGE 6
STAGE 7

◆決算時

決算になったら、**仮払消費税**[資産]と**仮受消費税**[負債]を相殺し、差額を**未払消費税**[負債]で処理します。

未払消費税くん

例50-3 決算において、消費税の納付額を計算する。
なお、仮払消費税は10円、仮受消費税は30円である。

（仮 受 消 費 税）	30（仮 払 消 費 税）	10
	（未 払 消 費 税）	20

なお、仮受消費税(受け取った消費税)よりも仮払消費税(支払った消費税)のほうが大きい場合には、その差額を**未収還付消費税**[資産]で処理します。

あとで差額が還付されます

◆納付時

消費税を納付したとき(未払いとなっている消費税を納付したとき)は、**未払消費税**[負債]の減少として処理します。

例50-4 未払消費税20円を当座預金口座から支払った。

（未 払 消 費 税）	20（当 座 預 金）	20

●消費税

・仕入時に支払った消費税
　→**仮払消費税[資産]**で処理
・売り上げ時に受け取った消費税
　→**仮受消費税[負債]**で処理

中間納付で概算額を納付。
決算で当期の納付額が確定

法人税等

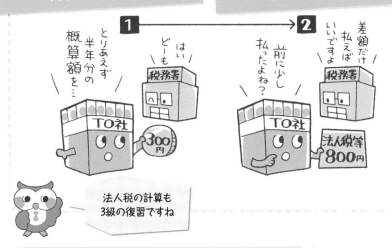

① 期中に法人税等300円を
　中間納付した。

② 決算において法人税等が
　800円と確定した。

とりあえず
半年分の
概算額を…

どーも

はい

税務署
へ

TO社

300円

前に少し
払ったよね?

差額だけ
払えば
いいですよ

税務署

TO社

法人税等
800円

法人税の計算も
3級の復習ですね

1　法人税等の計上　ここは3級の復習!

　決算において、会社の利益が確定したら、利益に対し
て法人税、住民税、事業税(まとめて**法人税等**といいます)が課さ
れます。

2　法人税等を中間納付したとき　会計期間の途中で
概算額を納付!

　法人税等は、決算で利益が確定したあとに、申告し、納
付しますが、決算が年1回の会社においては、会計期間
の途中で半年分の概算額(がいさんがく)を計算し、申告・納付します(中(ちゅう)
間申告・納付(かんしんこく のうふ))。

　中間申告によって納付した法人税等は、**仮払法人税等**
[資産]で処理します。

| 例 51-1 | 法人税等の中間申告で300円を現金で納付した。 |

| （仮払法人税等） | 300 | （現　　　金） | 300 |

3　決算時

「仮払」がなくなるね!

決算において、会社の利益が計算され、法人税等の金額が確定したときは、確定した金額を**法人税、住民税及び事業税**[費用]で処理します。

法人税、住民税
及び事業税 さん

法人税等で処理
することもあります

また、中間申告時に計上した**仮払法人税等**[資産]を減額し、決算時の確定額と中間申告時の概算額との差額を**未払法人税等**[負債]で処理します。

| 例 51-2 | 決算において、当期の法人税等が800円と確定した。なお、中間申告額300円は仮払法人税等に計上されている。 |

| （法人税、住民税及び事業税） | 800 | （仮 払 法 人 税 等） | 300 |
| | | （未 払 法 人 税 等） | 500 |

貸借差額

STAGE 1
STAGE 2
STAGE 3
STAGE 4 ステージ4…取引と仕訳❹ ― テーマ13…税金、税効果会計
STAGE 5
STAGE 6
STAGE 7

4 法人税等を納付したとき 納付したら「未払」が
なくなるね！

法人税等を納付したときは、**未払法人税等**[**負債**]の減少で処理します。

例 51-3　未払法人税等500円を
　　　　　現金で納付した。

（未 払 法 人 税 等）　500（現　　　　　金）　500

STAGE 1
STAGE 2
STAGE 3

STAGE 4 ステージ4…取引と仕訳❹ ─ テーマ13…税金、税効果会計

STAGE 5
STAGE 6
STAGE 7

法人税等は「税法上の利益」に税率を掛けて求める！

課税所得の計算

会計上の利益から税法上の利益を
算定して、法人税額を算定した。

税法上の利益
の求め方を
見てみましょう

1 法人税等の計算と課税所得
会計上の利益と
税法上の利益は違う！

法人税等（法人税、住民税及び事業税）は、実務上、**課税所得**
に税率を掛けて求めます。

> 語句
> **課税所得**（かぜいしょとく）
> 税法上の利益の
> こと。益金から損
> 金を差し引いて計
> 算する

法人税等＝課税所得×税率

課税所得とは、税法上の利益のことで、税法上の収益
である**益金**から税法上の費用である**損金**を差し引いて計
算します。

課税所得（税法上の利益）＝益金ー損金

なお、会計上の利益(**税引前当期純利益**)は、収益から費用を差し引いて計算します。

語句
税引前当期純利益
(ぜいびきまえとうきじゅんりえき)
法人税等を差し引く前の会社の最終利益

> ### 税引前当期純利益(会計上の利益)=収益-費用

2 課税所得の計算
会計上の利益をベースにして差異を加減して求める!

会計上の収益・費用と税法上の益金・損金は、ほぼ同じですが、なかには会計上は費用計上が認められているけど、税法上は損金として認められないものなどがあります。

そのため、課税所得と税引前当期純利益は必ずしも一致するとは限りません。

そこで、法人税等の計算にあたって、税引前当期純利益に差異の調整(加算または減算)を行って課税所得を算定します。

> ### 課税所得=税引前当期純利益±差異

益金から損金を差し引いて課税所得を計算しなおすのではなく

税引前当期純利益に必要な調整を行って課税所得を計算します

3 差異の内容と加算・減算
4パターンある!

調整が必要な差異の内容は次のとおりです。

まとめ

●調整が必要な差異

・損金不算入…会計上は費用計上したけど、**税法上は損金とならない**もの
　　　　　減価償却費の償却限度超過額、引当金の繰入限度超過額 など
　　　　　→税引前当期純利益に加算
・損 金 算 入…会計上は費用計上していないけど、**税法上は損金となる**もの
　　　　　　　　　　　　　　　　　　貸倒損失認定損 など
　　　　　→税引前当期純利益から減算
・益金不算入…会計上は収益計上したけど、**税法上は益金とならない**もの
　　　　　　　　　　　　受取配当等の益金不算入 など
　　　　　→税引前当期純利益から減算
・益 金 算 入…会計上は収益計上していないけど、**税法上は益金となる**もの
　　　　　　　　　　　　　　　　　　売上計上漏れ など
　　　　　→税引前当期純利益に加算

2級の試験でよく出るのは
減価償却費と
貸倒引当金なので

まずは損金不算入の
調整について、しっかり
おさえておきましょう

例 52-1　当期の決算において、
税引前当期純利益が900円と計算されたが、
当期に費用計上した減価償却費400円のうち
100円が損金不算入となった。
課税所得に対して40%の法人税を計上する。
なお、仮払法人税等はない。

　　課税所得：900円＋100円＝1,000円
　　法人税等：1,000円×40％＝400円

（法人税、住民税及び事業税）　400（未払法人税等）　　　400

もう
ひとつ！

例52-2 当期の決算において、
税引前当期純利益が450円と計算されたが、
貸倒引当金の当期繰入額50円が損金不算入となった。
課税所得に対して40%の法人税を計上する。
なお、仮払法人税等はない。

課税所得：450円＋50円＝500円
法人税等：500円×40％＝200円

(法人税、住民税及び事業税)　200 (未 払 法 人 税 等)　　200

まとめ

●課税所得の計算

	P/Lの金額 ⟶	税引前当期純利益		XXX
	（会計上の利益）	損 金 不 算 入 額	＋	XXX
		益 金 算 入 額	＋	XXX
		損 金 算 入 額	－	XXX
		益 金 不 算 入 額	－	XXX
税法上の利益 ⟶		課 税 所 得		XXX

STAGE 1
STAGE 2
STAGE 3
STAGE 4　ステージ4…取引と仕訳❹ ―テーマ13…税金、税効果会計
STAGE 5
STAGE 6
STAGE 7

53

会計と税法のズレをうまく調整して！

税効果会計

決算において、貸倒引当金100円を繰り入れたが、
税法上、損金算入は認められないものだった。

この場合の処理を
見てみましょう

1　税効果会計とは　　会計と税法の一時的なズレを調整!

　損益計算書では、会計上の収益から費用を差し引いて
税引前当期純利益（会計上の利益）を計算し、そこから課税所
得（税法上の利益）をベースに計算した法人税等（法人税、住民税
及び事業税）を差し引いて当期純利益を計算します。

　しかしこのままだと、税引前当期純利益を会計上の収
益・費用から計算しているにもかかわらず、法人税等は税
法上の利益をベースに計算しているので、法人税等が会
計上の利益に対応しなくなります。

こんなカンジ　損益計算書の
正式な形式は
レッスン59で学習します

まとめ

●損益計算書の末尾

Ⅰ収	益	XXX	
Ⅱ費	用	− XXX	
税引前当期純利益		XXX	←会計上 利益
法人税、住民税及び事業税		− XXX	←税法上の利益をベース に計算している
当期純利益		XXX	

　そこで、会計と税法の一時的なズレを調整して、会計上
の利益（税引前当期純利益）に対応する法人税等が計上される
ようにする必要があります。この調整処理を**税効果会計**と
いいます。

2 税効果会計の対象となる差異 　ここはちょっと難しいですね…

　会計と税法のズレには、そのうちズレが解消するもの（一
時差異）と永久にズレが解消しないもの（永久差異）があります。
　このうち、税効果会計の対象となるのは、一時差異です。

ここは難しいから
「ふ〜ん」程度に
見ておけば
いいですよ

◆将来減算一時差異

　一時差異のうち、当期（の税引前当期純利益）に加算調整さ
れ、法人税等が多く計上されるけど、将来、差異の解消時
には減算調整され、そのときの法人税等は少なく計上され
る差異を**将来減算一時差異**といいます。

●将来減算一時差異

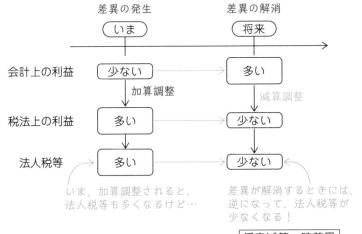

当期に加算調整
される差異には

損金不算入と
益金算入が
ありましたよね!
(レッスン52参照)

◆将来加算一時差異

　一時差異のうち、当期(の税引前当期純利益)に減算調整され、法人税等が少なく計上されるけど、将来、差異の解消時には加算調整され、そのときの法人税等は多く計上される差異を**将来加算一時差異**といいます。

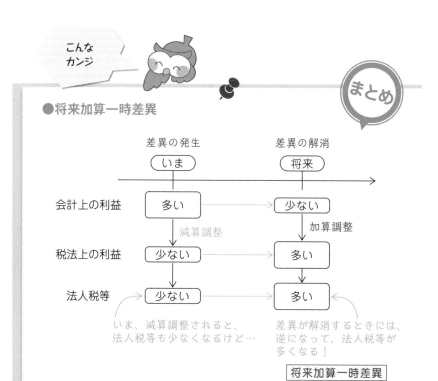

こんな
カンジ

まとめ

●将来加算一時差異

	差異の発生	差異の解消
	いま	将来

会計上の利益	多い	→	少ない
税法上の利益	少ない		多い
法人税等	少ない		多い

減算調整　　　　加算調整

いま、減算調整されると、
法人税等も少なくなるけど…

差異が解消するときには、
逆になって、法人税等が
多くなる！

将来加算一時差異

当期に減算調整
される差異には

損金算入と
益金不算入が
ありましたよね!
(レッスン52参照)

3　差異が発生したとき

税効果会計の仕訳の作り方を
マスターしよう!

　差異が発生したときは、差異に税率を掛けた金額を**法人税等調整額**で処理します。

　相手科目は、将来減算一時差異の場合には、将来の法人税等を前払いしたと考え、**繰延税金資産[資産]**で処理します。

「法人税等」を
直接増減
させるのでは
ありません

（ 繰 延 税 金 資 産 ）　　xxx （ 法 人 税 等 調 整 額 ）　　xxx

STAGE 4 / THEME 13

一方、将来加算一時差異の場合には、当期の法人税等が未払いであると考え、**繰延税金負債**[**負債**]で処理します。

（法人税等調整額）　　×××（繰延税金負債）　　×××

これだとちょっとややこしいので

もっと簡単にできるやり方をご紹介！

◆簡単な仕訳の作り方

税効果会計の簡単な仕訳の作り方は次のとおりです。

まとめ

●税効果会計の仕訳の作り方

Step1　**会計上の仕訳を考える**

たとえば当期の貸倒引当金繰入額が800円であったときは…

会計上：（貸倒引当金繰入）	800	（貸倒引当金）	800

Step2　**損益科目の逆側に「法人税等調整額」を記入する**

会計上：（貸倒引当金繰入）	800	（貸倒引当金）	800

税効果：		（法人税等調整額）	

Step3　**「差異×税率」で税効果の金額を計算する**

上記の貸倒引当金繰入のうち100円が損金算入されず、
法人税等の実効税率が40％のときは…

税効果の金額：100円×40％＝40円

税効果：		（法人税等調整額）	40

Step4　**空欄に「繰延税金資産」または「繰延税金負債」を記入する**

空欄が借方なら「繰延税金資産」、
空欄が貸方なら「繰延税金負債」と記入する

完成！

税効果：（繰延税金資産）	40	（法人税等調整額）	40

STAGE 1
STAGE 2
STAGE 3
STAGE 4 ステージ4…取引と仕訳❹ ─ テーマ13…税金、税効果会計
STAGE 5
STAGE 6
STAGE 7

4 差異が解消したとき 発生時の逆仕訳!

差異が解消したときは、**繰延税金資産**[資産]または**繰延税金負債**[負債]を取り崩し、相手科目を**法人税等調整額**で処理します。

5 2級で出題される一時差異の処理 とりあえずこれだけおさえて!

2級で出題される一時差異には、次のものがあります。

> **2級で出題される一時差異**
> ❶ 貸倒引当金にかかる一時差異
> ❷ 減価償却にかかる一時差異
> ❸ その他有価証券評価差額金にかかる一時差異

順番に見て
いきましょう

❶貸倒引当金にかかる一時差異

会計上、当期の費用とした貸倒引当金繰入のうち、税法上の限度額を超える金額については損金不算入となります。

そのため、超過額について税効果会計を適用します。

こうやります!

例 53-1 **第1期の決算において、
売掛金に対して100円の貸倒引当金を繰り入れたが
全額が損金不算入となった。
なお、法人税等の実効税率は40%とする。**

会計上：（貸倒引当金繰入）　　100（貸　倒　引　当　金）　　100
　　　　　└── 損益項目

税効果：（繰 延 税 金 資 産）　　40（法人税等調整額）　　40
　　　　　　　　　　　　　　　　　　　　　└── 損益項目

税効果の金額：100円×40％＝40円

　貸倒引当金を設定した翌年度以降に、その債権（売掛金など）が貸し倒れるなどして、差異が解消したときは、差異が発生したときの逆仕訳をします。

　なお、法人税等の調整は期末に行うため、前期までに発生した差異の解消と当期に発生した差異の処理は期末にまとめて行います。

例 53-2 第1期末(例 53-1)で計上した貸倒引当金100円にかかる
売掛金が貸し倒れ、損金算入が認められた。
第2期末において、売掛金に対して150円の貸倒引当金を
繰り入れたが全額が損金不算入となった。
なお、法人税等の実効税率は40%とする。

① 差異の解消

| （法人税等調整額） | 40 | （繰延税金資産） | 40 |

税効果の金額：100円×40%＝40円

② 第2期で発生した差異

| （繰延税金資産） | 60 | （法人税等調整額） | 60 |

税効果の金額：150円×40%＝60円

③ 第2期の税効果の仕訳（①＋②）

| （繰延税金資産） | 20 | （法人税等調整額） | 20 |

❷減価償却にかかる一時差異

　会計上、当期の費用とした減価償却費のうち、税法上の
限度額を超える金額については損金不算入となります。
　そのため、超過額について税効果会計を適用します。

これもやって
みましょう

STAGE 1
STAGE 2
STAGE 3

STAGE 4 ステージ4…取引と仕訳❹ ― テーマ13…税金、税効果会計

STAGE 5
STAGE 6
STAGE 7

例 53-3 **第1期の決算において、**
備品の減価償却費500円を計上したが、
このうち200円が損金不算入となった。
なお、法人税等の実効税率は40%とする。

会計上：（減 価 償 却 費） 500 （備品減価償却累計額） 500
損益項目

税効果：（繰 延 税 金 資 産） 80 （法人税等調整額） 80
損益項目

税効果の金額：200円×40%＝80円

　その後、備品を売却したり、除却したときは、差異が解
消するので、差異が発生したときの逆仕訳をします。

　なお、法人税等の調整は期末に行うため、前期までに
発生した差異の解消と当期に発生した差異の処理は期末
にまとめて行います。

❸その他有価証券評価差額金にかかる一時差異

　会計上は、その他有価証券を時価に評価替えしますが、
税法上はその他有価証券の評価替えは認められていま
せん。

　そこで、その他有価証券の評価差額について税効果
会計を適用します。

なお、その他有価証券の評価差額は損益科目ではなく、
その他有価証券評価差額金[純資産]で処理しているため、
税効果会計を適用するときは、**法人税等調整額**ではなく、
その他有価証券評価差額金[純資産]を用います。

勘定科目に
注意してください

例53-4 第1期末におけるその他有価証券（帳簿価額120円）の
時価は160円であった。
法人税等の実効税率は40%として税効果会計を適用する。

❶ 評価差額：160円－120円＝40円→評価差益
❷ 税効果の金額：40円×40%＝16円

会計上：（その他有価証券）　　40（その他有価証券評価差額金）❶ 40
　　　　　　　　　　　　　　　　　　　　　　　純資産項目

税効果：（その他有価証券評価差額金）❷ 16（繰延税金負債）　　16
　　　　　純資産項目

答　え：（その他有価証券）　　40（その他有価証券評価差額金）　24
　　　　　　　　　　　　　　　　　（繰延税金負債）　　　　16

その他有価証券を評価替えした場合、翌期首に再振
替仕訳をします。

例53-5 第2期の期首において、
例53-4 の評価差額について再振替仕訳をした。

（その他有価証券評価差額金）　24（その他有価証券）　40
（繰延税金負債）　　16

STAGE 1
STAGE 2
STAGE 3
STAGE 4 ステージ4…取引と仕訳❹ 一 テーマ13…税金、税効果会計
STAGE 5
STAGE 6
STAGE 7

6 法人税等調整額の表示

法人税、住民税及び
事業税の下に表示!

法人税等調整額は、損益計算書上、法人税、住民税及び事業税(以下「法人税等」)の下に表示します。

そのとき、法人税等調整額が借方残高ならば、法人税等に加算し、法人税等調整額が貸方残高ならば、法人税等から減算します。

法人税等調整額 ちゃん

まとめ

●法人税等調整額の表示

法人税等調整額が借方残高の場合

(法人税等調整額) 100 (繰延税金負債) 100

損 益 計 算 書
⋮
税引前当期純利益 XXX
法人税、住民税及び事業税 XXX
法人税等調整額 ＋100 XXX
当 期 純 利 益 XXX

法人税等調整額が貸方残高の場合

(繰延税金資産) 150 (法人税等調整額) 150

損 益 計 算 書
⋮
税引前当期純利益 XXX
法人税、住民税及び事業税 XXX
法人税等調整額 △150 XXX
当 期 純 利 益 XXX

7 繰延税金資産、繰延税金負債の表示 <small>相殺して表示!</small>

　繰延税金資産と繰延税金負債は、相殺したあとの残高を、貸借対照表の**固定資産**（投資その他の資産の区分）または**固定負債**に表示します。

●繰延税金資産、繰延税金負債の表示

・繰延税金資産と繰延税金負債は相殺する
・相殺後の残高を貸借対照表の「**固定資産**」または「**固定負債**」に表示する
　　　　　　　　　　　↑　　　　　　　　　　　↑
　　　　　繰延税金資産　　　　　　繰延税金負債
　　　　　のほうが多いとき　　　　のほうが多いとき

繰延税金資産 さん

繰延税金負債 くん

STAGE 4　ステージ4…取引と仕訳❹ ─ テーマ13…税金、税効果会計

試験でよく
出題されるから
必ずマスターしよう!

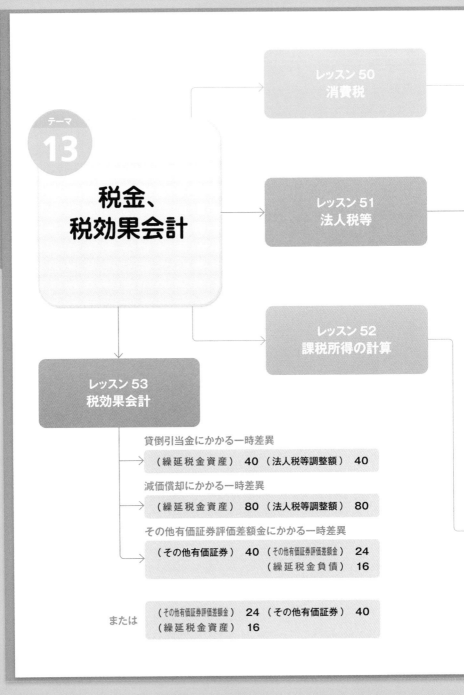

テーマ
13

税金、税効果会計

レッスン 50
消費税

レッスン 51
法人税等

レッスン 52
課税所得の計算

レッスン 53
税効果会計

貸倒引当金にかかる一時差異

（繰延税金資産）　40　（法人税等調整額）　40

減価償却にかかる一時差異

（繰延税金資産）　80　（法人税等調整額）　80

その他有価証券評価差額金にかかる一時差異

（その他有価証券）　40　（その他有価証券評価差額金）　24
　　　　　　　　　　　　　（繰延税金負債）　16

または　　（その他有価証券評価差額金）　24　（その他有価証券）　40
　　　　　（繰延税金資産）　16

商品の仕入時

（仕　　　　入）100　（買 掛 金 な ど）110
（仮 払 消 費 税） 10

商品の売上時

（売 掛 金 な ど）330　（売　　　　上）300
　　　　　　　　　　（仮 受 消 費 税） 30

決算時

（仮 受 消 費 税） 30　（仮 払 消 費 税） 10
　　　　　　　　　　（未 払 消 費 税） 20

納付時

（未 払 消 費 税） 20　（当 座 預 金 な ど） 20

中間納付時

（仮払法人税等）300　（現 金 な ど）300

決算時

（法人税、住民税及び事業税）800　（仮 払 法 人 税 等）300
　　　　　　　　　　　　　　　（未 払 法 人 税 等）500

納付時

（未 払 法 人 税 等）500　（現 金 な ど）500

損金不算入→税引前当期純利益に加算

損 金 算 入→税引前当期純利益から減算

益金不算入→税引前当期純利益から減算

益 金 算 入→税引前当期純利益に加算

ここは問題を解いて
慣れるしかないから…
はい、問題編の問題を
解いてきて！

ステージ 4 テーマ ⑪ ⑫ ⑬ ⑭

テーマ 14 収益認識 で学ぶ内容

Lesson 54 収益認識の基本

売上（収益）は、
いつ、どのように計上するのか、
流れをみておきましょう。

Lesson 55 契約資産

商品を顧客に引き渡したけど、
まだ「売掛金」で処理できない
場合があります。

Lesson 56 売上割戻し

あとで対価（販売価格）が
変わるかもしれない……
こんなとき、売上はいくらで計上？

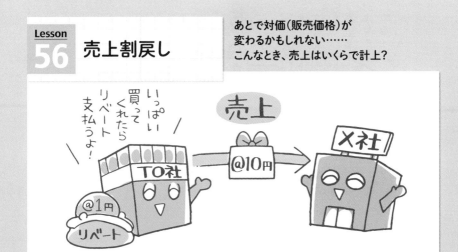

54

収益の計上は
5つのステップをふんで判断！

収益認識の基本

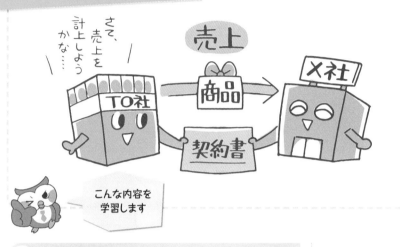

X社に対し、契約にしたがい
商品を販売した。

さて、売上を計上しようかな……

売上

商品

X社

TO社

契約書

こんな内容を
学習します

1 収益認識とは

いつ、いくらで計上?

　収益をいつ、いくらで計上するのかといった、収益認識
については一定の基準（「収益認識に関する会計基準」）があり、
その基準にしたがって収益を計上します。

2 収益認識の基本コンセプト　かる〜く見ておこう!

「収益認識に関する会計基準」では、収益認識の基本となる原則(コンセプト)を次のように定めています。

> **収益認識の基本コンセプト**
> 約束した財またはサービスの顧客への移転を、当該財またはサービスと交換に企業が権利を得ると見込む対価の額で描写するように、収益を認識すること。

難しいので
「ふ〜ん」と見て
おけばいいですよ

具体的には、たとえば商品の販売の場合、顧客と商品を販売するという契約を結ぶと、売主には顧客に商品を引き渡す義務が生じるとともに、代金を受け取る権利が生じます。

そして、売主が商品を顧客に引き渡す(義務を果たす)と、代金を受け取る権利が残ります。そのとき、商品を引き渡したことで100円の対価を受け取れると見込まれる場合には、100円で収益を認識しましょう……ということです。

3 収益認識の5つのステップ　流れをおさえて!

基本コンセプトにしたがって収益を認識するために、以下の5つのステップを適用します。

次の例を使いながら、5つのステップについて説明していきます。

STAGE 1
STAGE 2
STAGE 3

STAGE 4 ステージ4…取引と仕訳❹ ─ テーマ14…収益認識

STAGE 5
STAGE 6

287

STAGE7

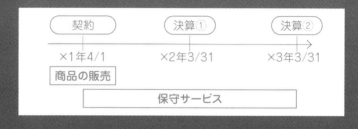

例54-1 ×1年4月1日（期首）に、TO社はX社と商品の販売と2年間の保守サービスを提供する1つの契約（以下の内容）を締結した。

> 1. 契約と同時（×1年4月1日）に商品の引渡しを行う。
> 2. 保守サービスの期間は×1年4月1日から×3年3月31日までである。
> 3. 契約書に記載された対価の額は120円である（商品の販売価格は100円、保守サービスの販売価格は20円とする）。なお、商品の引渡時に対価120円を現金で受け取る。

契約	決算①	決算②
×1年4/1	×2年3/31	×3年3/31

商品の販売

保守サービス

Step1　顧客との契約を識別する

　まず、顧客との契約を確認して、「収益認識に関する会計基準」を適用すべき取引かどうかを確認します。

2級ではこれはクリアされている（「収益認識に関する会計基準」を適用すべき取引である）と思ってください

❮ Step2　契約における履行義務を識別する ❯

　次に、契約内の財またはサービスの内容(履行義務)を個別に把握(識別)します。

　例54-1 の場合は、1つの契約内で、「商品の販売」と「保守サービスの提供」があるので、「商品の販売(商品を引き渡す義務)」と「保守サービスの提供(保守サービスを提供する義務)」に分けて把握します。

❮ Step3　取引価格を算定する ❯

　つづいて、取引価格を算定します。

　取引価格は一般的に契約書に記載された金額ですが、売上割戻など**変動対価**がある場合にはそれを考慮します。

　例54-1 の場合は、取引価格は120円となります。

❮ Step4　取引価格を履行義務に配分する ❯

　Step3で算定した取引価格を、Step2で識別した履行義務に配分します。

　例54-1 の場合は、「商品の販売」に配分された取引価格は100円、「保守サービスの提供」に配分された取引価格は20円となります。

> **語句**
> **変動対価** (へんどうたいか)
> 対価のうち、あとで金額が変わるかもしれない部分

Step5　履行義務を充足した時に収益を認識する

　約束した財またはサービスを顧客に移転して、履行義務を充足した(果たした)ときに、または、履行義務を充足するにつれてStep4で配分した価格で収益を認識します。

「充足した」というのは
「しっかり約束を果たした」
という意味です

　例54-1 の場合は、商品を引き渡したとき(×1年4月1日)に「商品の販売」について、売上100円を計上します。また、「保守サービスの提供」については、決算日ごとにその期間分の収益を計上するため、×2年3月31日に10円(20円÷2年)、×3年3月31日に10円(20円÷2年)を計上します。

　以上より 例54-1 の仕訳は次のようになります。

ここでは
「売上」だけ
注目してください

「契約負債」は
このあと説明します

例54-1 つづき	①商品の販売時(×1年4月1日)

(現　　　　金)	120	(売　　　　上)	100
		(契　約　負　債)	20

STAGE 4 / THEME 14

290

STAGE 1
STAGE 2
STAGE 3

STAGE 4 ステージ4…取引と仕訳❹ 一テーマ14…収益認識

STAGE 5
STAGE 6
STAGE 7

例 54-1
つづき
1年分の保守サービス:20円÷2年=10円
②1回目の決算時(×2年3月31日)

（契　約　負　債）　　10（売　　　　　上）　　10

例 54-1
つづき
1年分の保守サービス:20円÷2年=10円
③2回目の決算時(×3年3月31日)

（契　約　負　債）　　10（売　　　　　上）　　10

「保守サービス」の
収益については
役務収益[収益]で
処理することもあります

役務収益 くん

まとめ

●収益認識の5つのステップ

Step1　顧客との契約を識別する
Step2　契約における履行義務を識別する
Step3　取引価格を算定する
Step4　取引価格を履行義務に配分する
Step5　履行義務を充足した時に収益を認識する

4 契約負債
まだ売上を計上できない…だけど
代金は前受けしている!…というときは…

例54-1 では、×1年4月1日の商品引渡時に、「商品の販売」
と「(2年分の)保守サービスの提供」の対価として120円を受
け取っています。

このうち「商品の販売」については、×1年4月1日に履行
義務を充足しているので、×1年4月1日に売上を計上しま
すが、「保守サービスの提供」についてはまだサービスを
提供していない(履行義務を充足していない)ので、売上を計上
することはできません。

このような、履行義務の充足前(保守サービスの提供前)に受
け取った金額は、**契約負債[負債]**で処理します。

契約負債くん

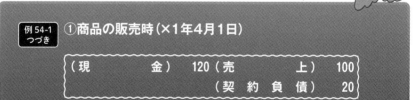

「保守サービス」は
まだ提供していないけど
対価を受け取っているので

20円については
「契約負債」で
処理します

例54-1
つづき **①商品の販売時(×1年4月1日)**

(現　　　　金)	120	(売　　　　上)	100
		(契　約　負　債)	20

契約負債[負債]を計上したときは、履行義務を充足する
につれて、**売上[収益]**を計上した分だけ取り崩します。

売上[収益]を計上したときに
計上した分だけ

契約負債[負債]
を取り崩します

例54-1 つづき	1年分の保守サービス:20円÷2年=10円 ②1回目の決算時(×2年3月31日)
（契約負債） 10（売 上） 10	

例54-1 つづき	1年分の保守サービス:20円÷2年=10円 ③2回目の決算時(×3年3月31日)
（契約負債） 10（売 上） 10	

　なお、**契約負債[負債]**は、より具体的な勘定科目である
前受金[負債]で処理することもできます。

前受金くん

まとめ

●契約負債

・履行義務の充足前に受け取った金額→**契約負債[負債]**で処理

└→ **前受金[負債]**で

処理してもよい！

STAGE 1
STAGE 2
STAGE 3
STAGE 4 ステージ4…取引と仕訳❹ ― テーマ14…収益認識
STAGE 5
STAGE 6
STAGE 7

参考

一時点または一定期間にわたる充足

　収益認識では、契約にもとづく履行義務が**一時点で充足されるもの**か、**一定期間にわたって充足されるものか**を判定します。

一時点で充足される履行義務

　例54-1 における「商品の販売」は、商品を顧客に引き渡すと履行義務が充足されます。このような履行義務は一時点で充足される履行義務と判定され、履行義務を充足したときに**売上[収益]**を計上します。

一定期間にわたって充足される履行義務

　例54-1 における「保守サービスの提供」は、2年間にわたって履行義務が充足されます。このような履行義務は一定期間にわたって充足される履行義務と判定され、履行義務が充足されるにつれて**売上[収益]**を計上します。
　一定期間にわたって充足される履行義務については、履行義務が充足される度合い（進捗度）を見積もって、進捗度に応じて**売上[収益]**を計上します。

売上の計上時期

商品の販売では、商品が顧客のもとに移転したとき（顧客による検収確認があったときなど）に**売上**[収益]を計上しますが、出荷から検収までの期間が通常の期間であるときは、商品の出荷時や商品の到着時（着荷時）に**売上**[収益]を計上することもできます。

検収基準 （原則）	相手方が商品の品質、数量等を検収し、確認の通知を受けたときに売上を計上する
出荷基準 （容認）	商品を出荷したときに売上を計上する
着荷基準 （容認）	商品が相手方に到着したときに売上を計上する

STAGE 1
STAGE 2
STAGE 3

STAGE 4 ステージ4…取引と仕訳❹ ─ テーマ14…収益認識

STAGE 5
STAGE 6
STAGE 7

55

販売したけど、
代金の請求権がまだないときは…

契約資産

商品甲・乙のうち
甲について販売したが……

こんな内容を
学習します

代金の請求は乙の引渡しが完了
するまで留保される。

1 契約資産の処理 「売掛金」になる一歩手前の資産

　たとえば、商品甲と商品乙を販売する契約で、「商品甲
の引渡日は4月1日、商品乙の引渡日は4月30日であるが、
商品甲の対価は商品乙の引渡しが完了するまで留保され
る」という条件が付いていた場合を考えてみましょう。

　この場合、4月1日に商品甲を引き渡したとき、商品甲に
ついて**売上**[収益]を計上することになりますが、この時点
では、まだ代金請求権(法的請求権)はありません。

商品甲・乙両方の
引渡しが終わったら
商品甲・乙両方の
代金を請求できる
という契約ですね

$$(\qquad \qquad) \quad \times\times\times \quad (売 \qquad 上) \quad \times\times\times$$

ですから、**売掛金**[資産]で処理することはできず、この時点における、商品甲の対価として受け取るはずの金額は、**契約資産**[資産]という勘定科目で処理します。

$$(契 約 資 産) \quad \times\times\times \quad (売 \qquad 上) \quad \times\times\times$$

まだ「売掛金」で
処理できません

そして、4月30日に商品乙を引き渡すことによって、商品甲・乙の両方の代金請求権が発生するため、4月30日の商品乙の引渡時に、商品乙について売上の処理をするとともに、商品甲の対価として受け取るはずの金額を**契約資産**[資産]から**売掛金**[資産]に振り替えます。

契約資産 さん

❶商品乙について

$$(売 掛 金) \quad \times\times\times \quad (売 \qquad 上) \quad \times\times\times$$

商品乙の対価は
はじめから「売掛金」
で処理できますね

❷商品甲について

$$(売 掛 金) \quad \times\times\times \quad (契 約 資 産) \quad \times\times\times$$

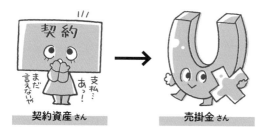

契約資産 さん　　　　売掛金 さん

例 55-1 ×1年4月1日に、TO社はX社と商品甲と商品乙を以下の条件で販売する契約を結んだ。

1. 商品甲は契約と同時（×1年4月1日）に引渡しを行い、商品乙の引渡しは月末（×1年4月30日）に行う。
2. 商品甲の対価は200円、商品乙の対価は400円であるが、商品甲の対価の支払いは商品乙の引渡しが完了するまで留保される。

①×1年4月1日（商品甲の販売時）

（契 約 資 産）	200	（売 上）	200

②×1年4月30日（商品乙の販売時）

（売 掛 金）	600	（売 上）	400
		（契 約 資 産）	200

●契約資産

　・顧客から受け取る対価のうち、代金請求権がまだ生じていないもの
　　→契約資産［資産］で処理

Lesson 56

売上割戻し

たくさん買ってくれたお得意様には
リベートを支払うよ、というときは……

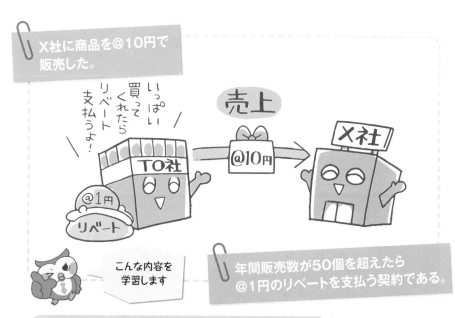

X社に商品を@10円で販売した。

いっぱい買ってくれたらリベート支払うよ！

売上

@10円

TO社

@1円 リベート

X社

こんな内容を学習します

年間販売数が50個を超えたら@1円のリベートを支払う契約である。

1 売上割戻しと変動対価

あとで対価の額が変わるかも…

　一定期間に一定金額(または一定個数)以上の商品を購入してくれた得意先に代金の一部を免除(リベートとして支払う)ことがあります。

　これを売上側(リベートを支払う側)から見たものが**売上割戻し**です。

　売上割戻しは、たとえば年間販売個数が50個までは販売単価@10円とするが、50個を超えた場合には1個あたり1円のリベートを支払う(50個を超えた場合は販売単価が@9円となる)というものです。

　売上割戻しのように、顧客と約束した対価のうち、あとで変動する可能性のあるものを**変動対価**といいます。

仕入割戻しの処理はレッスン02で学習済みです

2 商品を売り上げたとき

変動対価はとりあえず「売上」には含めない!

返金負債くん

商品を売り上げたときに、割戻しが予想される場合には、予想される割戻額を差し引いた金額で**売上**[収益]を計上します。また、予想される割戻額については**返金負債**[負債]で処理します。

例56-1 TO社はX社に商品甲を下記の条件で販売しており、×1年10月1日に商品甲を20個売り上げ、現金を受け取った。なお、当期における商品甲のX社への販売個数は60個と予想している。

1. 商品甲の1個あたりの販売価格は10円である。
2. X社への商品甲の販売個数が当期中に50個に達したときには、1個あたり1円のリベートを現金で支払う。

現　　金:@10円×20個=200円
売　　上:(@10円-@1円)×20個=180円
返金負債:@1円×20個=20円

(現　　　　　金)	200	(売　　　　　上)	180
		(返 金 負 債)	20

3 売上割戻しが適用されたとき

「返金負債」を取り崩す!

後日、売上割戻しが適用され、リベートを支払ったときは、計上している**返金負債**[負債]を取り崩します。

> 例 56-2 ×1年12月1日にTO社はX社に商品甲を35個販売し、現金を受け取った。また、商品甲のX社への当期販売個数が55個となった(50個に達した)ため、売上割戻しを適用し、リベートを現金で支払った。なお、条件は 例 56-1 と同じ(下記)である。
>
> > 1. 商品甲の1個あたりの販売価格は10円である。
> > 2. X社への商品甲の販売個数が当期中に50個に達したときには、1個あたり1円のリベートを現金で支払う。
>
> ①商品の売上の仕訳
> 　現　　金:@10円×35個=350円
> 　売　　上:(@10円−@1円)×35個=315円
> 　返金負債:@1円×35個=35円
>
> | (現 金) | 350 | (売 上) | 315 |
> |---|---|---|---|
> | | | (返 金 負 債) | 35 |
>
> ②リベートの支払いの仕訳
> 　返金負債:20円+35円=55円
>
> | (返 金 負 債) | 55 | (現 金) | 55 |
> |---|---|---|---|

リベートを後日に
支払うときは
未払金[負債]処理します

301

4 売上割戻しが適用されなかったとき 「返金負債」を「売上」に振り替える

　販売個数が一定数に達しないことより、売上割戻しが適用されなかったときには、**返金負債**[**負債**]を取り崩し、**売上**[**収益**]に振り替えます。

例56-3 ×2年3月31日（決算日）において、当期のX社に対する商品甲の販売個数が50個に達しなかったため、計上している返金負債20円を売上に振り替えた（条件は 例56-1 と同じである）。

（返 金 負 債）　　20（売　　　　　上）　　20

●売上割戻し

・販売対価のうち、割戻予想額
　→ **返金負債**[**負債**]で処理

・売上割戻しが適用されたとき
　→ **返金負債**[**負債**]を取り崩す

・売上割戻しが適用されなかったとき
　→ **返金負債**[**負債**]から **売上**[**収益**]に振り替える

取引の場面を
イメージしながら仕訳
を考えましょう

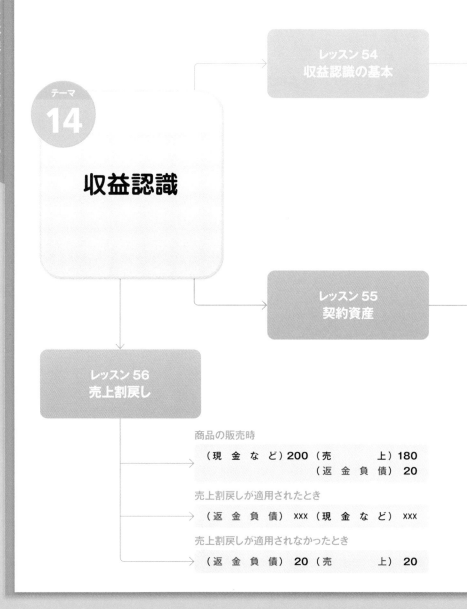

テーマ
14

収益認識

レッスン 54
収益認識の基本

レッスン 55
契約資産

レッスン 56
売上割戻し

商品の販売時

（現 金 な ど）200 （売　　　　上）180
　　　　　　　　　　（返 金 負 債） 20

売上割戻しが適用されたとき

（返 金 負 債）xxx （現 金 な ど）xxx

売上割戻しが適用されなかったとき

（返 金 負 債） 20 （売　　　　上） 20

収益認識とは

収益認識の
5つのステップ

収益認識の
基本処理

契約負債くん

商品の販売時&保守サービス提供前の代金受取時

（現　　　　金）120（売　　　　上）100
　　　　　　　　　（契 約 負 債）20

決算時（1年分の保守サービス計上時）

（契 約 負 債）10（売　　　　上）10

商品甲の販売時（まだ代金請求権はない）

（契 約 資 産）200（売　　　　上）200

商品乙の販売時（甲乙とも代金請求権が発生）

（売 掛 金）600（売　　　　上）400
　　　　　　　　（契 約 資 産）200

契約資産 さん

返金負債くん

理論問題の出題も
考えられる内容なので
流れをおさえ
ておきましょう！

ステージ5

決算と財務諸表

決算日を迎えて当期が終わるとき、
決算を行って財務諸表を作成します。
ここでは決算と財務諸表について
見ていきましょう。

決算整理事項には
どんなものがあったか
覚えていますか?

ステージ 5 テーマ ⑮ ⑯

15 決算手続き❶ で学ぶ内容

Lesson 57 決算手続きの流れ

2級で出題される
決算整理事項には
どんなものがあるか、確認しよう!

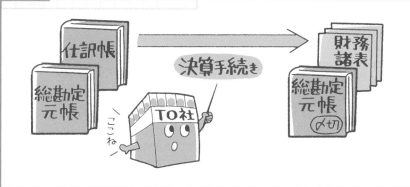

Lesson 58 精算表の作成

財務諸表の作成に先立って、
精算表を作成した!
作成方法は3級と同じだけど、覚えている?

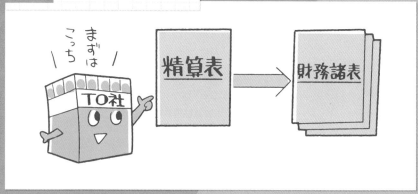

ここでは精算表や財務諸表の形式を
ざっと確認して、問題集を解いて、
解き方に慣れておこう！

こんな内容を
学習します

Lesson 59 財務諸表の作成

いよいよ当期の財務諸表を作成する！
3級の財務諸表よりも区分が細かくなるから
しっかり確認を！

57

決算整理事項を確認しよう

決算手続きの流れ

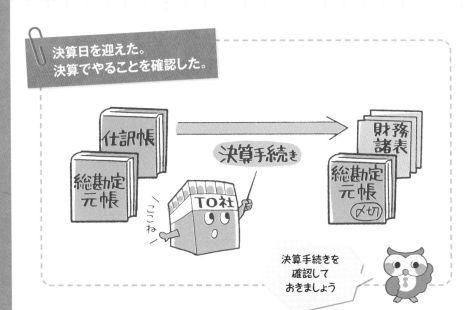

決算日を迎えた。
決算でやることを確認した。

決算手続きを
確認して
おきましょう

1 決算手続き

かるく確認しておこう!

3級の復習

決算手続きとは、日々の取引の記録を一定期間で整理して、帳簿を締め切るとともに、財務諸表(損益計算書や貸借対照表など)を作成する手続きをいいます。

まとめ

●決算手続きの流れ

試算表の作成	→決算整理→	財務諸表の作成	→決算振替→	帳簿の締め切り
	精算表の作成			

STAGE 5 / THEME 15

② 決算整理

決算整理は、会社の経営成績や財政状態を適正に表すために、期中に行った記録を修正する手続きをいい、2級で出題される決算整理事項には次のものがあります。

2級で出題される決算整理事項

❶ 現金過不足の処理················3級で学習
❷ 当座借越の処理················3級で学習
❸ 貯蔵品の処理················3級で学習
❹ 売上原価の算定················レッスン3
❺ 引当金の設定················レッスン34〜38
❻ 有形固定資産の減価償却········レッスン16
❼ 無形固定資産の償却············レッスン27、28
❽ 有価証券の評価替え············レッスン33
❾ 消費税の処理················レッスン50
❿ 収益・費用の未収・未払い、前受け・前払い
　　　　　　　　　　　　　　　3級で学習
⓫ 外貨建項目の換算············レッスン41
⓬ 法人税等、税効果会計··········レッスン51〜53

STAGE 5　ステージ5…決算と財務諸表　テーマ15…決算手続き❶

作り方は3級でやったのと同じ
精算表の作成

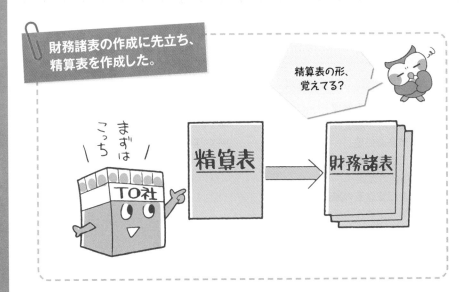

財務諸表の作成に先立ち、精算表を作成した。

精算表の形、覚えてる?

まずはこっち

TO社 精算表 → 財務諸表

1 精算表の形式

かるく確認しておこう!

精算表とは、決算整理前の試算表(決算整理前残高試算表)に決算整理事項を加味し、損益計算書・貸借対照表を作成するまでの流れを1つの表にまとめたものです。

形式を確認したら問題を解いて慣れましょう

精算表

勘定科目	残高試算表		修正記入		損益計算書		貸借対照表	
	借方	貸方	借方	貸方	借方	貸方	借方	貸方
現　　　金								
当 座 預 金								
⋮								
支 払 手 形								
買　掛　金								
⋮								
資　本　金								
⋮								
売　　　上								
⋮								
仕　　　入								
貸倒引当金繰入								
減 価 償 却 費								
⋮								
当 期 純 利 益								

❶ ❷ ❸ ❹ が各欄の上部に付される。

ⓐ 現金〜資本金のグループ
ⓑ 売上〜仕入のグループ
ⓒ 貸倒引当金繰入・減価償却費
ⓓ 当期純利益

●精算表の形式

❶ 残高試算表欄…決算整理前の残高試算表の金額
❷ 修 正 記 入 欄…決算整理仕訳の金額
❸ 損益計算書欄…損益計算書(収益、費用)の金額
❹ 貸借対照表欄…貸借対照表(資産、負債、純資産)の金額
ⓐ 貸借対照表の項目
ⓑ 損益計算書の項目
ⓒ 決算整理であらたに生じた項目
ⓓ 損益計算書の貸借差額、貸借対照表の貸借差額で当期純利益
（または当期純損失）を計算
　　収益<費用
　　のとき
　　　　　　　収益>費用
　　　　　　　のとき

Lesson
59
区分が細かくなるよ～
財務諸表の作成

財務諸表を作成した。

表示区分に気をつけて！

2級で学習する
財務諸表を
見てみましょう

STAGE 5 / THEME 15

1 財務諸表の作成

P/L、B/S、S/Sの3つ!

一会計期間が終わったら、**財務諸表(F/S)**を作成します。
2級で学習する財務諸表には、**損益計算書(P/L)**、**貸借対照表(B/S)**、**株主資本等変動計算書(S/S)**があります。

2 損益計算書(P/L)の作成

各段階利益の
名称をおさえて!

損益計算書は、会社の経営成績を明らかにするために作成する財務諸表です。

損益計算書には、収益と費用を記載し、収益と費用の差額で当期純利益(または当期純損失)を計算します。

語句
F/S (Financial-Statements)
財務諸表の略語

語句
P/L (Profit&Loss-Statement)
損益計算書の略語

語句
B/S (Balance-Sheet)
貸借対照表の略語

語句
S/S (Statements of Shareholders' Equity)
株主資本等変動計算書の略語

314

損益計算書の形式には、**勘定式**と**報告式**の2つがあります。

◆勘定式

勘定式は借方と貸方に分けて記入する形式（3級で学習した形式）です。

損 益 計 算 書
自×1年4月1日 至×2年3月31日

費 用	金 額	収 益	金 額
売 上 原 価	3,950	売 上 高	8,000
給 料	1,000	受 取 利 息	240
支 払 家 賃	700	固 定 資 産 売 却 益	200
棚 卸 減 耗 損	100		
貸 倒 引 当 金 繰 入	60		
減 価 償 却 費	800		
ソ フ ト ウ ェ ア 償 却	100		
支 払 利 息	40		
有 価 証 券 評 価 損	60		
火 災 損 失	130		
法人税, 住民税及び事業税	720		
法 人 税 等 調 整 額	△120		
当 期 純 利 益	900		
	8,440		8,440

◆報告式

報告式は借方と貸方に分けずに、縦に並べて表示する形式です。

報告式では、収益・費用を各区分に分けて、段階的に利益を計算します。

試験で
出るのは
報告式です

損　益　計　算　書

自×1年4月1日　至×2年3月31日　　（単位：円）

I　売　上　高		8,000
II　売　上　原　価		
1　期首商品棚卸高	100	
2　当期商品仕入高	4,000	
合　　　計	4,100	
3　期末商品棚卸高	200	
差　　　引	3,900	
4　商品評価損	50	3,950
売上総利益		4,050
III　販売費及び一般管理費		
1　給　　　料	1,000	
2　支払家賃	700	
3　棚卸減耗損	100	
4　貸倒引当金繰入	60	
5　減価償却費	800	
6　ソフトウェア償却	100	2,760
営業利益		1,290
IV　営業外収益		
1　受取利息		240
V　営業外費用		
1　支払利息	40	
2　有価証券評価損	60	100
経常利益		1,430
VI　特別利益		
1　固定資産売却益		200
VII　特別損失		
1　火災損失		130
税引前当期純利益		1,500
法人税、住民税及び事業税	720	
法人税等調整額	△120	600
当期純利益		900

各区分の意味と
勘定科目は
次ページのとおり！

区　分	意味と勘定科目
❶ 売　　上　　高	商品の販売高 [勘定科目]売上
❷ 売　上　原　価	売り上げた商品の原価 [勘定科目]仕入 （期首商品棚卸高＋当期商品仕入高－期末商品棚卸高）
❸ 売 上 総 利 益 （❶－❷）	売上高から売上原価を差し引いた金額 商品売買によって稼いだ利益
❹ 販　売　費　及　び 一　般　管　理　費	商品の販売に要した費用や本社の管理活動に要した費用 [勘定科目]給料、保険料、支払家賃、消耗品費、水道光熱費、減価償却費、 貸倒引当金繰入、ソフトウェア償却、退職給付費用 など
❺ 営　業　利　益 （❸－❹）	売上総利益から販売費及び一般管理費を差し引いた金額 会社の本業から生じた利益
❻ 営　業　外　収　益	本業以外で、財務活動から生じた収益 [勘定科目]受取利息、有価証券利息、受取配当金、有価証券評価益、有価 証券売却益、為替差益 など
❼ 営　業　外　費　用	本業以外で、財務活動から生じた費用 [勘定科目]支払利息、手形売却損、有価証券評価損、有価証券売却損、為 替差損 など
❽ 経　常　利　益 （❺＋❻－❼）	営業利益に営業外収益を足して、営業外費用を差し引いた金額。会社の通常の活動（本業＋副業）から生じた利益
❾ 特　別　利　益	臨時的に生じた利益 [勘定科目]固定資産売却益、保険差益、国庫補助金受贈益 など
❿ 特　別　損　失	臨時的に生じた損失 [勘定科目]固定資産売却損、火災損失、固定資産圧縮損 など
⓫ 税引前当期純利益 （❽＋❾－❿）	経常利益に特別利益を足して、特別損失を差し引いた金額。法人税等を差し引く前の当期純利益
⓬ 法 人 税、住 民 税 及 び 事 業 税	当期の法人税等
⓭ 法 人 税 等 調 整 額	税効果会計を適用したときの法人税等の調整額
⓮ 当　期　純　利　益 （⓫－⓬±⓭）	会社の最終的な利益

STAGE 1
STAGE 2
STAGE 3
STAGE 4
STAGE 5　ステージ5…決算と財務諸表　テーマ15…決算手続き❶
STAGE 6
STAGE 7

損益計算書の表示で注意するものは以下のとおりです。

●損益計算書の表示で注意すべきもの

棚卸減耗損	売上原価または**販売費及び一般管理費**	レッスン3
商品評価損	**売上原価**	レッスン3
貸倒引当金繰入	営業活動で生じた債権（受取手形や売掛金）にかかるものは**販売費及び一般管理費**、それ以外の債権（貸付金）にかかるものは**営業外費用**	レッスン34
為替差損益	借方残高なら「**為替差損**」として営業外費用 貸方残高なら「**為替差益**」として営業外収益	レッスン41

③ 貸借対照表(B/S)の作成　各区分の名称をおさえて!

　貸借対照表は、会社の財政状態を明らかにするために作成する財務諸表で、資産、負債、純資産を記載します。

　貸借対照表の形式には、勘定式と報告式の2つがありますが、ここではベースとなる勘定式の形式をおさえておきましょう。

　勘定式の貸借対照表では、借方に資産（**流動資産、固定資産**）、貸方に負債（**流動負債、固定負債**）と純資産（**株主資本、評価・換算差額等**）が記載されており、上から下に流動性が高い順に記載されています。

> 流動性が高い順とは、
> 資産は現金化
> しやすい順

> 負債は支払期限が
> 近い順
> ということです

貸 借 対 照 表

×2年3月31日　　　　　　　（単位：円）

資 産 の 部			負 債 の 部		
I　流 動 資 産			**I　流 動 負 債**		
1　現 金 預 金		4,600	1　買　掛　金		2,200
2　受 取 手 形	1,000		2　未払法人税等		320
3　売　掛　金	3,000		流動負債合計		2,520
計	4,000		**II　固 定 負 債**		
貸倒引当金	80	3,920	1　長 期 借 入 金		2,000
4　有 価 証 券		700	固定負債合計		2,000
5　商　　品		2,000	負 債 合 計		4,520
6　未 収 収 益		30	**純 資 産 の 部**		
流動資産合計		11,250	**I　株 主 資 本**		
II　固 定 資 産			1　資　本　金		8,000
1　有形固定資産			2　資 本 剰 余 金		
備　品	4,000		資 本 準 備 金		1,400
減価償却累計額	1,600	2,400	3　利 益 剰 余 金		
有形固定資産合計		2,400	利 益 準 備 金	140	
2　無形固定資産			繰越利益剰余金	1,410	1,550
ソフトウェア		400	株主資本合計		10,950
無形固定資産合計		400	**II　評価・換算差額等**		
3　投資その他の資産			1　その他有価証券評価差額金		60
投資有価証券		1,280	評価・換算差額等合計		60
繰延税金資産		200	純 資 産 合 計		11,010
投資その他の資産合計		1,480			
固定資産合計		4,280			
資 産 合 計		15,530	負債及び純資産合計		15,530

各区分の説明は
次ページのとおり！

STAGE 5　ステージ5…決算と財務諸表　テーマ15…決算手続き❶

区　分	意味と勘定科目	区　分	意味と勘定科目
資産の部　流動資産	営業活動によって発生した債権（受取手形や売掛金）および決算日の翌日から1年以内に現金化する資産 ［勘定科目］ 現金預金、受取手形、売掛金、有価証券、商品、短期貸付金、前払費用、未収収益 など	負債の部　流動負債	営業活動によって発生した債務（支払手形や買掛金）および決算日の翌日から1年以内に支払期限が到来する負債 ［勘定科目］ 支払手形、買掛金、短期借入金、未払金、未払費用、前受収益、未払法人税等 など
固定資産	決算日の翌日から1年を超えて現金化する資産	固定負債	決算日の翌日から1年を超えて支払期限が到来する負債
有形固定資産	［勘定科目］ 土地、建物、備品、車両運搬具、建設仮勘定など		［勘定科目］ 長期借入金、退職給付引当金、繰延税金負債など
無形固定資産	［勘定科目］ のれん、特許権、ソフトウェアなど	純資産の部　株主資本	［勘定科目］ 資本金、資本準備金、利益準備金、繰越利益剰余金＊など
投資その他の資産	［勘定科目］ 投資有価証券、関係会社株式、長期貸付金、長期前払費用、繰延税金資産など	評価・換算差額等	［勘定科目］ その他有価証券評価差額金

※　B/Sの繰越利益剰余金は「残高試算表の金額＋P/Lの当期純利益」で計算する

　　勘定科目と貸借対照表の表示科目が違うものには、次のものがあります。

●勘定科目と表示科目の違い

勘定科目	表示科目	表示区分
現金、当座預金など	**現金預金**	流動資産
売買目的有価証券	**有価証券**	流動資産
繰越商品	**商　品**	流動資産
その他有価証券	**投資有価証券**	固定資産
満期保有目的債券※		（投資その他の資産）
子会社株式	**関係会社株式**	固定資産
関連会社株式		（投資その他の資産）
前払保険料など	**前払費用**	流動資産
未収利息など	**未収収益**	流動資産
前受利息など	**前受収益**	流動負債
未払保険料など	**未払費用**	流動負債

※　1年以内に満期日が到来する債券については、表示科目「有価証券」、表示区分「流動資産」となる！

貸借対照表の表示で注意するものは以下のとおりです。

●貸借対照表の表示で注意すべきもの

貸倒引当金	受取手形や売掛金から控除する形で表示
減価償却累計額	有形固定資産から控除する形で表示
貸　付　金借　入　金	返済期限が決算日の翌日から1年以内に到来するものは「**短期貸付金**」や「**短期借入金**」として**流動資産・流動負債**に表示返済期限が決算日の翌日から1年を超えて到来するものは「**長期貸付金**」や「**長期借入金**」として**固定資産・固定負債**に表示

参考

正常営業循環基準と一年基準

　資産と負債の流動・固定の分類は、**正常営業循環基準**（せいじょうえいぎょうじゅんかん き じゅん）**と一年基準**（いちねん き じゅん）の2つの基準によって分けられます。

◆正常営業循環基準

　正常営業循環基準は、企業の主な営業活動のサイクル内（仕入→代金の支払い→売上→代金の回収）にある資産や負債を流動資産・流動負債とする基準です。

　この基準により、現金、受取手形、売掛金、商品などはすべて流動資産に、支払手形、買掛金はすべて流動負債に表示されます。

◆一年基準

　一年基準は、決算日の翌日から起算して1年以内に回収・支払期限が到来する資産や負債を流動資産・流動負債とし、1年を超えて回収・支払期限が到来する資産や負債を固定資産・固定負債とする基準です。

　一年基準は正常営業循環基準の適用を受けない資産（貸付金、前払費用など）や負債（借入金など）に適用されます。

④ 株主資本等変動計算書(S/S)の作成　レッスン49を参照!

　株主資本等変動計算書は、貸借対照表の純資産の変動を表す財務諸表で、純資産の部について、科目ごとに当期首残高、当期変動額、当期末残高を記入します。

　また、株主資本の項目については、当期変動額を変動原因ごとに記載し、株主資本以外の項目については、当期変動額を純額で記載します。

STAGE 5 / THEME 15

STAGE 1
STAGE 2
STAGE 3
STAGE 4
STAGE 5　ステージ5…決算と財務諸表 ｜ テーマ15…決算手続き❶
STAGE 6
STAGE 7

形式は
こんなカンジ

記入方法は
レッスン49を
参照してください

株主資本等変動計算書

自×1年4月1日　至×2年3月31日

	株　主　資　本			
	資　本　金	資　本　剰　余　金		
		資本準備金	その他資本剰余金	資本剰余金合計
当 期 首 残 高	×××	×××	×××	×××
当 期 変 動 額				
新 株 の 発 行	×××	×××		×××
剰 余 金 の 配 当 等		×××	△×××	×××
当 期 純 利 益				
株主資本以外の項目の当期変動額(純額)				
当 期 変 動 額 合 計	×××	×××		×××
当 期 末 残 高	×××	×××		×××

（下段へ続く）

（上段から続く）

	株　主　資　本					評価・換算差額等	純資産合計
	利　益　剰　余　金				株主資本合計	その他有価証券評価差額金	
	利益準備金	その他利益剰余金		利益剰余金合計			
		別途積立金	繰越利益剰余金				
当 期 首 残 高	×××	×××	×××	×××	×××	×××	×××
当 期 変 動 額							
新 株 の 発 行					×××		×××
剰 余 金 の 配 当 等	×××	×××	△×××	△×××	△×××		△×××
当 期 純 利 益			×××	×××	×××		×××
株主資本以外の項目の当期変動額(純額)						×××	×××
当 期 変 動 額 合 計	×××	×××	×××	×××	×××	×××	×××
当 期 末 残 高	×××	×××	×××	×××	×××	×××	×××

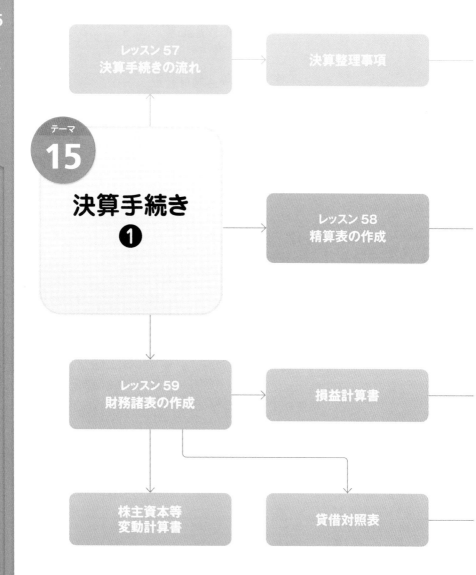

レッスン 57
決算手続きの流れ

決算整理事項

テーマ
15

決算手続き
❶

レッスン 58
精算表の作成

レッスン 59
財務諸表の作成

損益計算書

株主資本等
変動計算書

貸借対照表

❶ 現金過不足の処理　　　　　❼ 無形固定資産の償却

❷ 当座借越の処理　　　　　　❽ 有価証券の評価替え

❸ 貯蔵品の処理　　　　　　　❾ 消費税の処理

❹ 売上原価の算定　　　　　　❿ 収益・費用の未収・未払い、前受け・前払い

❺ 引当金の設定　　　　　　　⓫ 外貨建項目の換算

❻ 有形固定資産の減価償却　　⓬ 法人税等、税効果会計

精算表の形式

ここは問題編の
ボリュームが多いので、
休みながら問題を
解いてくださいね！

損益計算書

Ⅰ	売 上 高	
Ⅱ	売 上 原 価	
	売 上 総 利 益	
Ⅲ	販売費及び一般管理費	
	営 業 利 益	
Ⅳ	営 業 外 収 益	
Ⅴ	営 業 外 費 用	
	経 常 利 益	
Ⅵ	特 別 利 益	
Ⅶ	特 別 損 失	
	税引前当期純利益	
	法人税、住民税及び事業税	
	法 人 税 等 調 整 額	
	当 期 純 利 益	

貸借対照表

資産の部	負債の部
Ⅰ　流動資産	Ⅰ　流動負債
Ⅱ　固定資産	Ⅱ　固定負債
1　有形固定資産	純資産の部
2　無形固定資産	Ⅰ　株主資本
3　投資その他の資産	Ⅱ　評価・換算差額等

ステージ 5　テーマ ⑮ ⑯

テーマ 16　決算手続き❷ で学ぶ内容

Lesson 60　サービス業、製造業における財務諸表

商品売買業の財務諸表をベースにしてサービス業や製造業の財務諸表はどこが違うのか、見ておこう！

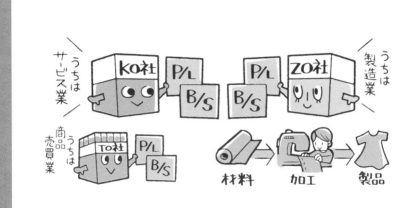

こんな内容を
学習します

レッスン60は商品売買業の財務諸表と
異なるところだけ見ておこう！

Lesson
61 帳簿の締め切り

最後に帳簿を締め切って
おしまい！

サービス業、製造業における財務諸表

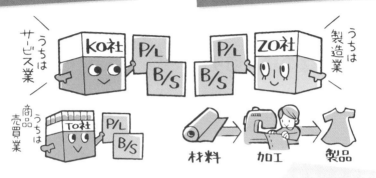

KO社は広告サービスを
提供する会社である。

ZO社はアパレルメーカー
である。

うちは
サービス業

うちは
商品
売買業

うちは
製造業

材料　　加工　　製品

商品売買業以外の
財務諸表を
ちょっと見てみましょう

1 商品売買業以外の財務諸表

作り方の
基本は同じ!

　レッスン59では、商品売買業の財務諸表について見
ましたが、サービス業や製造業の財務諸表もほとんど同じ
です。

　ここでは、サービス業と製造業の財務諸表について、商
品売買業と異なるところを見ておきます。

2 サービス業の財務諸表

売上高→役務収益、
売上原価→役務原価となる

　サービス業では、「商品」ではなく、「サービス」を販売して
いるため、商品売買業の損益計算書における「売上高」や
「売上原価」がサービス業では「**役務収益**」や「**役務原価**」
に変わります。

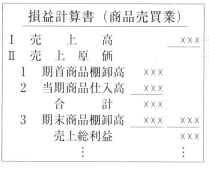

損益計算書（商品売買業）		
Ⅰ　売　　上　　高		×××→
Ⅱ　売　上　原　価		
1　期首商品棚卸高	×××	
2　当期商品仕入高	×××	
合　　　計	×××	
3　期末商品棚卸高	×××	×××
売上総利益		×××
⋮		⋮

損益計算書（サービス業）	
Ⅰ　役　務　収　益	×××
Ⅱ　役　務　原　価	×××
売上総利益	×××
⋮	⋮

　また、貸借対照表には「商品」はありませんが、サービス提供前にかかった費用を集計した勘定である「仕掛品」があるため、資産の部に「仕掛品」が表示されます。

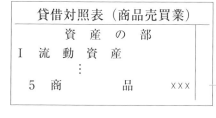

貸借対照表（商品売買業）	
資　産　の　部	
Ⅰ　流　動　資　産	
⋮	
5　商　　　　　品	×××→

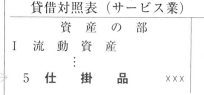

貸借対照表（サービス業）	
資　産　の　部	
Ⅰ　流　動　資　産	
⋮	
5　仕　　掛　　品	×××

③ 製造業の財務諸表

製造業の会計処理は
工業簿記で学習するから…

　製造業(メーカー)では、外部から「材料」を仕入れて加工し、「製品」を製造し、完成した「製品」を販売します。

　また、製造間接費配賦差異などの原価差異がある場合には、売上原価に賦課します。

　そのため、損益計算書における「売上原価」の内訳の表示が商品売買業と異なります。

ここからさきは
工業簿記を
学習したあとに
読んでください

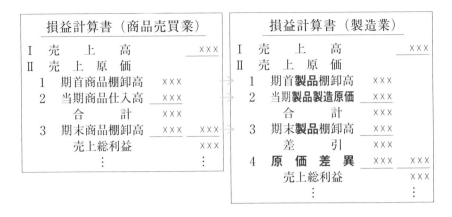

また、貸借対照表には「商品」はありませんが、「**製品**」、「**材料**」、「**仕掛品**」といった資産があるため、資産の部にこれらの科目が表示されます。

STAGE 1
STAGE 2
STAGE 3
STAGE 4

STAGE 5 ステージ5…決算と財務諸表 ―テーマ16…決算手続き❷

STAGE 6

STAGE 7

Lesson

61

当期の帳簿記入はここでおしまい！……とすること

帳簿の締め切り

次期の帳簿記入に備えて
帳簿を締め切った。

まだ途中なんで…
終わらせてください

3級でやった
内容です

1 帳簿の締め切り

流れを覚えていますか？

決算の最後に帳簿を締め切って、次期の記入にそなえます。

帳簿の締め切りは、次の流れで行います。

帳簿の締め切りの流れ

❶ 収益・費用の損益勘定への振り替え
❷ 当期純利益（または当期純損失）の振り替え
❸ 各勘定の締め切り

帳簿の締切
方法には
英米式と
大陸式が
ありますが

日商で学習
する方法は
英米式です

② 収益・費用の損益勘定への振り替え　損益勘定に金額を集めて！

　まず、損益勘定を設けて、収益・費用の各勘定残高を損益勘定に振り替えます。

　具体的には、**収益**の各勘定残高は損益勘定の**貸方**に、**費用**の各勘定残高は損益勘定の**借方**に振り替えます。

　仮に**仕入勘定**[費用]の残高が140円、**売上勘定**[収益]の残高が200円であったとしましょう。

仕	入
残　　　高　140	

売	上
	残　　　高　200

　この場合の損益勘定への振り替えは、次のようになります。

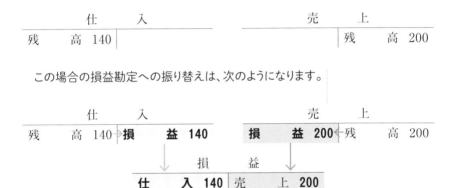

費用の振り替え
（損　益）140（仕　入）140

収益の振り替え
（売　上）200（損　益）200

③ 当期純利益の振り替え　繰越利益剰余金勘定に行くよ！

　次に、損益勘定の貸借差額で当期純利益または当期純損失を計算し、この金額を繰越利益剰余金勘定に振り替えます。

具体的には、**当期純利益**の場合は、繰越利益剰余金
勘定の**貸方**に振り替えます。

当期純利益の振り替え

(損　　　　益)　　60 (繰越利益剰余金)　　　60

一方、**当期純損失**の場合は、繰越利益剰余金勘定の
借方に振り替えます。

当期純損失の振り替え

(繰越利益剰余金)　　20 (損　　　　益)　　　20

④ 各勘定の締め切り　これで当期の記入はおしまい！

最後に各勘定を締め切ります。

◆収益・費用の各勘定の締め切り

収益と費用の各勘定は、借方合計と貸方合計を計算して、二重線を引いて締め切ります。

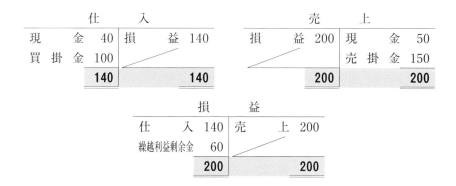

仕	入	
現　　　　金 40	損　　　　益 140	
買　掛　金 100		
140	**140**	

売	上	
損　　　　益 200	現　　　　金 50	
	売　掛　金 150	
200	**200**	

損	益
仕　　　　入 140	売　　　　上 200
繰越利益剰余金 60	
200	**200**

◆資産・負債・純資産の各勘定の締め切り

資産・負債・純資産の各勘定の残高は次期に繰り越します。したがって、各勘定の残高を計算し、「**次期繰越**」として記入します。

そして、二重線を引いて締め切ったあと、「次期繰越」の逆側に「**前期繰越**」として記入します。

現	金
前期繰越 120	仕　　　　入 40
売　　　　上 50	**次 期 繰 越 130**
170	170
前 期 繰 越 130	

買	掛	金
当座預金 60	前 期 繰 越 80
次 期 繰 越 120	仕　　　　入 100
180	180
	前 期 繰 越 120

繰越利益剰余金
次 期 繰 越 160	前 期 繰 越 100
	損　　　　益 60
160	160
	前 期 繰 越 160

3級の復習だったけど
覚えていたかな？

テーマ
16

決算手続き❷

レッスン 60
サービス業、製造業における
財務諸表

サービス業における
財務諸表

製造業における
財務諸表

レッスン 61
帳簿の締め切り

❶ 収益・費用の
損益勘定への振り替え

❷ 当期純利益
（または当期純損失）
の振り替え

❸ 各勘定の締め切り

損益計算書

Ⅰ　役　務　収　益
Ⅱ　役　務　原　価
　　　売 上 総 利 益
　　　　　　：

貸借対照表

資産の部	負債の部
Ⅰ　流　動　資　産	
仕　掛　品	

損益計算書

Ⅰ　売　　上　　高
Ⅱ　売　上　原　価
　1　期首製品棚卸高
　2　当期製品製造原価
　　　合　　　計
　3　期末製品棚卸高
　　　差　　　引
　4　原　価　差　異
　　　売 上 総 利 益
　　　　　　：

貸借対照表

資産の部	負債の部
Ⅰ　流　動　資　産	
製　　　　品	
材　　　　料	
仕　　掛　　品	

収益の各勘定残高の振り替え

（収　　　　益）×××　（損　　　　益）×××

費用の各勘定残高の振り替え

（損　　　　益）×××　（**費　　　　用**）×××

当期純利益の振り替え

（損　　　　益）×××　（繰越利益剰余金）×××

当期純損失の振り替え

（繰越利益剰余金）×××　（損　　　　益）×××

収益勘定、費用勘定の締め切り

→借方合計、貸方合計を記入

資産勘定、負債勘定、純資産勘定の締め切り

→期末の日付で「次期繰越」を記入
→翌期首の日付で「前期繰越」を記入

製造業における財務諸表は
工業簿記が終わってから
問題を解けばOK！

ステージ6

本支店会計

これまで本店のみで活動していたけど、
支店をつくって支店でも活動することにした！
その場合の本店と支店の処理を
見てみましょう。

▶P.340

17 本支店会計

東京に本店、
埼玉に支店がある

…とかいうときの
処理ですね！

ステージ **6** テーマ ⑰

テーマ 17 本支店会計 で学ぶ内容

Lesson 62 本支店間の取引

会社が大きくなって、支店を構えた場合、
本店と支店の処理はどのように記帳する?

Lesson 63 本支店 合併財務諸表

本店と支店で
別々に記入していた帳簿を合わせて
会社全体の財務諸表を作成するよ。

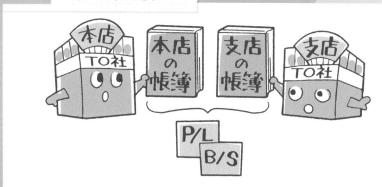

こんな内容を
学習します

仕訳と損益勘定の記入を
よ〜く見ておいて!

Lesson
64
帳簿の締め切り

本店と支店の帳簿の締め切り方を
確認しよう!

会社内の取引ということをわかるようにしておこう

本支店間の取引

支店を開設して
本店から支店に現金と備品を移送した。

この場合の処理を
見てみましょう

1 本支店会計

支店にも帳簿をおこう!

　会社の規模が大きくなると、支店を設けて支店でも営業を行うことがあります。

　このような本店と支店がある場合の帳簿の記入を**本支店会計**（ほんしてんかいけい）といいます。

　本店と支店の取引をどのように帳簿に記入するかについては、本店だけに帳簿をおいて、本店で一括して処理する方法（**本店集中会計制度**（ほんてんしゅうちゅうかいけいど））と、支店にも帳簿をおいて、支店の取引は支店で処理する方法（**支店独立会計制度**（してんどくりつかいけいど））があります。

　本書では、支店独立会計制度を前提として説明します。

STAGE 6 / THEME 17

② 本支店間の取引の処理

本店⇔支店の取引は「支店」「本店」で処理

本店と支店に帳簿をおいて、それぞれ取引の処理を行う場合でも、仕訳の仕方はこれまで見てきたのと同じです。

ひとつだけ違うのは、「本店⇔支店」の取引です。

「本店⇔支店」の取引は会社内部の取引なので、そのことがわかるように処理します。

具体的には、本店の帳簿に**支店勘定**、支店の帳簿に**本店勘定**を設け、「本店⇔支店」の取引によって生じた債権・債務は支店勘定または本店勘定で処理します。

本店の帳簿	
支	店

支店の帳簿	
本	店

いくつか取引と仕訳を見てみましょう

① 本店の資産等を支店に移送したとき

支店の開設にあたって、本店の資産を支店に移送したときは、本店の資産が減って、支店の資産が増えます。

本店: （　　　　　　　　）xxx（現 金 な ど）xxx

支店: （現 金 な ど）xxx（　　　　　　　　）xxx

「本店⇔支店」の取引なので、相手科目は、本店では「支店」、支店では「**本店**」で処理します。

ちょっとやってみましょう

本店:（支　　　　　店）××× （現　金　な　ど）×××

支店:（現　金　な　ど）××× （本　　　　　店）×××

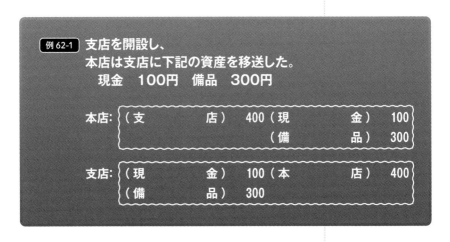

例62-1 支店を開設し、
本店は支店に下記の資産を移送した。
　現金　100円　備品　300円

本店:（支　　　　店）　400（現　　　　金）　100
　　　　　　　　　　　　　　（備　　　　品）　300

支店:（現　　　　金）　100（本　　　　店）　400
　　　（備　　　　品）　300

なお、本店の支店勘定と支店の本店勘定は貸借逆で必ず一致します。

まとめ

●支店勘定と本店勘定

本店の帳簿		支店の帳簿	
支　店		本　店	
例62-1 400	←──貸借逆で一致！──→		例62-1 400

❷ 債権・債務を決済したとき

たとえば、支店の買掛金を本店が現金で支払ったとき
は、本店では**現金[資産]**が減少し、支店では**買掛金[負債]**
が減少します。

「本店⇔支店」の取引なので、相手科目は、本店では「**支
店**」、支店では「**本店**」で処理します。

ではやって
みましょう

例62-2 本店は、
支店の買掛金100円を現金で支払った。

本店：（支　　　　店）100（現　　　　金）100

支店：（買　　掛　　金）100（本　　　　店）100

❸ 費用を立替払いしたとき

たとえば、支店が支払うべき手数料を本店が現金で立
替払いしたときは、本店では**現金[資産]**が減少し、支店で
は**支払手数料[費用]**を計上します。

「本店⇔支店」の取引なので、相手科目は、本店では「**支
店**」、支店では「**本店**」で処理します。

345

例 62-3 本店は、
支店が支払うべき手数料100円を現金で立替払いした。

本店：（支　　　　店）　100（現　　　　金）　100

支店：（支 払 手 数 料）　100（本　　　　店）　100

④ 商品を送付したとき

　たとえば、本店が支店に商品を送付したときは、本店では**仕入**[費用]の減少で処理し、支店では**仕入**[費用]の増加で処理します。

　「本店⇔支店」の取引なので、相手科目は、本店では「**支店**」、支店では「**本店**」で処理します。

例 62-4 本店は、
原価100円の商品を支店に送付した。

本店：（支　　　　店）　100（仕　　　　入）　100

支店：（仕　　　　入）　100（本　　　　店）　100

STAGE 6 / THEME 17

3 支店が複数ある場合の処理 2種類の方法がある!

支店が複数ある場合の、支店どうしの取引の処理には、
<ruby>支店分散計算制度<rt>してんぶんさんけいさんせい</rt></ruby><ruby>と<rt>と</rt></ruby><ruby>本店集中計算制度<rt>ほんてんしゅうちゅうけいさんせい</rt></ruby><ruby>と<rt>ど</rt></ruby>の2つがあります。

◆支店分散計算制度

支店分散計算制度では、各支店は他の支店勘定を設
けて、他の支店との取引を処理します。

具体例を
使ってやり方を
確認しましょう

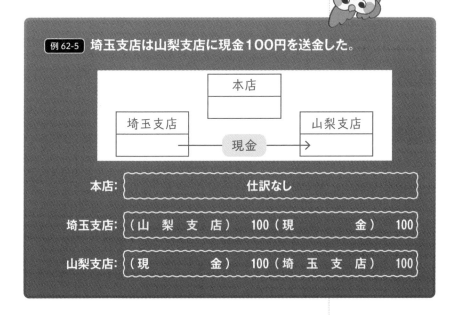

例62-5 埼玉支店は山梨支店に現金100円を送金した。

	本店	
埼玉支店		山梨支店
	現金 →	

本店:　　　　　　　　　　仕訳なし

埼玉支店:（山 梨 支 店） 100（現　　　　金） 100

山梨支店:（現　　　　金） 100（埼 玉 支 店） 100

◆本店集中計算制度

本店集中計算制度では、各支店には本店勘定のみを
設けて、支店間の取引は本店と取引したとみなして処理し
ます。

これはちょっと
ややこしい
ですね

例62-6 埼玉支店は山梨支店に現金100円を送金した。

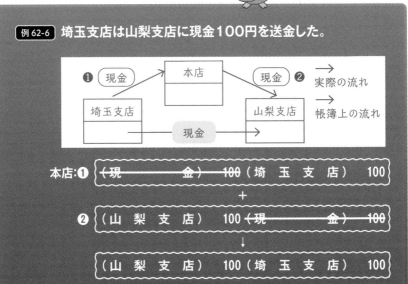

本店:❶ (現　　　　　金)　100 (埼 玉 支 店)　100

＋

❷ (山 梨 支 店)　100 (現　　　　　金)　100

↓

(山 梨 支 店)　100 (埼 玉 支 店)　100

例62-6
つづき

埼玉支店: (本　　　　　店)　100 (現　　　　　金)　100

山梨支店: (現　　　　　金)　100 (本　　　　　店)　100

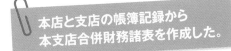

Lesson
63

「本店」とか「支店」はなくなるよ！

本支店合併財務諸表

本店と支店の帳簿記録から
本支店合併財務諸表を作成した。

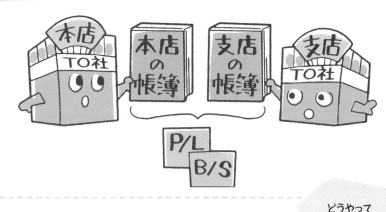

どうやって
作るのかな？

1 本支店合併財務諸表

最後は合算！

　本店と支店で別々に処理していても、最終的には会社
全体として財務諸表を作成します。

　本店と支店の取引をまとめた、会社全体の財務諸表を
本支店合併財務諸表といいます。

　本支店合併財務諸表は次の手順で作成します。

STAGE 1
STAGE 2
STAGE 3
STAGE 4
STAGE 5

STAGE 6 ステージ6…本支店会計 ― テーマ17…本支店会計

STAGE 7

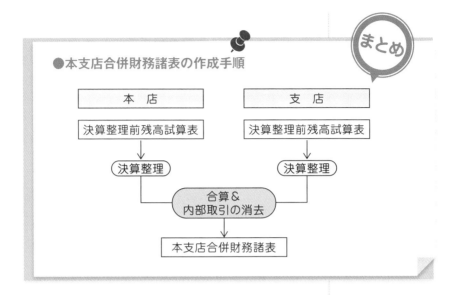

●本支店合併財務諸表の作成手順　まとめ

本　店	支　店
決算整理前残高試算表	決算整理前残高試算表
決算整理	決算整理

合算＆
内部取引の消去

本支店合併財務諸表

2　決算整理

ふつうの決算整理と同じ！

　決算整理については、本店と支店で分けて処理するだけで、これまで見てきた決算整理と変わりありません。

1つだけ
やってみましょう

例 63-1　決算において、備品について
下記のとおり減価償却費を計上する（記帳方法は間接法）。
　　　　本店：200円　　支店：100円

本店：（減 価 償 却 費）　200（備品減価償却累計額）　200

支店：（減 価 償 却 費）　100（備品減価償却累計額）　100

3 本支店合併財務諸表の作成 「支店」と「本店」は相殺する!

　本店と支店の決算整理後の残高を合算して本支店合併財務諸表を作成します。

　このとき、内部取引を表す「支店」と「本店」は相殺して消去します。

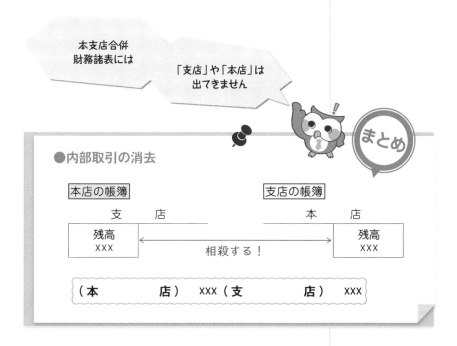

本支店合併
財務諸表には

「支店」や「本店」は
出てきません

まとめ

●内部取引の消去

本店の帳簿		支店の帳簿	
支　　店		本　　店	

| 残高 xxx | ←———相殺する！———→ | 残高 xxx |

（本　　　　　店）xxx（支　　　　　店）xxx

支店の純損益は本店の損益勘定に!

帳簿の締め切り

本店と支店の帳簿を締め切った。

当期純損益の
振り替えに
注目して!

1 帳簿の締め切り

まずは流れを確認!

　決算が終わったら、本店と支店の帳簿を締め切ります。

　本支店会計における帳簿の締め切りの流れは次のとおりです。

●帳簿の締め切りの手順

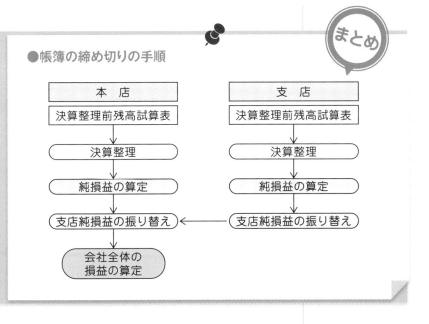

本 店
決算整理前残高試算表
決算整理
純損益の算定
支店純損益の振り替え
会社全体の損益の算定

支 店
決算整理前残高試算表
決算整理
純損益の算定
支店純損益の振り替え

まとめ

2 本店と支店の純損益の算定　損益勘定で算定!

　本店と支店の収益および費用の各勘定残高は、それぞれの損益勘定に振り替えて、損益勘定で本店および支店の当期純損益を算定します。

これは
ふつうの
損益振替と
同じですね

3 支店純損益の振り替え　支店の当期純損益を本店の損益勘定に振り替え!

　支店の損益勘定で算定された当期純損益は、本店勘定に振り替えます。なお、**当期純利益**の場合には、本店勘定の**貸方**に、**当期純損失**の場合には、本店勘定の**借方**に振り替えます。

支店: （ 損 益 ） xxx （ 本 店 ） xxx

　また、本店では支店の当期純損益を支店勘定に記入し、本店の損益勘定に計上します。

本店: （ 支 店 ） xxx （ 損 益 ） xxx

当期純利益
の場合は
こうなります！

●支店純損益（当期純利益の場合）の振り替え

本店の帳簿

損	益
費　用　500	収　益　700
本店純利益　200	
	支店純利益　100

支	店
xxx	xxx
支店純利益　100	

支店の帳簿

損	益
費　用　300	収　益　400
支店純利益　100	

本	店
xxx	xxx
	支店純利益　100

（ 支 店 ）　100　（ 損 益 ）　100

（ 損 益 ）　100　（ 本 店 ）　100

STAGE 6 / THEME 17

STAGE 1
STAGE 2
STAGE 3
STAGE 4
STAGE 5
STAGE 6 ステージ6…本支店会計 テーマ17…本支店会計
STAGE 7

4 会社全体の損益の算定　最後は繰越利益剰余金勘定へ!

　支店の当期純損益を本店の損益勘定に計上したあと、本店の損益勘定で会社全体の当期純損益を算定します。

　そして、会社全体の当期純損益は、繰越利益剰余金勘定に振り替えます。

こんな
カンジで

まとめ

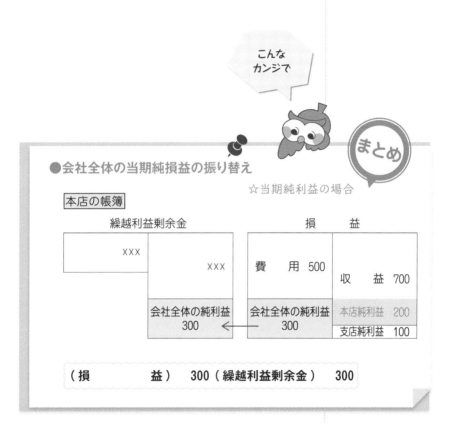

●会社全体の当期純損益の振り替え

☆当期純利益の場合

本店の帳簿

繰越利益剰余金	
	×××
×××	
	会社全体の純利益 300

損　　益	
費　　用　500	
	収　　益　700
会社全体の純利益 300	本店純利益　200
	支店純利益　100

（損　　　　　益）　300（繰越利益剰余金）　300

レッスン62
本支店間の取引

本支店間の取引

支店が複数ある
場合の処理
（埼玉支店は山梨支店に
現金100円を送金した）

テーマ
17

本支店会計

レッスン63
本支店合併財務諸表

本店と支店の
決算整理後T/Bを合算

T/B…試算表

内部取引を消去する

レッスン64
帳簿の締め切り

支店の純損益の振り替え（当期純利益の場合）

本店の仕訳

（支　　店）100　（損　　益）100

支店の仕訳

（損　　益）100　（本　　店）100

会社全体の純損益の算定

本店の仕訳

（損　　益）300　（繰越利益剰余金）300

本店の資産等を支店に移送したとき

本店の仕訳

（支　　　　店）400　（現　　　　金）100
　　　　　　　　　　　（備　　　　品）300

支店の仕訳

（現　　　　金）100　（本　　　　店）400
（備　　　　品）300

債権・債務を決済したとき（本店が支店の買掛金を現金で支払ったとき）

本店の仕訳

（支　　　　店）100　（現　　　　金）100

支店の仕訳

（買　掛　金）100　（本　　　　店）100

費用を立替払いしたとき（本店が支店の手数料を支払ったとき）

本店の仕訳

（支　　　　店）100　（現　　　　金）100

支店の仕訳

（支払手数料）100　（本　　　　店）100

商品を送付したとき（本店から支店に商品を送付したとき）

本店の仕訳

（支　　　　店）100　（仕　　　　入）100

支店の仕訳

（仕　　　　入）100　（本　　　　店）100

支店分散計算制度

本店の仕訳

仕訳なし

埼玉支店の仕訳

（山 梨 支 店）100　（現　　　　金）100

山梨支店の仕訳

（現　　　　金）100　（埼 玉 支 店）100

本店集中計算制度

本店の仕訳

（山 梨 支 店）100　（埼 玉 支 店）100

埼玉支店の仕訳

（本　　　　店）100　（現　　　　金）100

山梨支店の仕訳

（現　　　　金）100　（本　　　　店）100

ここは問題を解かないと
絶対できないから、
ちゃんと問題を解いてね！

357

ステージ7

連結会計

S社の株式を過半数取得して
子会社とした！
親会社と子会社は別会社だけど、
グループ全体の業績を表す必要がある……
ここでは連結会計について見ていきます。

連結財務諸表は
親会社が作成します

ステージ 7 テーマ 18 19

テーマ 18 連結会計❶ で学ぶ内容

Lesson 65 連結財務諸表とは

S社の株式の過半数を取得して
S社を子会社（グループ会社）とした！
このとき、財務諸表はどのように作るのだろう？

Lesson 66 支配獲得日の連結

S社の株式の60%を取得して
S社を子会社としたとき、
ほかにも株主がいるよね？

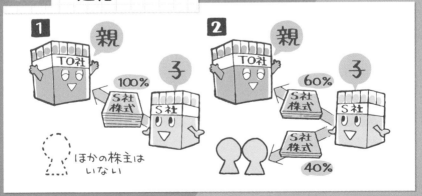

連結会計の基本、
「投資と資本の相殺消去」を理解しよう!

Lesson 67 支配獲得後 1年目の連結

前期末にS社を子会社としている。
当期の連結財務諸表は
どのように作成するのだろう?

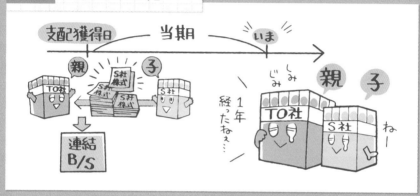

Lesson 68 支配獲得後 2年目の連結

前々期末にS社を子会社としている。
当期の連結財務諸表は
どのように作成するのだろう?

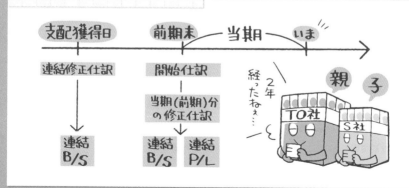

家族単位(親+子)の業績を表そう！

連結財務諸表とは

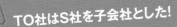

TO社はS社を子会社とした！

「子会社」って
なんですかね〜？

① 親会社と子会社
株式の大部分を所有している会社と
所有されている会社

　株式会社では、株主の多数決によって会社の基本的
事項を決めていきます。このときの多数決は株主の頭数
ではなく、株主が持っている株式数によって行われます。

だから1人または1社で何万株
も持っていたら、その人または
その会社の意見がとおるのです

　このように、ある会社が他の会社の株式の大部分を所
有し、他の会社の意思決定機関を実質的に支配している
場合(**支配従属関係**にある場合)、支配している会社を**親会社**、
支配されている会社を**子会社**といいます。

語句
意思決定機関
(いしけっていきかん)
株主総会や取締
役会といった会社
の重要事項を決
める会議体

STAGE 7 / THEME 18

親会社は
Parent Company、
子会社は
Subsidiary Company
というので、

簿記では
親会社をP社、
子会社をS社と
いうことが多いです

2 連結の範囲

50%超なら子会社!

親会社は、原則としてすべての子会社を連結の範囲に含めなければなりません。

連結会計において、他の会社が子会社に該当するかどうかは「意思決定機関を実質的に支配しているかどうか」で判断します。

他の会社の意思決定機関を実質的に支配しているケースとしては、他の会社の株式(**議決権**)の過半数(50%超)を所有している場合などが該当します。

3 連結財務諸表とは

親会社のF/S＋子会社のF/S
＋連結修正仕訳

親会社と子会社は別会社なので、個別に財務諸表を作成します。

しかし、親会社と子会社の関係では、子会社は親会社の意向に沿った経営を行うことになります。そのため、親会社は、子会社も含めた企業グループの経営成績や財政状態を表すことが求められています。このとき作成する、企業グループの財務諸表を**連結財務諸表**といいます。

連結財務諸表は、親会社と子会社の個別財務諸表を合算して、必要な修正(**連結修正仕訳**)をして作成します。

―語句―

議決権（ぎけつけん）

株主総会において決議に参加する権利。
通常は株式には議決権が付いているが、議決権が付いていない株式や議決権が制限されている株式などもある

STAGE 7 ステージ7…連結会計 ― テーマ18…連結会計❶

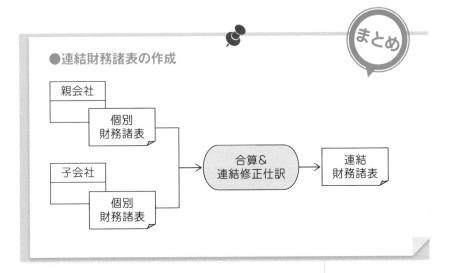

●連結財務諸表の作成

```
親会社
    個別
    財務諸表

子会社            →  合算＆         →  連結
    個別             連結修正仕訳       財務諸表
    財務諸表
```

4 **連結財務諸表の形式**　個別財務諸表との違いを確認!

　連結財務諸表には、**連結損益計算書**(連結P/L)、**連結貸借対照表**(連結B/S)、**連結株主資本等変動計算書**(連結S/S)があります。

　以下、個別財務諸表と異なる点に注目してください。

◆連結損益計算書の形式

連結損益計算書は、グループ全体の経営成績を表します。

STAGE 1
STAGE 2
STAGE 3
STAGE 4
STAGE 5
STAGE 6

連 結 損 益 計 算 書
自×1年4月1日　至×2年3月31日　　（単位:円）

Ⅰ　売　　上　　高		×××
❶→Ⅱ　売　上　原　価		×××
売　上　総　利　益		×××
Ⅲ　販売費及び一般管理費		
⋮		
の　れ　ん　償　却	×××	×××
営　業　利　益		×××
Ⅳ　営　業　外　収　益		
⋮		×××
Ⅴ　営　業　外　費　用		
⋮		×××
経　常　利　益		×××
Ⅵ　特　別　利　益		
⋮		×××
Ⅶ　特　別　損　失		
⋮		×××
❷→税金等調整前当期純利益		×××
法人税、住民税及び事業税		×××
当　期　純　利　益		×××
❸→非支配株主に帰属する当期純利益		×××
❹→親会社株主に帰属する当期純利益		×××

●連結損益計算書（連結P/L）

❶連結P/Lでは、売上原価を一括して表示
　　　└→内訳（期首商品棚卸高、当期商品仕入高、
　　　　　期末商品棚卸高）は表示しない！

❷個別P/Lでは「税引前当期純利益」、
　連結P/Lでは「税金等調整前当期純利益」

❸当期純利益のうち、非支配株主に帰属する部分

❹当期純利益のうち、親会社株主に帰属する部分

◆連結貸借対照表の形式

連結貸借対照表は、グループ全体の財政状態を表します。

連 結 貸 借 対 照 表
×2年3月31日　　　　　　　　（単位:円）

資　産　の　部		負　債　の　部	
Ⅰ　流　動　資　産	×××	Ⅰ　流　動　負　債	×××
Ⅱ　固　定　資　産		Ⅱ　固　定　負　債	×××
1　有形固定資産	×××	負　債　合　計	×××
2　無形固定資産		純　資　産　の　部	
の　れ　ん	×××	Ⅰ　株　主　資　本	
3　投資その他の資産	×××	1　資　本　金　×××	
		2　資本剰余金　×××	
		❶→ 　3　利益剰余金　×××	×××
		❷→ Ⅱ　その他の包括利益累計額	
		1　その他有価証券評価差額金	×××
		❸→ Ⅲ　非支配株主持分	×××
		純　資　産　合　計	×××
資　産　合　計	×××	負債及び純資産合計	×××

●**連結貸借対照表**（連結B/S）

❶連結B/Sでは、資本剰余金、利益剰余金は一括して表示

　　　　　　　　　　　　　　　　　↳ 内訳は表示しない！

❷個別B/Sでは「評価・換算差額等」、
　連結B/Sでは「その他の包括利益累計額」

❸子会社の純資産のうち、非支配株主に帰属する部分

◆連結株主資本等変動計算書の形式

連結株主資本等変動計算書は、グループ全体の純資産の変動を表します。

連結株主資本等変動計算書
自×1年4月1日　至×2年3月31日　　（単位:円）

	株　主　資　本			非支配株主持分
	資　本　金	資本剰余金	利益剰余金	
当 期 首 残 高	×××	×××	×××	×××
当 期 変 動 額				
剰 余 金 の 配 当			△×××	
親会社株主に帰属する当期純利益			×××	
株主資本以外の項目の当期変動額(純額)				×××
当 期 変 動 額 合 計			×××	×××
当 期 末 残 高	×××	×××	×××	×××

●**連結株主資本等変動計算書**(連結S/S)

☆ 連結S/Sには、「非支配株主持分」の変動額も純額で記載する

軽く見ておいて!

66

ここからは連結修正仕訳に注目して！

支配獲得日の連結

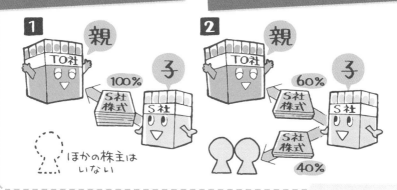

① TO社はS社の株式の100%を取得してS社を子会社とした！

② TO社はS社の株式の60%を取得してS社を子会社とした！

1 親　TO社　子　100%　S社株式　S社　ほかの株主はいない

2 親　TO社　子　60%　S社株式　S社　40%　S社株式

この場合の連結の処理を見てみましょう

1 支配獲得日の連結

連結B/Sのみ作成！

　ある会社(TO社)が他の会社(S社)の株式の過半数を取得して、他の会社を子会社とした日を**支配獲得日**といいます。

　支配獲得日には、次の手順で連結貸借対照表のみ作成します。

支配獲得日の連結手順

(Step1) 親会社と子会社の個別貸借対照表を合算する

(Step2) 連結修正仕訳(投資と資本の相殺消去)をする

(Step3) 連結貸借対照表を作成する

STAGE 7 / THEME 18

STAGE 1
STAGE 2
STAGE 3
STAGE 4
STAGE 5
STAGE 6

② 投資と資本の相殺消去❶(100%所有の場合) _{これが}
_{ベース}

支配獲得日には、親会社(TO社)の投資(S社株式)と子会社
(S社)の資本を相殺消去する仕訳をします。

投資と資本を
相殺消去することを
「資本連結」と
いったりします

例66-1 ×1年3月31日。
TO社はS社の発行済株式(S社株式)の100%を
500円で取得して、S社を子会社とした。

［支配獲得日のTO社とS社の貸借対照表］

TO社の
投資

S社の資本

貸 借 対 照 表
×1年3月31日

資　　　産	TO社	S社	負債・純資産	TO社	S社
諸　資　産	1,200	900	諸　負　債	700	400
S 社 株 式	500	−	資　本　金	600	300
			利 益 剰 余 金	400	200
	1,700	900		1,700	900

連結修正仕訳

（資　　本　　金）　300（S　社　株　式）　500
（利 益 剰 余 金）　200

ここで支配獲得日の
連結B/S
を作ってみましょう

Step1

まずT0社とS社の
個別B/Sを単純合算します

[単純合算の貸借対照表]

貸 借 対 照 表
×1年3月31日 （単位:円）

資　　産	金　額	負債・純資産	金　額
諸　資　産	2,100	諸　負　債	1,100
S　社　株　式	500	資　本　金	900
		利　益　剰　余　金	600
	2,600		2,600

諸　資　産:1,200円+900円=2,100円　　資　本　金:600円+300円=900円
諸　負　債:700円+400円=1,100円　　利益剰余金:400円+200円=600円

Step2

これに
連結修正仕訳
を反映すると…

連結修正仕訳

（資　　本　　金）　　300（S　社　株　式）　　500
（利　益　剰　余　金）　　200

Step3

連結B/Sは
こうなります

[連結貸借対照表]

連 結 貸 借 対 照 表
×1年3月31日 （単位:円）

資　　産	金　額	負債・純資産	金　額
諸　資　産	2,100	諸　負　債	1,100
		資　本　金	600
		利　益　剰　余　金	400
	2,100		2,100

S社株式:500円-500円=0円　　資　本　金:900円-300円=600円
利益剰余金:600円-200円=400円

3 投資と資本の相殺消去❷(部分所有の場合)

非支配株主が登場!

親会社が子会社の株式を100%取得した場合は、子会社の株主は親会社のみとなりますが、100%未満の割合で取得した場合には、親会社以外の株主も存在します。

このときの、親会社以外の株主を**非支配株主**といいます。

100%所有の場合を完全所有、

100%所有ではない場合を部分所有といいます

（語句）
非支配株主（ひしはいかぶぬし）
親会社以外の株主のこと

（語句）
部分所有（ぶぶんしょゆう）
100%所有（完全所有）ではない場合のこと

非支配株主持分くん

非支配株主がいる場合には、子会社の資本のうち、非支配株主の持分に対応する部分は**非支配株主持分**[純資産]に振り替えます。

たとえば、親会社が子会社の株式の60%を所有している場合、残りの40%は非支配株主が所有していることになります。そこで、子会社の資本のうち、40%分を**非支配株主持分**[純資産]で処理します。

（ 資　　本　　金 ）XX（ S　社　株　式 ）　XX
（ 利 益 剰 余 金 ）XX（ 非支配株主持分 ）　XX

S社の資本

×非支配株主の持分割合（40%）

例66-2 ×1年3月31日。
TO社はS社の発行済株式（S社株式）の60%を
300円で取得して、S社を子会社とした。

［支配獲得日のTO社とS社の貸借対照表］

TO社の投資

S社の資本

貸 借 対 照 表
×1年3月31日　　　　　　（単位:円）

資　　産	TO社	S社	負債・純資産	TO社	S社
諸　資　産	1,400	900	諸　負　債	700	400
S 社 株 式	300	−	資　本　金	600	300
			利 益 剰 余 金	400	200
	1,700	900		1,700	900

例66-2
つづき
❶ 非支配株主の持分割合：100%−60%＝40%
❷ 非支配株主持分：(300円＋200円)×40%＝200円

連結修正仕訳

（資　　本　　金）　300（S　社　株　式）　300
（利 益 剰 余 金）　200（非支配株主持分）　200

4　投資と資本の相殺消去❸（のれんの発生）　貸借差額が
生じるときは…

　投資と資本を相殺したとき、貸借差額が生じることがあ
ります。
　この貸借差額は**投資消去差額**といい、借方に生じたと
きは**のれん**[資産]で処理し、貸方に生じたときは**負ののれ
ん発生益**[収益]で処理します。

STAGE 7 / THEME 18

（資　　本　　金）	xxx	（S　社　株　式）	xxx
（利　益　剰　余　金）	xxx	（非支配株主持分）	xxx
（の　　れ　　ん）	xxx	（負ののれん発生益）	xxx

いずれか
（貸借差額）

やって
みましょう

例66-3 ×1年3月31日。
TO社はS社の発行済株式（S社株式）の60％を
400円で取得して、S社を子会社とした。

［支配獲得日のTO社とS社の貸借対照表］

TO社の投資

S社の資本

貸 借 対 照 表
×1年3月31日
（単位:円）

資　　　産	TO社	S社	負債・純資産	TO社	S社
諸　資　産	1,300	900	諸　負　債	700	400
S　社　株　式	400	－	資　本　金	600	300
			利益剰余金	400	200
	1,700	900		1,700	900

例66-3 つづき 非支配株主持分：（300円＋200円）×40％＝200円

連結修正仕訳

（資　　本　　金）	300	（S　社　株　式）	400
（利　益　剰　余　金）	200	（非支配株主持分）	200
（の　　れ　　ん）	100		

貸借差額

STAGE 1
STAGE 2
STAGE 3
STAGE 4
STAGE 5
STAGE 6

STAGE 7 ステージ7…連結会計一 テーマ18…連結会計❶

去年やった連結修正仕訳を今年もやる……

支配獲得後1年目の連結

前期末にS社を子会社としている。
当期の連結財務諸表を作成する。

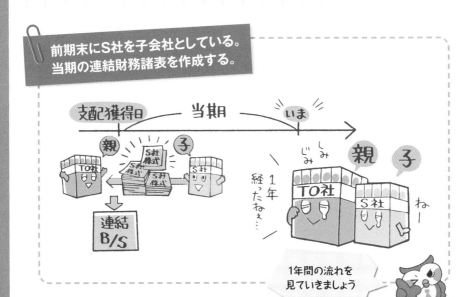

1年間の流れを
見ていきましょう

1 支配獲得後の連結

連結B/Sだけではない!

　支配獲得後は、連結損益計算書(連結P/L)、連結貸借対
照表(連結B/S)、連結株主資本等変動計算書(連結S/S)を作
成します。

連結S/Sの作成は
重要性が低いので

本書では連結P/Lと
連結B/Sの作成を
前提として説明します

STAGE 1
STAGE 2
STAGE 3
STAGE 4
STAGE 5
STAGE 6

② 開始仕訳　　前期末の連結修正仕訳を再度やる!

　連結財務諸表は、親会社と子会社の当期の個別財務諸表をもとにして作成します。

　しかし、当期の個別財務諸表には、前期までに行った連結修正仕訳は反映されていないため、当期の連結財務諸表の作成にあたって、前期までに行った連結修正仕訳をもう一度、行う必要があります。

　これを**開始仕訳**といいます。

開始仕訳の
イメージを
チェック!

まとめ

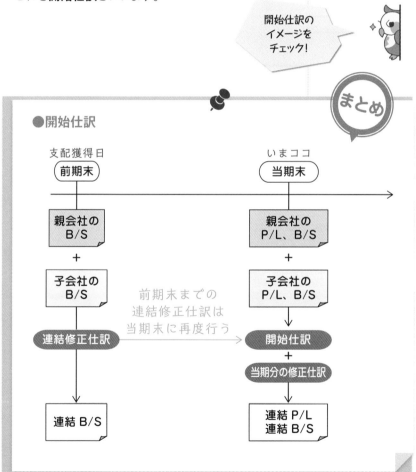

●開始仕訳

支配獲得日	いまココ
前期末	当期末

親会社の
B/S

＋

子会社の
B/S

連結修正仕訳

連結 B/S

親会社の
P/L、B/S

＋

子会社の
P/L、B/S

開始仕訳

＋

当期分の修正仕訳

連結 P/L
連結 B/S

前期末までの
連結修正仕訳は
当期末に再度行う

参考 連結株主資本等変動計算書も作成する場合

　開始仕訳は、前期末までに行った連結修正仕訳を再度行うものですが、連結株主資本等変動計算書も作成する問題の場合には、純資産の科目は連結株主資本等変動計算書の科目で仕訳します。

　具体的には、開始仕訳において純資産の科目に「**当期首残高**」をつけて仕訳することになります。

連結株主資本等変動計算書

	株　　主　　資　　本			非支配株主
	資　本　金	資本剰余金	利益剰余金	持　　　分
当 期 首 残 高	×××	×××	×××	×××
当 期 変 動 額				
剰 余 金 の 配 当			△×××	
親会社株主に帰属する 　当 期 純 利 益			×××	
株主資本以外の項目の 　当期変動額（純額）				×××
当 期 変 動 額 合 計			×××	×××
当 期 末 残 高	×××	×××	×××	×××

前期末（支配獲得日）の連結修正仕訳

（資　　本　　金）	300	（S　社　株　式）	400
（利 益 剰 余 金）	200	（非支配株主持分）	200
（の　　れ　　ん）	100		

前期末の
連結修正仕訳
がこうだったと
するならば

開始仕訳

（資本金当期首残高）	300	（S　社　株　式）	400
（利益剰余金当期首残高）	200	（非支配株主持分当期首残高）	200
（の　　れ　　ん）	100		

当期末における
開始仕訳は
こうなります

STAGE 7 / THEME 18

STAGE 1
STAGE 2
STAGE 3
STAGE 4
STAGE 5
STAGE 6

③ 当期分の修正仕訳   まずはこの3つの仕訳をする！

投資と資本の相殺消去に関する、当期分(支配獲得後)の
修正仕訳には、次の3つがあります。

当期分の修正仕訳(投資と資本の相殺消去に関するもの)
❶**のれんの償却**
❷**子会社当期純利益の振り替え**
❸**子会社配当金の修正**

仕訳の仕方は
個別F/Sのとき
と同じです

❶のれんの償却

支配獲得日の投資と資本の相殺消去で生じた**のれん**
[**資産**]は、20年以内に定額法等によって償却します。

> **例 67-1** TO社はS社の発行済株式の60%を所有している。
> S社の支配獲得日(×1年3月31日)において
> 発生したのれん100円を償却期間10年で償却する。
>
> のれん償却：100円÷10年＝10円
>
> 当期の連結修正仕訳　❶のれんの償却
> （の れ ん 償 却）　　10（の　　れ　　ん）　　10

❷子会社当期純利益の振り替え

子会社が当期に計上した当期純利益のうち、非支配株
主に帰属する部分は、**非支配株主持分**[**純資産**]に振り替え
ます。

377

仮に子会社の
当期純利益が200円で、
非支配株主の持分割合が
40%であるときは

80円 (200円×40%) を
非支配株主持分 [純資産]
に振り替えます

具体的には、非支配株主に帰属する部分を**非支配株主持分**[純資産]で処理するとともに、相手科目は**非支配株主に帰属する当期純利益**で処理します。

(非支配株主に帰属する
当 期 純 利 益) ××× (非支配株主持分) ×××

子会社当期純利益
×非支配株主の
持分割合

ちょっと
やってみましょう

例 67-2 TO社はS社の発行済株式の60%を所有している。
S社の当期純利益は200円であった。

非支配株主持分：200円×40%＝80円

当期の連結修正仕訳 **②子会社当期純利益の振り替え**

(非支配株主に帰属する
当 期 純 利 益) 80 (非支配株主持分) 80

参考 **連結株主資本等変動計算書も作成する場合**

　連結株主資本等変動計算書も作成する問題の場合は、「**非支配株主持分**」は連結株主資本等変動計算書の科目である「**非支配株主持分当期変動額**」で仕訳します。

当期の連結修正仕訳	❷子会社当期純利益の振り替え		
非支配株主に帰属する当期純利益	80	非支配株主持分当期変動額	80

❸子会社配当金の修正

　子会社が配当金を支払った場合、親会社が計上した**受取配当金**[収益]と相殺します。また、配当による利益剰余金の減少を非支配株主に負担させます。

　具体的には、まず、子会社が配当金を支払った際に減少させた**利益剰余金**（繰越利益剰余金）[純資産]と、親会社が計上した**受取配当金**[収益]を取り消します。

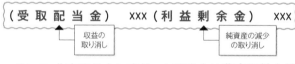

（受 取 配 当 金）　xxx（利 益 剰 余 金）　xxx

収益の取り消し　　　　純資産の減少の取り消し

　そして、非支配株主に支払った配当金は**非支配株主持分**[純資産]の減少として処理します。

（受 取 配 当 金）　xxx（利 益 剰 余 金）　xxx
（非 支 配 株 主 持 分）　xxx

純資産の減少

ちょっと難しいけど
仕訳に慣れましょう

例 67-3 TO社はS社の発行済株式の60%を所有している。
S社は当期に50円の配当を行っている。

親会社株主の分：50円×60％＝30円→受取配当金
非支配株主の分：50円×40％＝20円→非支配株主持分

当期の連結修正仕訳 ❸ 子会社配当金の修正

| （受取配当金） | 30 | （利益剰余金） | 50 |
| （非支配株主持分） | 20 | | |

参考

連結株主資本等変動計算書も作成する場合

　連結株主資本等変動計算書も作成する問題の場合は、
「利益剰余金」および「非支配株主持分」は、それぞれ連
結株主資本等変動計算書の科目である「**剰余金の配
当**」および「**非支配株主持分当期変動額**」で仕訳します。

当期の連結修正仕訳 ❸子会社配当金の修正

| （受取配当金） | 30 | （剰余金の配当） | 50 |
| （非支配株主持分 当期変動額） | 20 | | |

STAGE 7 / THEME 18

STAGE 1
STAGE 2
STAGE 3
STAGE 4
STAGE 5
STAGE 6

まとめ

●支配獲得後の連結修正仕訳

(1) **開始仕訳**←前期末までに行った連結修正仕訳を再度行う

(2) 当期分の修正仕訳

　　❶のれんの償却

　　❷子会社当期純利益の振り替え

　　　…子会社の当期純利益のうち、非支配株主に帰属する分は

　　　非支配株主持分[純資産]に振り替える

　　❸子会社配当金の修正

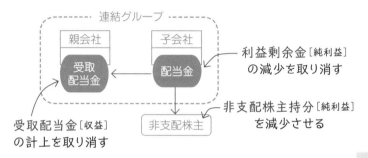

損益項目は最終的に利益剰余金に収容されるから……

支配獲得後2年目の連結

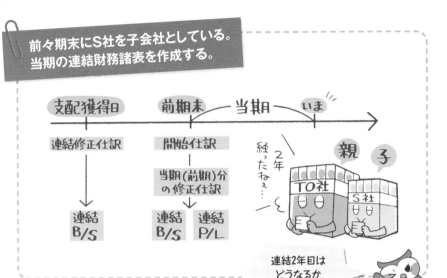

前々期末にS社を子会社としている。
当期の連結財務諸表を作成する。

連結2年目は
どうなるか
見ていきましょう

1 支配獲得後2年目の連結修正仕訳　開始仕訳&当期分の修正仕訳

　支配獲得後2年目以降の連結修正仕訳は、1年目と同様に開始仕訳と当期分の修正仕訳をします。

　なお、開始仕訳をするとき、前期末に行った連結修正仕訳のうち損益項目(利益に影響を与える項目)については、**利益剰余金**[純資産]に変えて仕訳します。

「のれん償却」などの
損益項目は当期純利益に
影響を与え、最終的に
利益剰余金となるからです

2年目の開始仕訳は
こうやります!

まとめ

●支配獲得後2年目の開始仕訳

支配獲得後1年目の連結修正仕訳　　　　　損益項目（利益に影響を与える項目）

開始仕訳	投資と資本の相殺消去	（資　本　金） （利 益 剰 余 金） （の　　れ　　ん）	300 200 100	（S　社　株　式） （非支配株主持分）	400 200
当期分の修正仕訳	のれんの償却	（のれん償却）	10	（の　　れ　　ん）	10
	子会社当期純利益の振り替え	（非支配株主に帰属する 当期純利益）	80	（非支配株主持分）	80
	子会社配当金の修正	（受 取 配 当 金） （非支配株主持分）	30 20	（利 益 剰 余 金）	50

支配獲得後2年目の開始仕訳

開始仕訳	（資　本　金） （利 益 剰 余 金） （の　　れ　　ん）	300 ❶270 ❷ 90	（S　社　株　式） （非支配株主持分）	400 ❸260

❶ 利益剰余金:200円+10円+80円+30円−50円=270円
❷ の　れ　ん:100円−10円=90円
❸ 非支配株主持分:200円+80円−20円=260円

開始仕訳以外の
連結修正仕訳は
支配獲得後1年目と
同様です

STAGE 7　ステージ7…連結会計一　テーマ18…連結会計❶

383

テーマ
18

連結会計❶

レッスン 65
連結財務諸表とは

親会社と子会社

連結の範囲

連結財務諸表とは

レッスン 66
支配獲得日の連結

レッスン 67
支配獲得後 1 年目の連結

レッスン 68
支配獲得後 2 年目の連結

開始仕訳

当期分の
修正仕訳

支配獲得後 1 年目に行った連結修正仕訳を再度行う!
損益項目は「利益剰余金」で仕訳する!

（資　本　金）300（S 社 株 式）400
（利 益 剰 余 金）270（非支配株主持分）260
（の　れ　ん）　90

…支配獲得後 1 年目と同様

- → 連結損益計算書 (連結P／L)

- → 連結貸借対照表 (連結B／S)

- → 連結株主資本等変動計算書 (連結S／S)

投資と資本の相殺消去

❶ 100%所有の場合

（資　本　金）300	（S 社 株 式）500
（利 益 剰 余 金）200	

❷ 部分所有の場合

（資　本　金）300	（S 社 株 式）300
（利 益 剰 余 金）200	（非支配株主持分）200

❸ 投資消去差額が発生する場合

（資　本　金）300	（S 社 株 式）400
（利 益 剰 余 金）200	（非支配株主持分）200
（の　れ　ん）100	

支配獲得日に行った
連結修正仕訳を再度行う!

開始仕訳

（資　本　金）300	（S 社 株 式）400
（利 益 剰 余 金）200	（非支配株主持分）200
（の　れ　ん）100	

当期分の修正仕訳

❶ のれんの償却

（の れ ん 償 却） 10	（の　れ　ん） 10

❷ 子会社当期純利益の振り替え

(非支配株主に帰属する 当 期 純 利 益) 80	（非支配株主持分） 80

❸ 子会社配当金の修正

（受 取 配 当 金） 30	（利 益 剰 余 金） 50
（非支配株主持分） 20	

連結会計は
重要だよ〜

いますぐ問題を解いて
連結修正仕訳の作り方を
マスターしよう!

ステージ 7 テーマ 18 19

テーマ 19 連結会計❷ で学ぶ内容

Lesson 69 内部取引高、債権債務の相殺消去

連結会社間の売上・仕入や
売掛金・買掛金などは
連結財務諸表では消去する!

Lesson 70 手形取引の修正

連結会社間で振り出された手形
を割り引いたり、裏書譲渡した
ときの処理は?

Lesson 71 貸倒引当金の修正

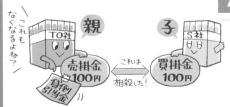

売掛金を消去したら
貸倒引当金も修正しなくちゃ!

連結修正仕訳をひとつひとつマスターしよう!
連結精算表の作成は第2問でよく出る!

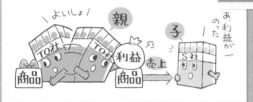

Lesson 72 未実現利益の
消去(商品)

親会社から仕入れた商品に、
親会社がつけた利益が含まれて
いる……という場合はどうする?

Lesson 73 未実現利益の
消去(土地)

親会社が子会社に500円の
土地を550円で売却した!
このときの連結修正仕訳は?

Lesson 74 連結精算表
の作成

連結精算表の形式を確認して、
問題の解き方を見ておこう!

親会社⇔子会社の取引や債権債務は消す！
内部取引高、債権債務の相殺消去

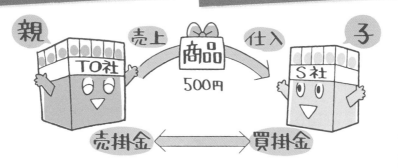

① 当期にTO社からS社へ商品500円を売り上げている。

② TO社にはS社に対する売掛金が、S社にはTO社に対する買掛金がある。

こういう連結グループ間の取引があるときは??

1 連結グループ間取引の相殺消去
連結内部の取引は消す！

連結グループ間で行われた取引は、個別財務諸表上は独立の会社間で行われた取引ですが、連結グループで見たら内部取引です。

したがって、連結財務諸表の作成にあたって、相殺消去します。

また、連結グループ間の債権債務の残高も相殺消去します。

●連結グループ間取引の相殺消去

		内部取引高の相殺消去	債権債務の相殺消去
売買	商品	売 上 高⇔売上原価	売 掛 金⇔買 掛 金
			受取手形⇔支払手形
その他の取引		受取利息⇔支払利息	貸 付 金⇔借 入 金
			未収収益⇔未払費用
			前受収益⇔前払費用
		受取配当金⇔配 当 金	―

受取配当金と配当金の
相殺消去はレッスン67で
学習済みです

連結修正仕訳を
してみましょう

例69-1 **TO社はS社の発行済株式の60%を所有している。**
連結会社間（TO社とS社）の取引高と
債権債務残高は次のとおりである。

TO社からS社		S社からTO社	
売 上 高	500円	売上原価（仕入）	500円
受 取 利 息	20円	支 払 利 息	20円
売 掛 金	100円	買 掛 金	100円
貸 付 金	40円	借 入 金	40円

連結修正仕訳

（売 上 高）	500	（売 上 原 価）	500
（受 取 利 息）	20	（支 払 利 息）	20
（買 掛 金）	100	（売 掛 金）	100
（借 入 金）	40	（貸 付 金）	40

手形の割引きは銀行から借り入れた、と考える！

手形取引の修正

📎 TO社はS社から受け取った手形を
銀行で割り引いている。

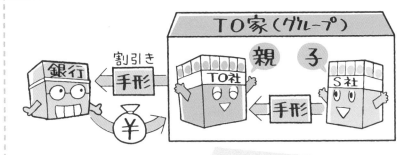

TO家(グループ)と
して考えてみましょう

1 手形の割引き

「短期借入金」が出てくる！

　連結会社間で振り出した手形を銀行で割り引いている
場合、個別会計上では手形の割引きとして処理していま
す。

　しかし、連結会計上では、連結グループで銀行からお
金を借り入れ、手形を振り出したとして考えるため、**短期
借入金**[負債]で処理します。

STAGE 1

STAGE 2

STAGE 3

STAGE 4

STAGE 5

STAGE 6

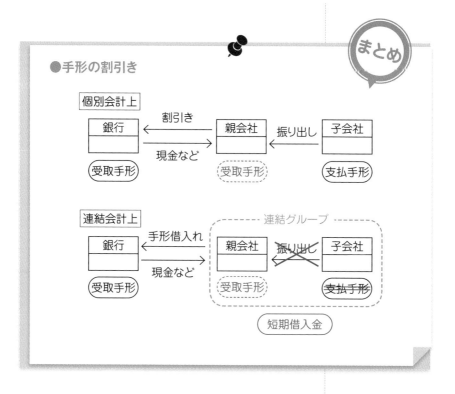

●手形の割引き

まとめ

そのため、連結会計上は支払手形[負債]を短期借入金[負債]に振り替える仕訳をします。

（ 支 払 手 形 ）　xxx（ 短 期 借 入 金 ）　xxx

例70-1 TO社はS社の発行済株式の60%を所有している。
当期においてTO社は、S社振出の約束手形100円を
銀行で割り引いている（割引料は0円）。

連結修正仕訳
（ 支 払 手 形 ）　100（ 短 期 借 入 金 ）　100

参考

割引料がある場合

手形を割り引いたときの割引料は、個別会計上、**手形売却損** [費用] で計上しています。しかし、連結会計上、手形の割引きは銀行からの借入れと考えるので、割引料は利息として処理します。そこで、**手形売却損** [費用] から**支払利息** [費用] に振り替えます。

(支　払　利　息) xxx (手　形　売　却　損) xxx

また、手形売却損（支払利息）のうち、次期の期間にかかるものは次期の費用として前払い処理します。

(前　払　利　息) xxx (支　払　利　息) xxx

例70-2 **TO社はS社の発行済株式の60%を所有している。**
当期においてTO社は、S社振出の約束手形100円を銀行で割り引いている。
割引きのさいの手形売却損5円のうち、3円は次期の分である。

連結修正仕訳

(支　払　手　形)　100 (短　期　借　入　金)　100
(支　払　利　息)　　5 (手　形　売　却　損)　　5
(前　払　利　息)　　3 (支　払　利　息)　　3

---

2 手形の裏書き

連結グループ内で裏書きしていても…

連結会社間で振り出した手形を外部の会社に裏書譲渡した場合、個別会計上では、手形を振り出した側は手形の振り出し、手形を受け取った側は手形の受け取りと裏書譲渡の処理をしています。

しかし、連結会計上では、連結グループで手形を振り出したことになります。

STAGE 1
STAGE 2
STAGE 3
STAGE 4
STAGE 5
STAGE 6

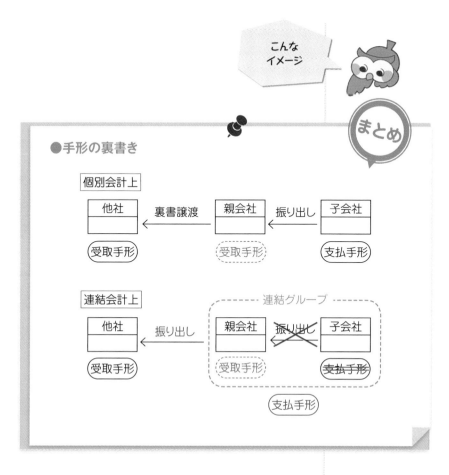

● 手形の裏書き

個別会計上

他社 ← 裏書譲渡 ← 親会社 ← 振り出し ← 子会社

受取手形　（受取手形）　支払手形

連結会計上　　　　　　　　　連結グループ

他社 ← 振り出し ← 親会社 ～振り出し～ 子会社

受取手形　（受取手形）　支払手形

支払手形

　そうすると、手形を振り出した側（上記の図では子会社）の**支払手形[負債]**は連結会計上、ないものとなりますが、連結グループでは手形を振り出しているため、**支払手形[負債]**が計上されることになります。

(支 払 手 形)　xxx（ 支 払 手 形)　xxx

　したがって、この場合には「仕訳なし」となります。

いちおう、
仕訳を確認!

例70-3 TO社はS社の発行済株式の60％を所有している。
当期においてTO社は、S社振出の約束手形100円を
A社に裏書譲渡している。

連結修正仕訳

仕訳なし

STAGE 7 / THEME 19

Lesson 71

売掛金を相殺消去したら、貸倒引当金も修正しなくちゃ！

貸倒引当金の修正

TO社の期末売掛金のうち100円はS社に対する
ものであり、貸倒引当金が設定されている。

この場合の
連結修正仕訳を
見てみましょう

1 親会社の期末貸倒引当金の修正

個別会計上の
仕訳を取り消す！

　連結修正仕訳で債権（売掛金、受取手形、貸付金）を消去した
ときは、その債権（以下、売掛金）にかかる貸倒引当金も修正し
ます。

　したがって、親会社の売掛金と子会社の買掛金を相殺
消去したときは、消去した売掛金にかかる貸倒引当金を取
り消します。

STAGE 7 ステージ7…連結会計一 テーマ19…連結会計❷

●親会社の期末貸倒引当金の修正

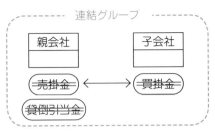

連結グループ

親会社		子会社

~~売掛金~~ ←→ ~~買掛金~~

~~貸倒引当金~~

親会社の個別会計上の仕訳

（貸倒引当金繰入）　×××（貸　倒　引　当　金）　×××

連結修正仕訳

（貸　倒　引　当　金）　×××（貸倒引当金繰入）　×××

では数字を使って
連結修正仕訳を
してみましょう

例71-1　TO社はS社の発行済株式の60％を所有している。
当期末におけるTO社の売掛金残高のうち
100円はS社に対するものである。
TO社は売掛金に対して5％の貸倒引当金を設定している。

　貸倒引当金の修正額：100円×5％＝5円

連結修正仕訳

（買　　掛　　金）	100	（売　　掛　　金）	100
（貸　倒　引　当　金）	5	（貸倒引当金繰入）	5

STAGE 1
STAGE 2
STAGE 3
STAGE 4
STAGE 5
STAGE 6

STAGE 7 ステージ7…連結会計一 テーマ19…連結会計❷

② 子会社の期末貸倒引当金の修正

非支配株主持分
の登場!

　子会社の売掛金を消去したときは、まずは消去した売掛金にかかる貸倒引当金を取り消します。そして、その取消額を非支配株主の持分割合に応じて非支配株主持分に配分します。

　具体的には、貸倒引当金の修正仕訳のうち、損益項目である**貸倒引当金繰入**[費用]の逆側に、同じく損益項目である**非支配株主に帰属する当期純利益**を記入し、相手科目は**非支配株主持分**[純資産]で処理します。

　なお、非支配株主持分に配分する金額は貸倒引当金の修正額に非支配株主の持分割合を掛けた金額です。

連結S/Sも作成
するときは
非支配株主持分
当期変動額で
処理します

こういうこと
です!

まとめ

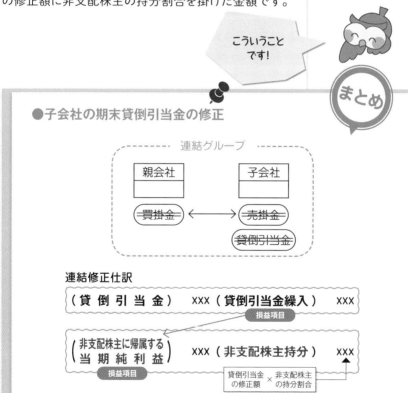

●子会社の期末貸倒引当金の修正

連結グループ

親会社		子会社
~~買掛金~~	← →	~~売掛金~~
		~~貸倒引当金~~

連結修正仕訳

（貸　倒　引　当　金）　xxx（貸倒引当金繰入）　xxx
損益項目

（非支配株主に帰属する
　当　期　純　利　益）　xxx（非支配株主持分）　xxx
損益項目

貸倒引当金　×　非支配株主
の修正額　　　の持分割合

397

具体的な数字を
使って連結修正
仕訳をすると…

例 71-2 TO社はS社の発行済株式の60%を所有している。
当期末におけるS社の売掛金残高のうち
100円はTO社に対するものである。
S社は売掛金に対して5%の貸倒引当金を設定している。

貸倒引当金の修正額：100円×5％＝5円
非支配株主持分：5円×40％＝2円

連結修正仕訳

（ 買 　 掛 　 金 ）	100	（ 売 　 掛 　 金 ）	100
（ 貸 倒 引 当 金 ）	5	（ 貸倒引当金繰入 ）	5
（ 非支配株主に帰属する 当 期 純 利 益 ）	2	（ 非支配株主持分 ）	2

STAGE 1
STAGE 2
STAGE 3
STAGE 4
STAGE 5
STAGE 6

参考 **期首・期末貸倒引当金の修正**

　前期末に貸倒引当金を修正したときは、当期の連結財務諸表の作成にあたって、再度、前期末に行った連結修正仕訳を行います（開始仕訳）。

　そのうえで、当期末の貸倒引当金を修正する仕訳をします。

◆親会社の貸倒引当金の修正

　開始仕訳をする際、前期末の連結修正仕訳の損益項目（貸倒引当金繰入）については、**利益剰余金[純資産]**で仕訳します。

　なお、前期末における債権債務（売掛金と買掛金）の相殺消去の仕訳は、開始仕訳において行う必要はありません。

当期末には
決済されて
なくなっているから！

こんなカンジで
仕訳します

●**期首・期末貸倒引当金の修正**（親会社の場合）

前期末の連結修正仕訳		損益項目（利益に影響を与える項目）
債権債務の相殺消去	（買　掛　金）100（売　掛　金）100	
貸倒引当金の修正	（貸倒引当金）　5（貸倒引当金繰入）　5	

当期末の連結修正仕訳		
開始仕訳	債権債務の相殺消去	仕訳なし
	貸倒引当金の修正	（貸倒引当金）　5（**利益剰余金**）　5
当期分の修正仕訳	債権債務の相殺消去	（買　掛　金）×××（売　掛　金）×××
	貸倒引当金の修正	（貸倒引当金）×××（貸倒引当金繰入）×××

◆子会社の貸倒引当金の修正

子会社の貸倒引当金の修正も、同様にして行います。

ただし！
非支配株主持分の
負担がある！

●期首・期末貸倒引当金の修正（子会社の場合）

前期末の連結修正仕訳　　　損益項目（利益に影響を与える項目）

債権債務の 相殺消去	（買　掛　金）100 （売　掛　金）100
貸倒引当金 の　修　正	（貸倒引当金）　　5 （貸倒引当金繰入）　5
非支配株主 持分の負担	（非支配株主に帰属する 当期純利益）　　2 （非支配株主持分）　2

当期末の連結修正仕訳

	債権債務の 相殺消去	仕訳なし
開始仕訳	貸倒引当金 の　修　正	（貸倒引当金）　　5 （**利益剰余金**）　5
	非支配株主 持分の負担	（**利益剰余金**）　　2 （非支配株主持分）　2
当期分の修正仕訳	債権債務の 相殺消去	（買　掛　金）×××（売　掛　金）×××
	貸倒引当金 の　修　正	（貸倒引当金）×××（貸倒引当金繰入）×××
	非支配株主 持分の負担	（非支配株主に帰属する 当期純利益）×××（非支配株主持分）×××

STAGE 7 / THEME 19

STAGE 1
STAGE 2
STAGE 3
STAGE 4
STAGE 5
STAGE 6

STAGE 7 ステージ7…連結会計 ─ テーマ19…連結会計❷

Lesson

72

親会社（子会社）から仕入れた商品に含まれてる利益は…

未実現利益の消去（商品）

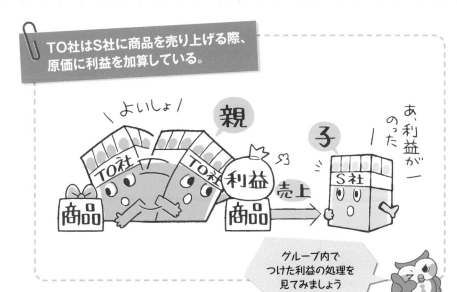

TO社はS社に商品を売り上げる際、
原価に利益を加算している。

グループ内で
つけた利益の処理を
見てみましょう

1 未実現利益の消去

連結会社間でつけた利益は消去!

連結会社間で商品を販売するとき、ほかの会社との取引と同様、原価に利益を加算して販売します。したがって、期末商品があるときは、その商品の金額に相手が加算した利益が含まれています。

親会社と子会社は別会社なので、個別会計上は利益が含まれたままでなんの問題もありませんが、連結会計上は、親会社と子会社は同一のグループとなるので、連結会社間で加算した利益は消去しなければなりません。

これを**未実現利益の消去**といいます。

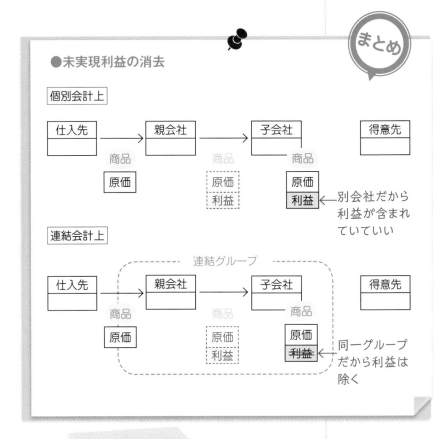

● 未実現利益の消去

個別会計上

仕入先	→	親会社	→	子会社		得意先

商品　　　　　商品　　　　　商品

原価　　　　原価　　　　原価
　　　　　　利益　　　　利益 ← 別会社だから
　　　　　　　　　　　　　　　利益が含まれ
　　　　　　　　　　　　　　　ていていい

連結会計上

連結グループ

仕入先	→	親会社	→	子会社		得意先

商品　　　　　商品　　　　　商品

原価　　　　原価　　　　原価
　　　　　　利益　　　　利益 ← 同一グループ
　　　　　　　　　　　　　　　だから利益は
　　　　　　　　　　　　　　　除く

ちなみに
連結グループ外の会社
（得意先）に商品を
販売したときには

原価に加算した利益が
「実現利益」となります

2 利益の計算方法

「算数」のお話ですが…

　試験では、未実現利益の金額を算定する際、「原価に
〇%の利益を加算している」という指示がつく場合と、「売
上利益率〇%で販売している」という指示がつく場合があ
ります。

STAGE 1
STAGE 2
STAGE 3
STAGE 4
STAGE 5
STAGE 6

◆「原価に○%の利益を加算している」場合

　たとえば、「原価に20%の利益を加算している」という場合、原価が100円とすると利益は20円（100円×20%）で、売価は120円（100円+20円）ということになります。

　したがって、「子会社の期末商品のうち、120円は親会社から仕入れたものである。なお、親会社は原価に20%の利益を加算している」という場合、未実現利益は次のように計算します。

$$利益＝売価×\frac{利益率}{1＋利益率}$$

未実現利益：$120円×\dfrac{0.2}{1.2}=20円$　

◆「売上利益率○%で販売している」場合

　売上利益率とは、売上高に対する利益の割合です。

$$売上利益率＝\frac{利益}{売上高}$$

　したがって、たとえば「子会社の期末商品のうち、200円は親会社から仕入れたものである。なお、親会社は売上利益率20%で子会社に商品を販売している」という場合、未実現利益は次のようにして計算します。

未実現利益：$200円×0.2=40円$

3 ダウンストリームとアップストリーム 「親→子」か、「子→親」か

親会社から子会社に資産(商品や土地など)を販売することを**ダウンストリーム**といいます。

一方、子会社から親会社に資産(商品や土地など)を販売することを**アップストリーム**といいます。

まとめ

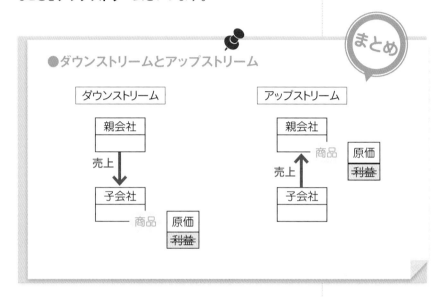

●ダウンストリームとアップストリーム

4 期末商品に含まれる未実現利益の消去 とりあえず、全額消去する!

ダウンストリームとアップストリームのときの、期末商品に含まれる未実現利益の消去方法について見ていきましょう。

◆ダウンストリームの場合

ダウンストリームでは、子会社の期末商品に含まれる未実現利益を計算し、これを消去します。

具体的には、子会社の貸借対照表上の**商品[資産]**から

STAGE 1
STAGE 2
STAGE 3
STAGE 4
STAGE 5
STAGE 6

未実現利益を消去するため、**商品**[**資産**]の減少で処理します。

┌─────────────────────────────────────┐
│   （ 商　　　品 ）　××× │
└─────────────────────────────────────┘

　また、子会社の損益計算書上の期末商品棚卸高を減少させます。ただし、連結会計上では売上原価は区分して表示せず、一括して「売上原価」で表示するため、連結修正仕訳では**売上原価**[**費用**]の増加で処理します。

┌─────────────────────────────────────┐
│（ 売　上　原　価 ）　×××（ 商　　　品 ）　××× │
└─────────────────────────────────────┘

「売上原価＝期首商品棚卸高＋当期商品仕入高−期末商品棚卸高」で計算するので、

期末商品棚卸高が減ったら、売上原価は増えますよね？

では数字を使って
連結修正仕訳を
してみましょう

例72-1 TO社はS社の発行済株式の60%を所有している。
TO社はS社に対して原価に20%の利益を加算して
商品を販売している。
S社の期末商品棚卸高のうち120円は
TO社から仕入れたものである。

$$未実現利益：120円 \times \frac{0.2}{1.2} ＝20円$$

連結修正仕訳

（売　上　原　価）　　20（商　　　　　品）　　20

◆アップストリームの場合

　アップストリームの場合も、ダウンストリームの場合と同様、まずは親会社の期末商品に含まれる未実現利益を計算し、これを消去します。

（売　上　原　価）　　×××（商　　　　　品）　　×××

　そして、その消去額を非支配株主の持分割合に応じて非支配株主持分に配分します。
　具体的には、未実現利益の修正仕訳のうち、損益項目である**売上原価**[費用]の逆側に、同じく損益項目である**非支配株主に帰属する当期純利益**を記入し、相手科目は**非支配株主持分**[純資産]で処理します。

STAGE 7 / THEME 19

なお、非支配株主持分に配分する金額は未実現利益
の額に非支配株主の持分割合を掛けた金額です。

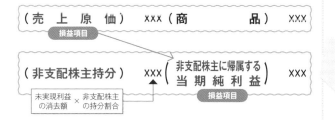

連結修正仕訳を
してみましょう

例72-2 TO社はS社の発行済株式の60%を所有している。
S社はTO社に対して原価に20%の利益を加算して
商品を販売している。
TO社の期末商品棚卸高のうち120円は
S社から仕入れたものである。

未実現利益：$120円 \times \dfrac{0.2}{1.2} = 20円$

非支配株主持分：$20円 \times 40\% = 8円$

連結修正仕訳

| （売 上 原 価） | 20 | （商　　　　品） | 20 |
| （非支配株主持分） | 8 | （非支配株主に帰属する当期純利益） | 8 |

STAGE 1
STAGE 2
STAGE 3
STAGE 4
STAGE 5
STAGE 6
STAGE 7　ステージ7…連結会計一　テーマ19…連結会計❷

5 期首・期末商品に含まれる未実現利益の消去 開始仕訳+実現仕訳

前期の期末商品は、当期においては期首商品です。

前期末に未実現利益を消去したときは、当期の連結財務諸表の作成にあたって、再度、前期末に行った連結修正仕訳を行います（開始仕訳）。

その際、前期末の連結修正仕訳の損益項目（売上原価）については、**利益剰余金**[純資産]で仕訳します。

なお、前期の期末商品は、当期には販売済みであると考えられるので、未実現利益が実現したとして、前期末の連結修正仕訳の逆仕訳をします。

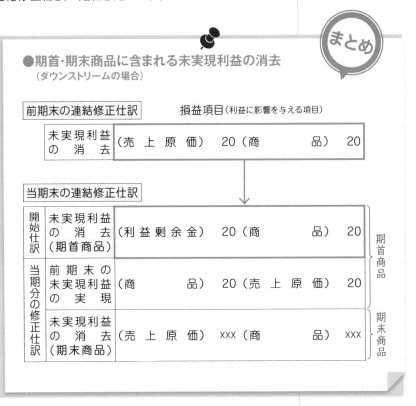

まとめ

●期首・期末商品に含まれる未実現利益の消去
（ダウンストリームの場合）

前期末の連結修正仕訳		損益項目（利益に影響を与える項目）			
未実現利益の消去	（売上原価）	20	（商品）	20

当期末の連結修正仕訳						
開始仕訳	未実現利益の消去（期首商品）	（利益剰余金）	20	（商品）	20	期首商品
当期分の修正仕訳	前期末の未実現利益の実現	（商品）	20	（売上原価）	20	
	未実現利益の消去（期末商品）	（売上原価）	×××	（商品）	×××	期末商品

STAGE 7 / THEME 19

STAGE 1

STAGE 2

STAGE 3

STAGE 4

STAGE 5

STAGE 6

数字を使って
やってみましょう

例72-3 TO社はS社の発行済株式の60%を所有している。
TO社はS社に対して原価に20%の利益を加算して
商品を販売している。
S社の期首商品棚卸高と期末商品棚卸高のうち
TO社から仕入れたものはそれぞれ120円と240円である。

未実現利益（期首商品）：$120円 \times \dfrac{0.2}{1.2} = 20円$

未実現利益（期末商品）：$240円 \times \dfrac{0.2}{1.2} = 40円$

連結修正仕訳

（利 益 剰 余 金）	20	（商　　　　品）	20
（商　　　　品）	20	（売 上 原 価）	20
（売 上 原 価）	40	（商　　　　品）	40

参考

期首・期末商品に含まれる未実現利益の消去
（アップストリームの場合）

アップストリームの場合も、同様に考えて仕訳をします。

●期首・期末商品に含まれる未実現利益の消去
（アップストリームの場合）

前期末の連結修正仕訳　　　損益項目（利益に影響を与える項目）

未実現利益の消去	（売 上 原 価）20	（商　　品）20
非支配株主持分の負担	（非支配株主持分）　8	（非支配株主に帰属する当期純利益）8

当期末の連結修正仕訳

開始仕訳	未実現利益の消去（期首商品）	（利益剰余金）20	（商　　品）20
	非支配株主持分の負担	（非支配株主持分）　8	（利益剰余金）8
当期分の修正仕訳	前期末の未実現利益の実現	（商　　品）20	（売 上 原 価）20
		（非支配株主に帰属する当期純利益）8	（非支配株主持分）8
	未実現利益の消去（期末商品）	（売 上 原 価）×××	（商　　品）×××
	非支配株主持分の負担	（非支配株主持分）×××	（非支配株主に帰属する当期純利益）×××

期首商品

期末商品

STAGE 7 / THEME 19

410

数字を使って
やってみましょう

例 72-4　TO社はS社の発行済株式の60%を所有している。
S社はTO社に対して原価に20%の利益を加算して商品を販売している。
TO社の期首商品棚卸高と期末商品棚卸高のうちS社から仕入れたものはそれぞれ120円と240円である。

未実現利益（期首商品）：$120円 \times \dfrac{0.2}{1.2} = 20円$

非支配株主持分：$20円 \times 40\% = 8円$

未実現利益（期末商品）：$240円 \times \dfrac{0.2}{1.2} = 40円$

非支配株主持分：$40円 \times 40\% = 16円$

例 72-4
つづき　連結修正仕訳

期首商品	（利 益 剰 余 金） 20	（商　　　　品） 20		
	（非支配株主持分） 8	（利 益 剰 余 金） 8		
	（商　　　　品） 20	（売 上 原 価） 20		
	（非支配株主に帰属する当期純利益） 8	（非支配株主持分） 8		
期末商品	（売 上 原 価） 40	（商　　　　品） 40		
	（非支配株主持分） 16	（非支配株主に帰属する当期純利益） 16		

STAGE 1
STAGE 2
STAGE 3
STAGE 4
STAGE 5
STAGE 6

STAGE 7　ステージ7…連結会計 ― テーマ19…連結会計❷

土地の売買でも未実現利益が生じるね……

未実現利益の消去 (土地)

> 当期にTO社は帳簿価額500円の土地を
> 550円でS社に売却している。

土地の未実現
利益の消去方法を
見てみましょう

1 ダウンストリームの場合   「売却益」と「土地」を相殺消去!

　親会社が子会社に対して、所有する土地を売却したとき
は、個別会計上は土地の売買ですが、連結グループ内の
取引なので連結会計上は取引がなかったものとなります。

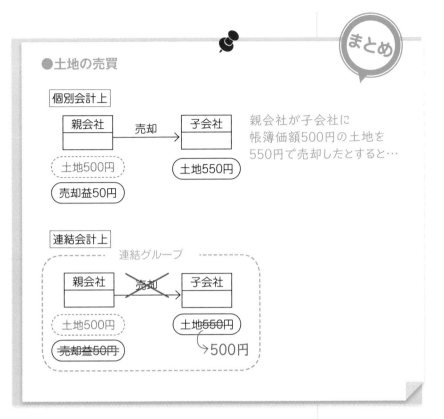

そこで、親会社が計上した**固定資産売却益**[**収益**]（または
固定資産売却損[**費用**]）と、子会社が計上した**土地**[**資産**]のうち
売却損益分（上記の例では50円）を相殺消去します。

（ 固定資産売却益 ）　　50（土　　　　　　地）　　50

413

数字を使って
やってみよ〜！

例73-1 TO社はS社の発行済株式の60%を所有している。
TO社はS社に対して
帳簿価額500円の土地を550円で売却しており、
S社は当期末においてこの土地を保有している。

TO社の個別会計上の仕訳

（現　金　な　ど）　550（土　　　　　地）　500
　　　　　　　　　　　　（固定資産売却益）　50

S社の個別会計上の仕訳

（土　　　　　地）　550（現　金　な　ど）　550
　　　　　　　　　→ △50

連結修正仕訳

（固定資産売却益）　50（土　　　　　地）　50

---

② アップストリームの場合　非支配株主持分への配分がある!

　子会社が親会社に対して、所有する土地を売却したと
きの未実現利益の消去は、期末商品に含まれる未実現利
益の消去と同様、消去した未実現利益のうち、非支配株主
の持分に対応する部分を非支配株主持分に配分します。

STAGE 7 / THEME 19

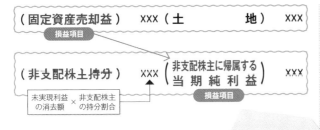

（固定資産売却益）　　 xxx （土　　　　地）　　xxx

損益項目

（非支配株主持分）　　xxx （非支配株主に帰属する\\当期純利益）　　xxx

未実現利益　×　非支配株主\\の消去額　　　の持分割合

損益項目

これは\\できますか？

STAGE 1
STAGE 2
STAGE 3
STAGE 4
STAGE 5
STAGE 6

例 73-2　TO社はS社の発行済株式の60%を所有している。
S社はTO社に対して
帳簿価額500円の土地を550円で売却しており、
TO社は当期末においてこの土地を保有している。

固定資産売却益：550円−500円＝50円
非支配株主持分：50円×40％＝20円

連結修正仕訳

| （固定資産売却益） | 50 | （土　　　　地） | 50 |
| （非支配株主持分） | 20 | （非支配株主に帰属する\\当期純利益） | 20 |

個別F/Sの合算+連結修正仕訳で完成!

連結精算表の作成

連結精算表を作成した。

連結精算表の
作成方法を
見てみましょう

1 連結精算表　　まずは形式を確認!

　連結精算表は、親会社と子会社の個別財務諸表から
連結修正仕訳を加減して、連結貸借対照表(連結B/S)、連
結損益計算書(連結P/L)、連結株主資本等変動計算書(連
結S/S)を作成するまでの過程を1つにまとめた表です。

なお、試験では
連結S/Sの記載欄が
ないことが多いので

本書では連結S/Sが
ない連結精算表を前提
として説明します

STAGE 1
STAGE 2
STAGE 3
STAGE 4
STAGE 5
STAGE 6
STAGE 7 ステージ7…連結会計一 テーマ19…連結会計❷

連 結 精 算 表 （単位:円）

❶ ❷ ❸

科　　　目	個別財務諸表		修正・消去		連結財務諸表
	P社	S社	借方	貸方	
貸借対照表					**連結貸借対照表**
諸　資　産	×××	×××			×,×,×
S　社　株　式	×××			×××	
の　れ　ん			×××	×××	×××
資　産　合　計	×××	×××	×××	×××	×××
諸　負　債	×××	×××			×××
資　本　金	×××	×××	×××		×××
利　益　剰　余　金	×××	×××	×××	×××	❺ ×××
非支配株主持分			↑ ×××	×××	×××
負債・純資産合計	×××	×××	×××	×××	×××
損益計算書					**連結損益計算書**
諸　収　益	×××	×××			×××
諸　費　用	×××	×××			×××
の　れ　ん　償　却			×××		×××
法　人　税　等	×××	×××			×××
当　期　純　利　益	×××	×××	×××	×××	×××
非支配株主に帰属する当期純利益			×××		×××
親会社株主に帰属する当期純利益			×××	×××	×××

●連結精算表の形式

❶ 個別財務諸表欄…親会社と子会社の個別財務諸表の金額

❷ 修 正 ・ 消 去 欄…連結修正仕訳の金額

❸ 連結財務諸表欄…連結財務諸表の金額（❶±❷）

ⓐ「親会社株主に帰属する当期純利益」の修正・消去欄の金額を「利益剰余金」の修正・消去欄に記入

ⓑ最後に利益剰余金の金額を計算

② 連結精算表の問題の解き方

解き方を軽く
確認してみて！

簡単な例題を使って、日商2級における連結精算表の解き方を見ておきましょう。

> **例 74-1** 次の資料にもとづいて、連結第2年度（×2年4月1日から×3年3月31日まで）の連結精算表を作成しなさい。

[資料]

(1) P社は×1年3月31日にS社の発行済株式総数の60%を2,200円で取得して支配を獲得した。なお、×1年3月31日のS社の純資産の部は、次のとおりであった。

　　　資　本　金　3,000円　利益剰余金　500円

(2) S社は支配獲得後に配当を行っていない。また、のれんは10年にわたって定額法で償却している。

(3) P社およびS社間の債権債務残高および取引高は、次のとおりであった。

P社からS社		S社からP社	
売　掛　金	500円	買　掛　金	500円
貸　付　金	600円	借　入　金	600円
売　上　高	2,000円	売上原価(仕入)	2,000円
受　取　利　息	10円	支　払　利　息	10円

(4) 当年度末においてS社が保有する商品のうちP社から仕入れた商品は400円であった。P社はS社に対して売上総利益率20%で商品を販売している。なお、S社の期首の商品残高には、P社から仕入れた商品はなかった。

連 結 精 算 表　　　　（単位:円）

科　　目	個別財務諸表		修正・消去		連結財務諸表
	P社	S社	借方	貸方	
貸借対照表					**連結貸借対照表**
諸　資　産	11,900	6,700			
売　掛　金	2,000	800			
商　　品	900	500			
貸　付　金	1,000				
S　社　株　式	2,200				
の　れ　ん					
資　産　合　計	18,000	8,000			
諸　負　債	2,800	1,600			
買　掛　金	1,200	700			
借　入　金		800			
資　本　金	8,000	3,000			
利　益　剰　余　金	6,000	1,900			
非 支 配 株 主 持 分					
負債・純資産合計	18,000	8,000			
損益計算書					**連結損益計算書**
売　上　高	9,000	5,000			
売　上　原　価	5,000	3,000			
販売費及び一般管理費	1,950	980			
の れ ん 償 却					
受　取　利　息	50				
支　払　利　息		20			
当　期　純　利　益	2,100	1,000			
非支配株主に帰属する当期純利益					
親会社株主に帰属する当期純利益					

STAGE 7　ステージ7…連結会計一 テーマ19…連結会計❷

　最初に支配獲得日と当期の会計期間、親会社の持分割合を確認しましょう。

　本問では、支配獲得日が×1年3月31日で当期は連結第2年度（×2年4月1日から×3年3月31日）、親会社の持分割合は60%（→非支配株主の持分割合は40%）です。

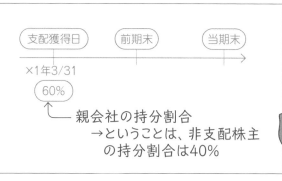

下書用紙に
こんな図を書いて
おくといいですね

Step1　支配獲得日の連結修正仕訳

　支配獲得日（×1年3月31日）には、投資と資本の相殺消去をします。

支配獲得日

（資　　本　　金）　3,000　（S　社　株　式）　2,200
（利　益　剰　余　金）　　500　（非支配株主持分）❶1,400
（の　　れ　　ん）❷100
❶非支配株主持分：(3,000円+500円)×40%=1,400円
❷のれん：貸借差額

STAGE 1
STAGE 2
STAGE 3
STAGE 4
STAGE 5
STAGE 6

STAGE 7 ステージ7…連結会計一 テーマ19…連結会計❷

Step2　連結第1年度の連結修正仕訳

　支配獲得後は、開始仕訳と当期分の修正仕訳（連結第1年度では①のれんの償却、②子会社の当期純利益の振り替え、③子会社配当金の修正）を行います。

本問では
「S社は支配獲得後に
配当を行っていない」
とあるので

③子会社配当金
の修正は不要です

　なお、連結第1年度のS社の当期純利益は、次の計算式を使って求めていきます。

| 当期末の利益剰余金 | = | 前期末の利益剰余金 | + | 当期純利益 | − | 剰余金の配当等 |

勘定で表すと
こう！

　本問の場合、第2年度末のS社の利益剰余金が1,900円で、当期純利益が1,000円です（配当はなし）。

この数字を
使います

科　　　目	個別財務諸表	
	P社	S社
貸借対照表		
利　益　剰　余　金	6,000	1,900
損益計算書		
当　期　純　利　益	2,100	1,000

したがって連結第1年度(前期末)の利益剰余金は次のように計算することができます。

第1年度末の利益剰余金

配当金は0円

1,900円 = ?円 + 1,000円
第2年度末の　第1年度末の　第2年度の
利益剰余金　利益剰余金　当期純利益

→?円 =1,900円−1,000円
　　　=900円

利益剰余金

| 剰余金の配当等 0円 | 第1年度末残高 ?円 →900円 |
| 第2年度末残高 1,900円 | 第2年度 当期純利益 1,000円 |

ここから、連結第1年度の当期純利益を計算します。連結第1年度末の利益剰余金が900円、支配獲得日の利益剰余金が500円(配当はなし)なので、さきほどの計算式を使って、連結第1年度の当期純利益は次のように計算することができます。

連結第1年度の当期純利益

配当金は0円

900円 = 500円 + ?円
第1年度末の　支配獲得日の　第1年度の
利益剰余金　利益剰余金　当期純利益

→?円 =900円−500円
　　　=400円

利益剰余金

| 剰余金の配当等 0円 | 支配獲得日残高 500円 |
| 第1年度末残高 900円 | 第1年度 当期純利益 ?円→400円 |

STAGE 1
STAGE 2
STAGE 3
STAGE 4
STAGE 5
STAGE 6

STAGE 7 ステージ7…連結会計一 テーマ19…連結会計❷

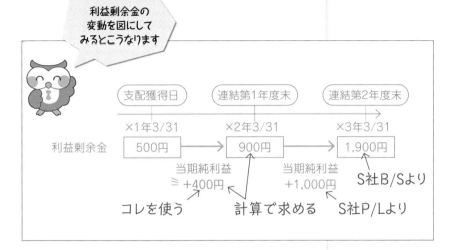

利益剰余金の
変動を図にして
みるとこうなります

以上より、連結第1年度における連結修正仕訳(開始仕訳
と連結第1年度分の修正仕訳)は次のようになります。

連結第1年度

①開始仕訳
（資　本　金）3,000（S　社　株　式）2,200
（利 益 剰 余 金）　500（非支配株主持分）1,400
（の　れ　ん）　100

②のれんの償却
（の れ ん 償 却）　10（の　れ　ん）❶10
❶のれん償却：100円÷10年=10円

③子会社当期純利益の振り替え
$\binom{\text{非支配株主に帰属する}}{\text{当 期 純 利 益}}$❷160（非支配株主持分）　160
❷非支配株主に帰属する当期純利益：400円×40%=160円

Step3　連結第2年度の連結修正仕訳

　連結第1年度の連結修正仕訳から開始仕訳をします。
なお、連結第1年度の連結修正仕訳で損益勘定であった
ものは開始仕訳では「利益剰余金」で処理することに注意
してください。

　そのあと、連結第2年度分の修正仕訳をします。

連結第2年度は
内部取引高、債権債務の
相殺消去もしますよ

連結第2年度

①開始仕訳 ←連結第1年度の連結修正仕訳より

（資　本　金）3,000　（S　社　株　式）　2,200
（利 益 剰 余 金）❶670　（非支配株主持分）❸1,560
（の　れ　ん）❷ 90

❶利益剰余金：500円+　10円　+　　160円　　=670円
　　　　　　　　　　　のれん償却　　非支配株主に帰属する
　　　　　　　　　　　　　　　　　　　当期純利益

❷の　れ　ん：100円−10円=90円
❸非支配株主持分：1,400円+160円=1,560円

②のれんの償却

（の れ ん 償 却）❹ 10　（の　　れ　　ん）　　10

❹のれん償却：100円÷10年=10円

　　　第2年度のS社の当期純利益（S社のP/Lより1,000円）
③子会社当期純利益の振り替え

（非支配株主に帰属する
　当 期 純 利 益）❺400　（非支配株主持分）　　400

❺非支配株主に帰属する当期純利益：1,000円×40%=400円

④債権・債務、取引高の相殺消去

（買 掛 金）	500	（売 掛 金）	500
（借 入 金）	600	（貸 付 金）	600
（売 上 高）	2,000	（売 上 原 価）	2,000
（受 取 利 息）	10	（支 払 利 息）	10

⑤未実現利益の消去（P社→S社・・・ダウンストリーム）

| （売 上 原 価） | 80 | （商 品） | ❻80 |

　❻未実現利益：400円×20%＝80円

Step4　連結精算表の記入

　連結第2年度の連結修正仕訳を連結精算表の修正・消去欄に記入します。

　なお、連結精算表は、さきに連結損益計算書を埋めてから、連結貸借対照表を埋めます。

こんなカンジでやってみて!

●連結精算表の記入

❶修正・消去欄に連結修正仕訳（連結第2年度）を記入する
❷連結P/Lを埋める
❸連結P/Lの「親会社株主に帰属する当期純利益」の修正・消去欄の金額を連結B/Sの「利益剰余金」の修正・消去欄に記入する
❹連結B/Sを埋める　→時間がかかるので、試験では後回し

STAGE 1
STAGE 2
STAGE 3
STAGE 4
STAGE 5
STAGE 6
STAGE 7　ステージ7…連結会計一 テーマ19…連結会計❷

以上より
解答はこうなります!

連 結 精 算 表　　　(単位:円)

科　　目	個別財務諸表 P社	個別財務諸表 S社	❶ 修正・消去 借方	❶ 修正・消去 貸方	連結財務諸表
貸借対照表					**連結貸借対照表 ❹**
諸　資　産	11,900	6,700			18,600
売　掛　金	2,000	800		500	2,300
商　　品	900	500		80	1,320
貸　付　金	1,000			600	400
S 社 株 式	2,200			2,200	
の　れ　ん			90	10	80
資 産 合 計	18,000	8,000	90	3,390	22,700
諸　負　債	2,800	1,600			4,400
買　掛　金	1,200	700	500		1,400
借　入　金		800	600		200
資　本　金	8,000	3,000	3,000		8,000
利 益 剰 余 金	6,000	1,900	670		
			2,500	2,010	★ 6,740
非支配株主持分				1,560	
				400	1,960
負債純資産合計	18,000	8,000	7,270	3,970	22,700
損益計算書					**連結損益計算書 ❷**
売　上　高	9,000	5,000	2,000		12,000
売　上　原　価	5,000	3,000	80	2,000	6,080
販売費及び一般管理費	1,950	980			2,930
の れ ん 償 却			10		10
受　取　利　息	50		10		40
支　払　利　息		20		10	10
当 期 純 利 益	2,100	1,000	2,100	2,010	3,010
非支配株主に帰属する当期純利益			❸ 400		− 400
親会社株主に帰属する当期純利益			2,500	2,010	2,610

★ 連結B/S・利益剰余金:(6,000円+1,900円)−(670円+2,500円)+2,010円=6,740円

連結P/Lや連結B/S
の作成問題も
解き方は同じです

問題を解いて
解き方に慣れましょう

STAGE 1
STAGE 2
STAGE 3
STAGE 4
STAGE 5
STAGE 6

参考

連結株主資本等変動計算書欄もある場合

　連結精算表に連結株主資本等変動計算書の記載もある場合には、連結修正仕訳における純資産の科目は、連結株主資本等変動計算書の科目で処理します。

　例74-1 について、連結株主資本等変動計算書の記載もある場合の、連結修正仕訳（連結第2年度）と連結精算表の記入は次のようになります

> 連結第2年度
>
> ①開始仕訳
> 　（資本金当期首残高）　3,000　（S　社　株　式）　2,200
> 　（利益剰余金当期首残高）　670　（非支配株主持分当期首残高）　1,560
> 　（の　　れ　　ん）　　90
>
> ②のれんの償却
> 　（の れ ん 償 却）　　10　（の　　れ　　ん）　　10
>
> ③子会社当期純利益の振り替え
> 　（非支配株主に帰属する\\当期純利益）　400　（非支配株主持分当期変動額）　400
>
> ④債権・債務、取引高の相殺消去
> 　（買　掛　金）　　500　（売　掛　金）　　500
> 　（借　入　金）　　600　（貸　付　金）　　600
> 　（売　上　高）　2,000　（売　上　原　価）　2,000
> 　（受　取　利　息）　　10　（支　払　利　息）　　10
>
> ⑤未実現利益の消去
> 　（売　上　原　価）　　80　（商　　　品）　　80

427

（単位:円）

科　　　目	個別財務諸表 P社	個別財務諸表 S社	❶修正・消去 借方	❶修正・消去 貸方	連結財務諸表
貸借対照表					**連結貸借対照表❻**
諸　　資　　産	11,900	6,700			18,600
売　　掛　　金	2,000	800		500	2,300
商　　　　　品	900	500		80	1,320
貸　　付　　金	1,000			600	400
S　社　株　式	2,200			2,200	
の　　れ　　ん			90	10	80
資　産　合　計	18,000	8,000	90	3,390	22,700
諸　　負　　債	2,800	1,600			4,400
買　　掛　　金	1,200	700	500		1,400
借　　入　　金		800	600		200
資　　本　　金	8,000	3,000	3,000		8,000 ←
利　益　剰　余　金	6,000	1,900	3,170	2,010	6,740 ←
非　支　配　株　主　持　分				1,960	1,960 ←
負債・純資産合計	18,000	8,000	7,270	3,970	22,700
損益計算書					**連結損益計算書❷**
売　　上　　高	9,000	5,000	2,000		12,000
売　上　原　価	5,000	3,000	80	2,000	6,080
販売費及び一般管理費	1,950	980			2,930
の　れ　ん　償　却			10		10
受　取　利　息	50		10		40
支　払　利　息		20		10	10
当　期　純　利　益	2,100	1,000	2,100	2,010	3,010
非支配株主に帰属する当期純利益			400		400
親会社株主に帰属する当期純利益			2,500	2,010	2,610
株主資本等変動計算書			❸		**連結株主資本等変動計算書❹**
資本金当期首残高	8,000	3,000	3,000		8,000
資本金当期末残高	8,000	3,000	3,000		8,000❺
利益剰余金当期首残高	6,000	1,900	670		7,230
剰　余　金　の　配　当					
親会社株主に帰属する当期純利益			2,500	2,010	△490
利益剰余金当期末残高	6,000	1,900	3,170	2,010	6,740❺
非支配株主持分当期首残高				1,560	1,560
非支配株主持分当期変動額				400	400
非支配株主持分当期末残高				1,960	1,960❺

STAGE 7 / THEME 19

こんなカンジ
になる!

●連結精算表の記入（連結S/Sがある場合）

❶ 修正・消去欄に連結修正仕訳（連結第2年度）を記入する
❷ 連結P/Lを埋める
❸ 連結P/Lの「親会社株主に帰属する当期純利益」の修正・消去欄
   の金額を連結S/Sの「親会社株主に帰属する当期純利益」の修
   正・消去欄に記入する
❹ 連結S/Sを埋める
❺ 連結S/Sの「当期末残高」の金額を連結B/Sの各純資産項目に
   記入する
❻ 連結B/Sを埋める

STAGE 1
STAGE 2
STAGE 3
STAGE 4
STAGE 5
STAGE 6

参考 **タイムテーブルを使った開始仕訳**

投資と資本の相殺消去に関する開始仕訳をするさい、各期の連結修正仕訳を積み重ねるのは少し手間がかかります。

そこで、下記のようなタイムテーブル(**例74-1**の数値を使用)を用いると、開始仕訳をダイレクトに作ることができます

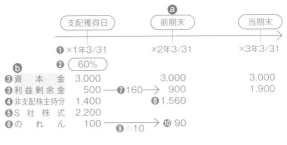

こんなカンジ
で作ります

●**タイムテーブルの作り方**

❶支配獲得日、前期末、当期末の日付を記入する

❷親会社の持分割合を記入する

❸子会社の資本項目を記入する

❹❸の合計額に非支配株主の持分割合(100%−60%=40%)を掛けて支配獲得日の非支配株主持分を記入する

　　→(3,000円+500円)×40%=1,400円

❺S社株式を記入する

❻「 <u>(❹+❺)</u> − <u>　❸　</u> 」でのれんの金額を計算する
　　貸方に記入　　借方に記入
　　するもの　　　するもの

　　→(❹1,400円+❺2,200円)−(❸3,000円+❸500円)=100円

❼利益剰余金の増加分に非支配株主の持分割合を掛けた金額を記入する→(900円−500円)×40%=160円

❽前期末の子会社の資本合計に非支配株主の持分割合を掛けて前期末の非支配株主持分を記入する

　　→(3,000円+900円)×40%=1,560円

❾のれん償却額を記入する→100円÷10年=10円

❿償却後ののれん残高を記入する→100円−10円=90円

STAGE 7 / THEME 19

仕訳を積み
上げる方法に
慣れたら

こちらの方法
でもやってみよう!

●タイムテーブルから開始仕訳の作り方
（前ページのタイムテーブル参照）

| 開始仕訳 | ⓐ |

ⓑ（資　本　金）3,000　（S　社　株　式）ⓓ2,200
　（利益剰余金）ⓒ670　（非支配株主持分）ⓔ1,560
　（の　れ　ん）ⓖ 90

ⓐ開始仕訳は前期末時点の連結修正仕訳
ⓑ子会社の資本項目は借方に記入する
ⓒ利益剰余金の金額は、「支配獲得日の利益剰余金＋❼−❾」
　で計算する

500円＋❼160円−❾△10円=670円

△を「−」するので「＋」になる
→500円＋160円＋10円=670円

ⓓ❺（S社株式）を貸方に記入する
ⓔ❽（前期末における非支配株主持分）を貸方に記入する
ⓖ❿（前期末におけるのれん残高）を借方に記入する

STAGE 7　ステージ7…連結会計一 テーマ19…連結会計❷

テーマ
19

連結会計❷

レッスン69
内部取引高、
債権債務の相殺消去

内部取引高の相殺消去

債権債務の相殺消去

レッスン70
手形取引の修正

レッスン71
貸倒引当金の修正

レッスン72
未実現利益の消去
（商品）

レッスン74
連結精算表の作成

レッスン73
未実現利益の消去
（土地）

売上高⇔売上原価　　受取利息⇔支払利息　　受取配当金⇔配当金

売掛金⇔買掛金　　　受取手形⇔支払手形

貸付金⇔借入金　　　未収収益⇔未払費用　　前受収益⇔前払費用

割引料が0円の場合

（支払手形）100（短期借入金）100

手形の割引き

割引料がある場合

（支払手形）100（短期借入金）100
（支払利息）　5（手形売却損）　5
（前払利息）　3（支払利息）　3

手形の裏書き

仕訳なし

**親会社の期末
貸倒引当金の修正**

（貸倒引当金）　5（貸倒引当金繰入）　5

**子会社の期末
貸倒引当金の修正**

（貸倒引当金）　5（貸倒引当金繰入）　5
（非支配株主に帰属する当期純利益）　2（非支配株主持分）　2

ダウンストリーム

（利益剰余金）20（商　　品）20 ─ 期首商品
（商　　品）20（売上原価）20
（売上原価）40（商　　品）40 ─ 期末商品

アップストリーム

（利益剰余金）20（商　　品）20
（非支配株主持分）　8（利益剰余金）　8 ─ 期首商品
（商　　品）20（売上原価）20
（非支配株主に帰属する当期純利益）　8（非支配株主持分）　8

（売上原価）40（商　　品）40
（非支配株主持分）16（非支配株主に帰属する当期純利益）16 ─ 期末商品

ダウンストリーム

（固定資産売却益）50（土　　地）50

アップストリーム

（固定資産売却益）50（土　　地）50
（非支配株主持分）20（非支配株主に帰属する当期純利益）20

最終的には
レッスン74の問題が
しっかり解けるように！

索　引

索　引

問 題 編

テーマ別問題

本試験対策　模擬試験（商業簿記）

問　題

各テーマの学習が終わったら、そのつど問題を解いておきましょう。
仕訳問題には解答用紙をつけていませんが、ご自分でノートなどを用意して、仕訳を書いてくださいね。

テーマ**1** 商品売買業、サービス業の処理

問題 1-1 商品売買の処理方法

次の一連の取引について、(A) 三分法と (B) 売上原価対立法によって仕訳しなさい。

[勘定科目等:売掛金　商品　繰越商品　買掛金　売上　仕入　売上原価
　　　　　　仕訳なし]

(1)　商品2,000円を仕入れ、代金は掛けとした。

(2)　原価1,800円の商品を2,500円で売り上げ、代金は掛けとした。

(3)　決算日を迎えた。期首商品棚卸高は500円、期末商品棚卸高は700円である。

問題 1-2 割戻し

次の各取引について仕訳しなさい。

[勘定科目:当座預金　普通預金　売掛金　買掛金　売上　仕入]

(1)　仕入先A社から割戻しの適用を受け、同社に対する買掛金2,000円の1％が免除され、残額を当座預金口座から支払った。

(2)　仕入先B社から割戻しの適用を受け、同社に対する買掛金5,000円の1％が免除され、残額を普通預金口座から支払った。

次の〔資料〕にもとづいて、売上原価を算定するための決算整理仕訳をしなさい。なお、商品売買は三分法により処理している。また、棚卸減耗損と商品評価損は売上原価の内訳項目として表示する。

〔勘定科目：繰越商品　仕入　棚卸減耗損　商品評価損〕

〔資料〕

期首商品棚卸高：1,000円　当期商品仕入高　80,000円

期末商品棚卸高：帳簿棚卸数量　100個　原　　　　価　@30円

実地棚卸数量　95個　正味売却価額　@25円

テーマ **2** 現金と預金

問題 2-1 銀行勘定調整表① ▶解答用紙（別冊）あり

次の〔資料〕にもとづいて、下記の各問に答えなさい。

〔資料〕

決算において、取引銀行から当座預金の残高証明書を取り寄せたところ、その残高は125,000円であったが、当社の当座預金の帳簿残高は157,000円であったため不一致が生じている。そこで不一致の原因を調査したところ、以下の事実が判明した。

(1) 決算日に2,000円を銀行の夜間金庫（当座預金）に預け入れたが、銀行では翌日の入金として処理していた。

(2) 仕入先に対する買掛金5,000円の支払いとして、小切手を作成して仕入先に渡していたが、仕入先がまだ銀行に呈示していなかった。

(3) 消耗品費1,000円の支払いとして、小切手を作成し、当座預金の減少として処理していたが、決算日現在、金庫に保管されたままであった。

(4) 当社が振り出していた約束手形36,000円が決済され、当座預金口座から引き落とされていたが、その連絡が当社に未達であった。

問1 決算における修正仕訳をしなさい。なお、修正仕訳が不要な場合は、借方科目欄に「仕訳なし」と記入しなさい。

問2 両者区分調整法による銀行勘定調整表を作成しなさい。ただし、〔　　〕内には上記〔資料〕の番号を記入すること。

問3 企業残高基準法による銀行勘定調整表を作成しなさい。ただし、〔　　〕内には上記〔資料〕の番号を記入すること。

次の〔資料〕にもとづいて、下記の各問に答えなさい。

〔資料〕

　決算において、取引銀行から当座預金の残高証明書を取り寄せたところ、その残高は348,000円であった。当社の当座預金の帳簿残高と一致していなかったので、不一致の原因を調査したところ、以下の事実が判明した。

(1)　買掛金10,000円を当座預金口座から支払ったが、1,000円で記帳していた。

(2)　得意先から売掛金の回収として受け取っていた小切手20,000円を銀行に呈示し、取り立てを依頼していたが、銀行がまだ取り立てていなかった。

(3)　仕入先に対する買掛金8,000円の支払いとして小切手を作成し、当座預金の減少として処理していたが、決算日現在、その小切手は金庫に保管されたままであった。

(4)　取引先に未払金7,000円の支払いとして小切手を振り出していたが、取引先がまだ銀行に呈示していなかった。

問1　決算における修正仕訳をしなさい。なお、修正仕訳が不要な場合は、借方科目欄に「仕訳なし」と記入しなさい。

問2　両者区分調整法による銀行勘定調整表を作成しなさい。ただし、〔　　〕内には上記〔資料〕の番号を記入すること。

問3　銀行残高基準法による銀行勘定調整表を作成しなさい。ただし、〔　　〕内には上記〔資料〕の番号を記入すること。

手形①

次の各取引について仕訳しなさい。

[勘定科目：当座預金　売掛金　受取手形　不渡手形　買掛金　支払手形
　　　　　売上　仕入　貸倒損失　手形売却損　貸倒引当金]

(1) 東京商事は、埼玉商事から商品20,000円を仕入れ、以前に横浜商事から受け取っていた手形を裏書譲渡した。

(2) 埼玉商事は、東京商事に商品20,000円を売り上げ、横浜商事振出の約束手形を裏書譲渡された。

(3) 群馬商事は、前橋商事振出の約束手形30,000円を銀行で割り引き、割引料300円を差し引いた残額は当座預金口座に預け入れた。

(4) 当期に商品を売り上げた際に受け取っていた長野商事振出の約束手形40,000円が不渡りとなった。

(5) (4)の手形代金（当期に発生）のうち、10,000円を回収し、当座預金口座に預け入れた。残額については貸倒れとして処理する。なお、貸倒引当金の残高は2,000円である。

手形②

次の各取引について仕訳しなさい。

[勘定科目：備品　土地　受取手形　営業外受取手形　支払手形
　　　　　営業外支払手形　固定資産売却益　固定資産売却損]

(1) 青森商事から備品120,000円を購入し、代金は約束手形を振り出した。

(2) 土地（取得原価200,000円）を220,000円で売却し、代金は約束手形で受け取った。

次の各取引について仕訳しなさい。

　［勘定科目：現金　当座預金　普通預金　売掛金　電子記録債権　買掛金

　　　　　　電子記録債務　売上　電子記録債権売却損　債権売却損］

(1)　岩手商事は、秋田商事に対する売掛金50,000円について、秋田商事の承諾を
　　得て、電子記録債権の発生記録を行った。

(2)　(1)の債権の支払期日が到来し、岩手商事の普通預金口座に入金された。

(3)　山形商事は、宮城商事に対する買掛金40,000円を支払うため、電子記録債務
　　の発生記録を行った。

(4)　(3)の債務の支払期日が到来し、山形商事は、当座預金口座から決済され
　　た旨の連絡を受けた。

(5)　福島商事は、所有する電子記録債権60,000円を栃木商事に59,000円で売却し、
　　譲渡記録を行った。なお、売却代金は当座預金口座に入金された。

(6)　茨城商事は、所有する売掛金70,000円を65,000円で売却し、売却代金は現金
　　で受け取った。

有形固定資産の割賦購入①

次の一連の取引について仕訳しなさい。

　［勘定科目：普通預金　前払利息　備品　未払金　支払利息］

(1)　×1年9月1日　備品600,000円を購入し、代金は2か月ごとに102,000円を
　　 6回に分けて支払うこととした。なお、利息分については資産計上すること。
(2)　×1年10月31日　第1回目の割賦金102,000円を普通預金口座から支払った。
　　 なお、資産計上した利息のうち、期間が経過した分を費用に振り替える。
(3)　×2年3月31日　決算日につき、前回の割賦金の支払日（×2年2月28日）
　　 から決算日までの利息（月割り）を費用に振り替える。

有形固定資産の割賦購入②

次の一連の取引について仕訳しなさい。

　［勘定科目：当座預金　前払利息　備品　営業外支払手形　支払利息］

(1)　×1年8月1日　備品300,000円を購入し、代金は月末ごとに支払期限が到
　　 来する約束手形31,800円を10枚振り出して支払った。なお、利息分については
　　 費用計上すること。
(2)　×1年8月31日　第1回目の支払期日が到来し、当座預金口座から支払った。
(3)　×2年3月31日　決算日につき、費用計上した利息のうち、支払期日が次
　　 期に到来する分を前払い処理した。

次の各取引について仕訳しなさい。なお、当期は×1年4月1日から×2年3月31日までである。

[勘定科目：備品　車両運搬具　減価償却費　備品減価償却累計額
　　　　　　車両運搬具減価償却累計額]

(1)　決算において、×1年8月1日に購入した備品（取得原価300,000円）を耐用年数5年、残存価額はゼロの定額法により減価償却する。なお、記帳方法は直接法である。

(2)　決算において、当期首に購入した備品（取得原価250,000円）について、定率法（償却率は0.4）により減価償却を行う。なお、記帳方法は間接法である。

(3)　決算において、前期首に購入した備品（取得原価300,000円、耐用年数は4年）を200％定率法により減価償却する。なお、記帳方法は間接法である。

(4)　決算において、×1年12月1日に購入した車両運搬具（取得原価400,000円）を生産高比例法により減価償却する。なお、可能総走行距離は100,000km、当期走行距離は4,500km、残存価額は取得原価の10％である。また、記帳方法は直接法である。

次の各取引について仕訳しなさい。なお、当期は×5年4月1日から×6年3月31日までである。

　　[勘定科目：未収入金　備品　車両運搬具　未払金　減価償却費

　　　　　　　固定資産売却益　固定資産売却損　備品減価償却累計額

　　　車両運搬具減価償却累計額]

(1)　×6年3月31日に備品（取得原価300,000円、×3年4月1日に購入）を70,000円で売却し、代金は来月末日に受け取ることにした。この備品は定率法（償却率0.4）で償却しており、間接法によって記帳している。

(2)　×5年11月30日に備品（取得原価200,000円、×4年4月1日に購入）を100,000円で売却し、代金は来月末日に受け取ることにした。この備品は定率法（償却率0.25）で償却しており、直接法によって記帳している。

(3)　当期首において、車両（取得原価400,000円、減価償却累計額240,000円、記帳方法は間接法）を50,000円で下取りに出し、新たに480,000円の車両を購入した。なお、新車の購入代金と下取価額の差額については、翌月末日に支払うこととした。

次の各取引について仕訳しなさい。なお、当期は×5年4月1日から×6年3月31日までである。

　　[勘定科目：現金　貯蔵品　備品　減価償却費　備品減価償却累計額

　　　　　　　固定資産除却損　固定資産廃棄損]

(1)　当期首において、備品（取得原価200,000円、購入日は×2年4月1日、償却率0.4の定率法で償却している。記帳方法は間接法）を除却した。なお、除却資産の処分価額は40,000円と見積もられた。

(2)　当期末において、備品（取得原価300,000円、購入日は×3年4月1日）を廃棄した。なお、この備品は耐用年数5年、残存価額はゼロの定額法により償却している。また、廃棄費用10,000円は現金で支払った。

問題 5-1 建設仮勘定

次の一連の取引について仕訳しなさい。

[勘定科目:現金　当座預金　建物　建設仮勘定]

(1) 建物の新築のため、建設会社と800,000円の請負金額で契約し、着手金100,000円を小切手を振り出して支払った。
(2) (1) の建物につき、中間金200,000円を小切手を振り出して支払った。
(3) 建物が完成し、引き渡しを受けた。なお、契約金額の残高を小切手を振り出して支払った。

問題 5-2 有形固定資産の改良と修繕

次の各取引について仕訳しなさい。

[勘定科目:当座預金　建物　未払金　修繕費]

(1) 建物の改良と修繕を行い、代金500,000円を小切手を振り出して支払った。このうち400,000円は改良のための支出である。
(2) 建物の修繕を行い、代金600,000円は翌月末日に支払うこととした。このうち、40%は資本的支出である。

次の各取引について仕訳しなさい。

[勘定科目：未収入金　建物　未決算　保険差益　火災損失　減価償却費
建物減価償却累計額]

(1)　当期首に建物（取得原価800,000円、減価償却累計額200,000円、間接法）が
火災により焼失した。この建物には保険が付されていない。

(2)　当期首に建物（取得原価800,000円、減価償却累計額200,000円、間接法）が
火災により焼失した。この建物には500,000円の火災保険が付されている。

(3)　当期の7月31日に建物（取得原価720,000円、期首減価償却累計額240,000円、
耐用年数は30年、残存価額はゼロ、定額法により償却、記帳方法は間接法）
が火災により焼失した。この建物には700,000円の火災保険が付されている。
当期の減価償却費の計上も行うこと。なお、当社の決算日は3月31日である。

(4)　(3)で焼失した建物について、保険金300,000円を支払う旨の連絡を受けた。

(5)　仮に（4）の保険金が500,000円であった場合の仕訳をしなさい。

次の一連の取引について仕訳しなさい。なお、当期は×1年4月1日から×2年
3月31日までである。

[勘定科目：当座預金　備品　国庫補助金受贈益　固定資産圧縮損
減価償却費　備品減価償却累計額]

(1)　×1年5月1日、国から備品取得のための国庫補助金300,000円を受け取り、
当座預金口座に入金した。

(2)　×1年7月1日、備品660,000円を取得し、小切手を振り出して支払った。
なお、(1)で受け取った国庫補助金の金額について圧縮記帳を行う（直接減
額方式）。

(3)　×2年3月31日、決算日につき、上記備品について定額法により減価償却
を行う。なお、耐用年数は5年、残存価額はゼロ、記帳方法は間接法である。
当期の減価償却費は月割り計上すること。

問題 6-1 ファイナンス・リース取引

　次の一連の取引について（A）利子込み法と（B）利子抜き法によって仕訳しなさい。なお、当期は×1年4月1日から×2年3月31日までである。

　　［勘定科目：当座預金　リース資産　リース債務　減価償却費　支払利息
　　　　　　　　リース資産減価償却累計額］

(1)　×1年4月1日、下記の［条件］で備品についてリース契約を結び、リース取引を開始した（ファイナンス・リース取引）。

　　　［条件］

　　　リース期間：5年間　見積現金購入価額：300,000円

　　　年間リース料：66,000円（毎年3月31日支払い）

(2)　×2年3月31日、リース料66,000円を当座預金口座から支払った。

(3)　×2年3月31日、決算日につき、上記リース資産について定額法（残存価額はゼロ、耐用年数はリース期間）で減価償却を行う。なお、記帳方法は間接法である。

ファイナンス・リース取引 ▶解答用紙(別冊)あり

当社（決算日は3月31日）は、×1年4月1日にリース会社と下記の［条件］で備品のリース契約を締結した。このリース取引はファイナンス・リース取引に分類される。処理方法は利子抜き法である。リース資産の減価償却方法は残存価額はゼロ、耐用年数はリース期間とした定額法で、記帳方法は直接法である。

解答用紙の×2年度（×2年4月1日から×3年3月31日まで）の各勘定の記入を示しなさい。

［条件］

リース期間：5年間　見積現金購入価額：700,000円

年間リース料：161,000円（毎年3月31日支払い）

問題 6-3 オペレーティング・リース取引

次の一連の取引について仕訳しなさい。なお、決算日は3月31日である。

［勘定科目等：当座預金　リース資産　リース債務　未払リース料

支払リース料　仕訳なし］

(1) ×1年7月1日、下記の［条件］で備品についてリース契約を結んだ（オペレーティング・リース取引）。

［条件］

リース期間：5年間　年間リース料：66,000円（毎年6月30日後払い）

(2) ×2年3月31日、決算日につき、リース料の未払計上を行う。

(3) ×2年4月1日、期首につき、再振替仕訳を行う。

(4) ×2年6月30日、リース料66,000円を当座預金口座から支払った。

問題 7-1 無形固定資産

次の一連の取引について仕訳しなさい。

　［勘定科目：当座預金　特許権　特許権償却］

(1)　当期首において、特許権を500,000円で取得し、小切手を振り出して支払った。

(2)　決算において、上記（1）の特許権を8年で償却する。

問題 7-2 ソフトウェア、研究開発費

次の各取引について仕訳しなさい。

　［勘定科目：当座預金　ソフトウェア　研究開発費　ソフトウェア償却］

(1)　当期首において、自社利用目的でソフトウェア300,000円を購入し、代金は当座預金口座から支払った。

(2)　決算において、上記（1）のソフトウェアを5年間で定額法により償却する。

(3)　もっぱら研究・開発に従事する従業員の給料300,000円および研究・開発のためだけに使用する備品の購入金額150,000円を当座預金口座から支払った。

当期末における決算整理前残高試算表の金額（一部）は次のとおりであった（単位：円）。

決算整理前残高試算表

借方金額	勘 定 科 目	貸方金額
640,000	の　　　れ　　　ん	
200,000	ソ フ ト ウ ェ ア	

次の〔決算整理事項〕にもとづいて、決算整理後の①のれんおよび②ソフトウェアの金額を求めなさい。なお、当期は×4年4月1日から×5年3月31日までである。

〔決算整理事項〕

(1)　のれんは×2年4月1日に取得したものであり、取得年度から10年間で償却している。

(2)　ソフトウェアは×3年4月1日に取得したものであり、5年間で定額法により償却している。

問題 8-1 株式の処理

次の各取引について、仕訳しなさい。

[勘定科目：現金　普通預金　当座預金　未収入金　売買目的有価証券
　　　　　　満期保有目的債券　その他有価証券　子会社株式　未払金
　　　　　　受取配当金　有価証券売却益　支払手数料　有価証券売却損]

(1)　売買目的でA社株式500株を1株850円で購入し、代金は購入手数料1,000円とともに現金で支払った。

(2)　長期利殖目的でB社株式600株を1株700円で購入し、代金は購入手数料880円とともに当座預金口座から支払った。

(3)　C社株式（発行済株式は1,000株）のうち、600株を1株900円で購入し、代金は当座預金口座から支払った。

(4)　所有するD社株式の配当金5,000円が普通預金口座に入金された。

(5)　(1)で購入したA社株式のすべてを1株870円で売却した。なお、売却代金は後日受け取ることとした。

(6)　当期中に売買目的で2回に分けて購入していたE社株式1,000株のうち、800株を1株560円で売却し、代金は月末に受け取ることとした。なお、この株式は1回目に400株を1株600円で、2回目に600株を1株550円で購入したものである。売却株式の帳簿価額は平均原価法によって計算している。

次の各取引について、仕訳しなさい。

　[勘定科目：当座預金　未収入金　売買目的有価証券　満期保有目的債券

　　　　　　　未払金　有価証券利息　有価証券売却益　有価証券売却損]

(1)　売買目的で額面500,000円のA社社債を額面100円につき98円で購入し、代金
　　は購入手数料1,000円とともに後日支払うこととした。

(2)　満期保有目的で額面600,000円のB社社債を額面100円につき97円で購入し、
　　代金は購入手数料1,200円とともに後日支払うこととした。

(3)　所有するA社社債の利払日となり、社債利息3,000円が当座預金口座に入金
　　された。

(4)　(1)で購入したA社社債のうち額面300,000円分を額面100円につき98.5円で
　　売却し、売却代金は後日受け取ることとした。

次の一連の取引について、仕訳しなさい。なお、決算日は3月31日とし、端数利
息は1年を365日として計算すること。

　[勘定科目：当座預金　未収入金　売買目的有価証券　未収有価証券利息

　　　　　　　未払金　有価証券利息　有価証券売却益　有価証券売却損]

(1)　×1年8月20日、売買目的で額面800,000円のC社社債（年利率7.3%、利払
　　日は6月末日と12月末日）を額面100円につき98.5円で購入し、代金は端数利
　　息とともに後日支払うこととした。

(2)　×1年12月31日、(1)のC社社債の利払日となり、半年分の社債利息（月
　　割計算）が当座預金口座に入金された。

(3)　×2年2月25日、(1)のC社社債のすべてを額面100円につき98.8円で売却
　　し、代金は端数利息とともに月末に受け取ることとした。

有価証券の期末評価①

次の決算整理事項にもとづいて、決算整理仕訳をしなさい。

　　［勘定科目：売買目的有価証券　有価証券評価益　有価証券評価損］

(1)　売買目的有価証券の期末時価は656,000円であった。なお、帳簿価額は640,000円である。

(2)　売買目的で所有するA社株式（900株）の期末時価は1株あたり732円であった。なお、帳簿価額は1株あたり741円である。

有価証券の期末評価②

次の決算整理事項にもとづいて、決算整理仕訳をしなさい。なお、当期は×2年4月1日から×3年3月31日である。

　　［勘定科目等：満期保有目的債券　有価証券利息　仕訳なし］

(1)　満期保有目的で所有するA社社債（帳簿価額576,000円、満期日は×7年3月31日）は、当期首に額面総額600,000円を額面100円につき96円で購入したものである。額面金額と取得価額との差額は金利調整差額と認められるため、償却原価法（定額法）により処理する。

(2)　満期保有目的で所有するB社社債（帳簿価額776,000円、満期日は×6年8月31日）は、×2年9月1日に額面総額800,000円を額面100円につき97円で購入したものである。額面金額と取得価額との差額は金利調整差額と認められるため、償却原価法（定額法）により処理する。

(3)　満期保有目的で所有するC社社債（帳簿価額480,000円、満期日は×6年3月31日）は、×1年4月1日に額面総額500,000円を額面100円につき95円で購入したものである。額面金額と取得価額との差額は金利調整差額と認められるため、償却原価法（定額法）により処理している。

(4)　満期保有目的で所有するD社社債（帳簿価額392,000円、満期日は×7年3月31日）は、当期首に額面総額400,000円を額面100円につき98円で購入したものである。額面金額と取得価額との差額は金利調整差額と認められない。

次の決算整理事項にもとづいて、決算整理仕訳をしなさい。

[勘定科目等：その他有価証券　子会社株式　その他有価証券評価差額金
　　　　　　仕訳なし]

(1)　その他有価証券の時価は390,000円であった。なお、帳簿価額は380,000円である。全部純資産直入法で処理すること。

(2)　長期利殖目的で所有するA社株式（500株）の期末時価は1株あたり650円であった。なお、帳簿価額は1株あたり680円である。全部純資産直入法で処理すること。

(3)　子会社株式の時価は959,000円であった。なお、帳簿価額は960,000円である。

　有価証券の取引にかかる次の〔資料〕にもとづいて、下記の〔設問〕に答えなさい。なお、利息はすべて月割りで計算し、総勘定元帳は英米式決算法によって締め切るものとする。当期は×2年4月1日から×3年3月31日までの1年間である。

〔資料〕当期における有価証券の取引

6月1日　売買目的で額面総額300,000円の国債（利率は年3％、利払日は3月末日と9月末日の年2回、償還日は×5年3月31日）を額面100円につき97.5円で購入し、代金は2か月分の端数利息とともに小切手を振り出して支払った。

7月1日　満期保有目的で額面総額400,000円のA社社債（利率は年4.38％、利払日は6月末日の年1回、償還日は×6年6月30日）を額面100円につき96円で購入し、代金は小切手を振り出して支払った。なお、額面金額と取得価額の差額は金利調整差額と認められる。

9月30日　売買目的で保有する国債の利払日となり、6か月分の利息が当座預金の口座に振り込まれた。

2月1日　売買目的で保有する国債のうち、額面総額100,000円を額面100円につき98.2円で売却し、代金は4か月分の端数利息とともに当座預金口座に入金された。

3月31日　売買目的で保有する国債の利払日となり、6か月分の利息が当座預金口座に振り込まれた。また、決算日につき、次の決算整理を行う。

　　　（1）　売買目的で保有する国債を時価（決算日における時価は、額面100円につき98.5円）に評価替えする。

　　　（2）　満期保有目的で保有するA社社債について、当期の未収分の利息を計上するとともに、償却原価法（定額法）で評価する。

〔設問〕

問1　解答用紙に記載された各勘定を完成させなさい。

問2　当期の有価証券売却損益についての金額を答えなさい。なお、（　　）には「損」または「益」を記入すること。

テーマ**9** | 引当金

問題 9-1 | 貸倒引当金

次の取引について仕訳しなさい。

［勘定科目：貸倒引当金　貸倒引当金繰入］

決算において、売掛金の期末残高700,000円に対して貸倒引当金を設定する。なお、A社に対する売掛金250,000円については50％の貸倒引当金を設定するが、それ以外の売掛金については貸倒実積率2％で貸倒引当金を設定する。貸倒引当金の期末残高は6,000円である。

問題 9-2 | 修繕引当金

次の各取引について仕訳しなさい。

［勘定科目：当座預金　建物　修繕引当金　修繕費　修繕引当金繰入］

(1)　決算において、修繕引当金400,000円を繰り入れた。

(2)　建物の修繕を行い、修繕費650,000円を小切手を振り出して支払った。なお、修繕引当金の残高は400,000円である。

(3)　建物の改良、修繕を行い、550,000円を小切手を振り出して支払った。このうち、300,000円は資本的支出である。なお、修繕引当金の残高は100,000円である。

次の一連の取引について仕訳しなさい。

　　［勘定科目：当座預金　賞与引当金　賞与　賞与引当金繰入］

(1)　決算（3月31日）において、次期の6月10日に支給する賞与720,000円（計算期間は12月1日から5月31日）について、賞与引当金を設定する。

(2)　6月10日、賞与720,000円（計算期間は12月1日から5月31日）を当座預金口座から支払った。なお、(1)において、賞与引当金が設定されている。

次の各取引について仕訳しなさい。

　　［勘定科目：当座預金　退職給付引当金　退職給付費用］

(1)　決算において、退職給付引当金456,000円を繰り入れた。

(2)　従業員が退職し、退職金350,000円を当座預金口座から支払った。なお、退職給付引当金の残高は1,980,000円である。

次の各取引について仕訳しなさい。

　　［勘定科目：現金　商品保証引当金　商品保証引当金繰入　商品保証費］

(1)　決算において、当期の総売上高5,000,000円に対して0.5％の商品保証引当金を設定する。

(2)　前期に販売した商品について、無料修理に応じた。この修理にかかった費用28,000円を現金で支払った。なお、商品保証引当金の残高は25,000円である。

テーマ **10** 外貨建取引

問題 10-1 外貨建取引

　次の一連の取引について仕訳しなさい。なお、商品売買は三分法によって処理すること。

　　[勘定科目：当座預金　売掛金　前払金　買掛金　前受金　売上　仕入
　　　　　　　　為替差損益]

(1)　×1年4月20日、アメリカのA社から商品1,000ドルを仕入れる契約をし、手付金100ドルを当座預金口座から支払った。このときの為替相場は1ドル105円である。

(2)　×1年5月10日、アメリカのA社から商品1,000ドルを仕入れ、(1) の手付金100ドルを差し引いた残額は掛けとした。このときの為替相場は1ドル108円である。

(3)　×1年7月31日、上記 (2) の掛け代金を当座預金口座から支払った。このときの為替相場は1ドル110円である。

(4)　×1年9月1日、アメリカのB社に商品2,000ドルを販売する契約をし、手付金150ドルが当座預金口座に入金された。このときの為替相場は1ドル111円である。

(5)　×1年9月20日、アメリカのB社に商品2,000ドルを売り上げ、(4) の手付金150ドルを差し引いた残額は掛けとした。このときの為替相場は1ドル113円である。

(6)　×1年11月30日、上記 (5) の掛け代金が当座預金口座に振り込まれた。なお、このときの為替相場は1ドル116円である。

次の〔資料〕にもとづいて、決算整理仕訳をしなさい。なお、決算日の為替相場は1ドル108円である。

　　〔勘定科目等：現金　売掛金　前払金　商品　買掛金　前受金　為替差損益
　　　　　　　仕訳なし〕

〔資料〕

　(1)　売掛金の期末残高のうち、アメリカのA社に対するものが800ドル含まれている。取引発生時の為替相場は1ドル110円であった。

　(2)　買掛金の期末残高のうち、アメリカのB社に対するものが600ドル含まれている。取引発生時の為替相場は1ドル112円であった。

　(3)　前払金5,250円はすべてアメリカのC社に支払った商品の仕入れにかかる手付金50ドルである。

　(4)　現金の期末残高のうち、外貨建ての現金100ドル（帳簿価額10,000円）がある。

　(5)　決算日において、外貨建ての商品（帳簿価額20,800円、200ドル）がある。

次の一連の取引について仕訳しなさい。なお、商品売買は三分法によって処理すること。

　　〔勘定科目等：当座預金　売掛金　買掛金　売上　仕入　為替差損益　仕訳なし〕

　(1)　2月1日、アメリカのB社に商品1,000ドルを売り上げ、代金は4月30日に受け取ることとした。また取引時に為替予約を付した。この日の直物為替相場は1ドル109円、先物為替相場は1ドル110円である。

　(2)　3月31日、決算日を迎えた。外貨建て債権債務は上記（1）で発生した売掛金のみである。この日の直物為替相場は1ドル112円、先物為替相場は1ドル113円である。

　(3)　4月30日、上記（1）の売掛金1,000ドルが当座預金口座に振り込まれた。この日の直物為替相場は1ドル115円、先物為替相場は1ドル112円である。

　次の一連の取引について仕訳しなさい。なお、商品売買は三分法によって処理すること。

　　[勘定科目等：当座預金　売掛金　買掛金　売上　仕入　為替差損益　仕訳なし]

(1)　1月20日、アメリカのC社に商品2,000ドルを売り上げ、代金は4月30日に受け取ることとした。この日の直物為替相場は1ドル110円である。

(2)　3月1日、上記（1）の売掛金について、1ドル108円で為替予約を付した。なお、当該売掛金の円換算額と為替予約による円換算額との差額はすべて当期の損益として振当処理を行う。

(3)　3月31日、決算日を迎えた。外貨建て債権債務は上記で発生した売掛金のみである。この日の直物為替相場は1ドル109円、先物為替相場は1ドル108円である。

(4)　4月30日、上記の売掛金2,000ドルが当座預金口座に振り込まれた。この日の直物為替相場は1ドル106円、先物為替相場は1ドル105円である。

問題 11-1 株式の発行

次の各取引について仕訳しなさい。

[勘定科目：現金 普通預金 資本金 資本準備金 創立費 株式交付費]

(1) 会社設立にあたり、株式1,500株を1株600円で発行し、払込金額は普通預金とした。なお、株式発行費用25,000円は現金で支払った。

(2) 会社設立にあたり、株式900株を1株950円で発行し、払込金額は普通預金とした。払込金額のうち会社法で認められる最低額を資本金とした。なお、株式発行費用12,000円は現金で支払った。

(3) 増資にあたり、株式1,000株を1株850円で発行し、払込金額は普通預金とした。なお、株式発行費用10,000円は現金で支払った。

(4) 増資にあたり、株式6,000株を1株150円で発行し、払込金額は普通預金とした。払込金額のうち会社法で認められる最低額を資本金とした。なお、株式発行費用9,000円は現金で支払った。

問題 11-2 新株発行の流れ

次の一連の取引について仕訳しなさい。

[勘定科目：当座預金 別段預金 資本金 資本準備金 株式申込証拠金]

(1) 増資にあたり、株式800株を1株1,000円で発行することになり、株主を募集をしたところ、全額について申し込みがあり、申込証拠金を受け取り、別段預金とした。

(2) 払込期日になり、(1)の申込者全員に株式を割り当てた。なお、別段預金は当座預金に振り替え、資本金の額は会社法の定める最低額とした。

次の一連の取引について仕訳しなさい。

　［勘定科目：諸資産　のれん　諸負債　資本金　資本準備金　のれん償却］

(1)　東京商事㈱は、当期首において新潟商事㈱を吸収合併し、新潟商事㈱の株主に対し、株式1,000株を交付した。東京商事㈱の株式の時価は@500円である。なお、新潟商事㈱の諸資産（時価）は950,000円、諸負債（時価）は462,000円である。発行した株式については会社法で認められる最低額を資本金として処理する。

(2)　決算において、(1)で発生したのれんを10年で償却する。

テーマ12 剰余金の配当と処分

問題 12-1 剰余金の配当と処分

次の各取引について仕訳しなさい。

　［勘定科目：当座預金　未払配当金　資本準備金　その他資本剰余金
　　　　　　　利益準備金　繰越利益剰余金　別途積立金］

(1)　株主総会において、繰越利益剰余金を次のように配当等することが承認された。

　　株主配当金 400,000円　利益準備金 40,000円　別途積立金 10,000円

(2)　(1)の株式配当金を当座預金口座から支払った。

(3)　株主総会において、その他資本剰余金を次のように配当等することが承認され、ただちに株主配当金を当座預金口座から支払った。

　　株主配当金 300,000円　資本準備金 30,000円

次の各取引について仕訳しなさい。

　　［勘定科目：未払配当金　資本準備金　その他資本剰余金　利益準備金
　　　　　　　　繰越利益剰余金　別途積立金］

(1)　株主総会において、繰越利益剰余金を次のように配当等することが承認された。なお、資本金は3,000,000円、資本準備金は250,000円、利益準備金は300,000円であった。

　　　株主配当金 600,000円　利益準備金　？円（各自計算）
　　　別途積立金　80,000円

(2)　株主総会において、その他資本剰余金を次のように配当等することが承認された。なお、資本金は2,000,000円、資本準備金は240,000円、利益準備金は250,000円であった。

　　　株主配当金 200,000円　資本準備金　？円（各自計算）

(3)　株主総会において、繰越利益剰余金とその他資本剰余金を財源とした剰余金の配当等が次のように承認された。なお、資本金は3,000,000円、資本準備金は270,000円、利益準備金は296,000円であった。

　　　繰越利益剰余金を財源とした株主配当金　250,000円
　　　その他資本剰余金を財源とした株主配当金　150,000円
　　　利益準備金　？円（各自計算）
　　　資本準備金　？円（各自計算）

次に示した〔資料〕にもとづいて、解答用紙の株主資本等変動計算書（単位：千円）の（　）に適切な金額を記入して完成させなさい。なお、金額が負の値のときは、金額の前に△を付すこと。当期は×1年4月1日から×2年3月31日までの1年間である。また、前期の決算時に作成した貸借対照表によると、純資産の部の各項目の残高は株主資本等変動計算書の当期首残高に記載されているとおりであった。この時点における発行済株式総数は40,000株である。

〔資料〕

(1) ×1年6月20日に開催された定時株主総会において、剰余金の配当および処分を次のように決定した。

　① 株主への配当を、繰越利益剰余金を財源として1株につき7円で行う。

　② 上記配当につき、会社法が定める金額を利益準備金として積み立てる。

　③ 繰越利益剰余金を処分し、別途積立金として45,000円を積み立てる。

(2) ×1年10月10日に増資を行い、新株1,000株を1株につき400円で発行し、全額の払込みを受け、払込金は当座預金とした。なお、会社法が定める最低限度額を資本金とした。

(3) ×2年2月1日、愛知産業㈱を吸収合併し、同社の諸資産（時価総額4,400,000円）と諸負債（時価総額3,600,000円）を引き継ぎ、対価として新株2,000株（1株あたりの時価は420円）を発行し、同社の株主に交付した。なお、新株の発行にともなう純資産（株主資本）の増加額のうち、60%は資本金とし、残額はその他資本剰余金とした。

(4) ×2年3月31日、決算において、当期純利益460,000円を計上した。

テーマ **13** 税金、税効果会計

問題 13-1 消費税①

次の一連の取引について、税抜方式で仕訳しなさい。なお、商品売買は三分法に
よって処理すること。また、消費税率は10%とする。

[勘定科目：当座預金　売掛金　仮払消費税　未収還付消費税　買掛金
　　　　　仮受消費税　未払消費税　売上　仕入　租税公課]

(1)　商品500,000円（税抜価額）を仕入れ、代金は掛けとした。
(2)　商品300,000円（税抜価額）を売り上げ、代金は掛けとした。
(3)　決算において、消費税の還付額を計算する。
(4)　未収還付消費税が当座預金口座に還付された。

問題 13-2 消費税②

次の一連の取引について、税抜方式で仕訳しなさい。なお、商品売買は三分法に
よって処理すること。また、消費税率は10%とする。

[勘定科目：当座預金　売掛金　仮払消費税　未収消費税　買掛金
　　　　　仮受消費税　未払消費税　売上　仕入　租税公課]

(1)　商品660,000円（税込価額）を仕入れ、代金は掛けとした。
(2)　商品990,000円（税込価額）を売り上げ、代金は掛けとした。
(3)　決算において、消費税の納付額を計算する。
(4)　未払消費税を当座預金口座から納付した。

次の一連の取引について仕訳しなさい。

　　［勘定科目：当座預金　仮払法人税等　未払法人税等

　　　　　　　　法人税、住民税及び事業税］

(1)　法人税等の中間申告で125,000円を当座預金口座から納付した。

(2)　決算において、当期の法人税、住民税及び事業税が323,000円と確定した。

(3)　(2)の未払法人税等を当座預金口座から納付した。

次の各取引について仕訳しなさい。

　　［勘定科目：仮払法人税等　未払法人税等　法人税、住民税及び事業税］

(1)　当期の決算において、税引前当期純利益が800,000円と計算されたが、当期
　　に費用計上した減価償却費のうち10,000円が損金不算入となった。課税所得に
　　対して40％の法人税等を計上する。なお、中間納付額はない。

(2)　当期の決算において、税引前当期純利益が1,000,000円と計算されたが、減
　　価償却費の損金不算入額が25,000円、貸倒引当金の損金不算入額が15,000円
　　あった。課税所得に対して40％の法人税等を計上する。なお、中間納付額が
　　105,000円あった。

次の各取引について仕訳しなさい。

　　[勘定科目：繰延税金資産　繰延税金負債　法人税等調整額]

(1)　第1期の決算において、売掛金に対して50,000円の貸倒引当金を設定したが、全額が損金不算入となった。法人税等の実効税率を40%として税効果会計を適用する。

(2)　第2期の決算において、売掛金に対して70,000円の貸倒引当金を設定したが、全額が損金不算入となった。なお、前期末における貸倒引当金にかかる損金不算入額は50,000円であった。法人税等の実効税率を40%として税効果会計を適用する。

(3)　第1期の決算において、期首に購入した備品480,000円に対して、耐用年数は4年、残存価額はゼロの定額法で減価償却費を計上したが、税法上の耐用年数は6年であった。法人税等の実効税率を40%として税効果会計を適用する。

(4)　第2期の決算において、(3)の備品について、第1期と同様に減価償却を行った。法人税等の実効税率を40%として税効果会計を適用する。

当社はA社株式をその他有価証券として所有している。次の一連の取引について仕訳しなさい。なお、その他有価証券の評価差額の処理は全部純資産直入法による。

[勘定科目：その他有価証券　繰延税金資産　繰延税金負債

その他有価証券評価差額金　法人税等調整額]

(1)　第1期の期末におけるA社株式（取得原価600,000円）の時価は650,000円であった。法人税等の実効税率を40％として税効果会計を適用する。

(2)　第2期の期首において再振替仕訳をする。

(3)　第2期の期末におけるA社株式の時価は580,000円であった。法人税等の実効税率を40％として税効果会計を適用する。

(4)　第3期の期首において再振替仕訳をする。

テーマ **14** | 収益認識

問題 14-1 収益認識の基本

　×1年4月1日（期首）に、当社（決算日は3月31日）は、X社と商品の販売および2年間の保守サービスを提供する1つの契約を締結した。契約の内容は次のとおりである。

〔契約の内容〕

1．契約と同時（×1年4月1日）に商品の引渡しを行う。

2．保守サービスの期間は×1年4月1日から×3年3月31日までである。

3．契約書に記載された対価の額は50,000円である（商品の販売価格は30,000円、保守サービスの販売価格は20,000円とする）。なお、商品の引渡時に対価50,000円を現金で受け取る。

　この場合において、下記の日付の仕訳をしなさい。

　　〔勘定科目：現金　契約負債　売上〕

(1)　×1年4月1日の仕訳

(2)　×2年3月31日（1年目の決算日）の仕訳

(3)　×3年3月31日（2年目の決算日）の仕訳

　×1年4月1日に、X社と商品Pおよび商品Qを以下の条件で販売する契約を結んだ。

〔条件〕

1. 商品Pは契約と同時（×1年4月1日）に引渡しを行い、商品Qの引渡しは×1年5月10日に行う。

2. 商品Pの対価は50,000円、商品Qの対価は40,000円であるが、商品Pの対価の支払いは商品Qの引渡しが完了するまで留保される。

　この場合において、下記の日付の仕訳をしなさい。

　　［勘定科目：売掛金　契約資産　売上］

　(1)　×1年4月1日

　(2)　×1年5月10日

　当社（決算日は３月31日）は、Ｘ社に商品Ｐを下記の条件で販売している。なお、当期における商品ＰのＸ社への販売個数は220個と予想している。

〔条件〕
1．商品Ｐの１個あたりの販売価格は100円である。
2．Ｘ社への商品Ｐの当期販売個数が200個に達したときには、１個あたり10円のリベートを支払う。

　この場合において、下記の取引（（1）～（3）は一連の取引）の仕訳をしなさい。
　［勘定科目：現金　返金負債　未払金　売上］

（1）　×１年10月20日に商品Ｐを100個販売し、代金は現金で受け取った。
（2）　×２年１月10日に商品Ｐを110個販売し、代金は現金で受け取った。なお、この時点でリベートの条件が達成され、リベートは後日支払う予定である。
（3）　×２年１月12日、（2）により当期の販売個数が200個を超えたため、リベートを現金で支払った。
（4）　仮に当期の売上が（1）のみであった場合（当期中の販売個数が200個に達しなかった場合）の仕訳をしなさい。

テーマ **15** 決算手続き①

問題 15-1 精算表の作成　　　　　　　　　　　　　　　▶解答用紙（別冊）あり

　次の〔決算整理事項等〕にもとづいて、解答用紙の精算表を完成させなさい。な
お、当期は×3年4月1日から×4年3月31日までである。

〔決算整理事項等〕

(1)　売掛金6,000円を回収し、当座預金口座に預け入れたが、この取引が未処理
　　である。

(2)　売上債権（山口商店に対する売掛金を除く）に対して2％の貸倒引当金を
　　差額補充法で設定する。なお、山口商店に対する売掛金10,000円に対しては
　　50％の貸倒引当金を個別に見積もる。

(3)　商品の期末棚卸高は次のとおりである。なお、売上原価の計算は「仕入」の
　　行で行うが、棚卸減耗損と商品評価損は精算表上、独立の科目として表示する。

　　　帳簿棚卸数量　　400個　　　実地棚卸数量　　380個
　　　原　　　　価　　@50円　　　正味売却価額　　@45円

(4)　売買目的有価証券は島根物産㈱の株式70株を1株あたり200円で取得したも
　　のであるが、決算日の時価は1株あたり220円である。

(5)　その他有価証券は鳥取産業㈱の株式500株を1株あたり76円で取得したもの
　　であるが、決算日の時価は1株あたり71円である。なお、評価差額は全部純
　　資産直入法で処理するが、税効果会計は適用しないものとする。

(6)　固定資産について、次のとおり減価償却を行う。

　　　建物：定額法；残存価額はゼロ、耐用年数は30年

　　　備品：200％定率法；耐用年数は10年（償却率は各自計算）

(7)　ソフトウェアは×1年4月1日に取得したものであり、5年間にわたって
　　定額法により償却している。

(8)　修繕引当金の当期繰入額1,500円を計上する。

(9)　保険料は×3年11月1日に1年分を前払いしたものである。

(10)　借入金は×3年12月1日に借入期間1年、年利率2％で借り入れたもので
　　あり、利息は返済時に支払うこととしている。

次の〔資料〕にもとづいて、解答用紙の損益計算書と貸借対照表を完成しなさい。なお、会計期間は×5年4月1日から×6年3月31日までである。

〔資料Ⅰ〕決算整理前残高試算表

決算整理前残高試算表
×6年3月31日　　　　　　　　　　　（単位：円）

借　　方	勘　定　科　目	貸　　方
12,090	現　　　　　　　金	
174,000	当　座　預　金	
20,000	受　取　手　形	
32,000	売　　掛　　金	
	貸　倒　引　当　金	500
2,000	繰　越　商　品	
5,000	仮　払　法　人　税　等	
240,000	建　　　　　　　物	
	建物減価償却累計額	96,000
50,000	備　　　　　　　品	
	備品減価償却累計額	18,000
72,000	建　設　仮　勘　定	
49,000	満　期　保　有　目　的　債　券	
	支　払　手　形	15,000
	買　　掛　　金	30,000
	借　　入　　金	60,000
	退　職　給　付　引　当　金	20,000
	資　　本　　金	139,500
	利　益　準　備　金	4,900
	繰　越　利　益　剰　余　金	10,000
	売　　　　　　　上	900,400
	有　価　証　券　利　息	300
600,000	仕　　　　　　　入	
38,000	給　　　　　　　料	
510	支　払　利　息	
1,294,600		1,294,600

〔資料Ⅱ〕決算整理事項等

(1) 前期に貸倒れ処理していた売掛金の一部500円が当期に回収され、当座預金口座に振り込まれていたが、この取引が未処理であった。

(2) 所有する約束手形4,000円を銀行で割り引き、割引料200円を差し引かれた残額を当座預金としていたが、この取引が未処理であった。

(3) 建設仮勘定は、建物の工事にかかるものであるが、工事はすでに完了し、当期の2月1日に引き渡しを受け、同日より使用している。この工事の契約金額は108,000円であり、引き渡しの際に、工事代金の残額36,000円を小切手を振り出して支払っているが、この取引が未処理であった。

(4) 商品の期末棚卸高は次のとおりである。

帳簿棚卸高：数量　120個　　帳　簿　価　額　@20円

実地棚卸高：数量　115個　　正味売却価額　@18円

(5) 受取手形および売掛金の期末残高に対して、貸倒実績率2％で貸倒引当金を設定する（差額補充法）。

(6) 固定資産について、次のとおり減価償却を行う。

建物：定額法；残存価額はゼロ、耐用年数は30年

　　　当期取得分も同様に減価償却を行うが、減価償却費は月割り計上する。

備品：200％定率法；耐用年数は10年

(7) 満期保有目的債券は、前期の4月1日にA社が発行した社債（額面総額50,000円、年利率0.6％、利払日は9月末日と3月末日の年2回、償還期間5年）を発行と同時に取得したものである。額面総額と取得価額との差額は金利調整部分と認められるため、償却原価法（定額法）によって評価している。

(8) 退職給付引当金の当期繰入額7,000円を計上する。

(9) 借入金は当期の9月1日に借入期間5年、年利率1％、利払日は8月末日の年1回の条件で借り入れたものである。決算において、利息の未払分を月割り計上する。

(10) 税引前当期純利益に対して30％の法人税、住民税及び事業税を計上する。なお、仮払法人税等は中間納付にかかるものである。

問題 16-1 サービス業における財務諸表の作成 ▶解答用紙（別冊）あり

　当社は広告業を営んでいる。次の〔資料〕にもとづいて、解答用紙の損益計算書を完成しなさい。なお、会計期間は×6年4月1日から×7年3月31日までである。

〔資料Ⅰ〕決算整理前残高試算表

決算整理前残高試算表
×7年3月31日　　　　　　　（単位：円）

借　　方	勘　定　科　目	貸　　方
431,600	現　金　預　金	
470,000	売　　掛　　金	
	貸　倒　引　当　金	1,000
87,000	仕　　掛　　品	
32,000	仮　払　法　人　税　等	
150,000	備　　　　　品	
	備品減価償却累計額	60,000
120,000	ソ　フ　ト　ウ　ェ　ア	
	買　　掛　　金	129,600
	借　　入　　金	200,000
	退　職　給　付　引　当　金	30,000
	資　　本　　金	200,000
	資　本　準　備　金	10,000
	利　益　準　備　金	3,000
	繰　越　利　益　剰　余　金	414,000
	役　　務　　収　　益	2,420,000
	受　取　利　息	2,000
1,730,000	役　　務　　原　　価	
240,000	給　　　　　料	
80,000	賞　　　　　与	
12,000	旅　費　交　通　費	
4,000	水　道　光　熱　費	
110,000	支　払　家　賃	
3,000	支　払　利　息	
3,469,600		3,469,600

〔資料Ⅱ〕 未処理事項、決算整理事項

(1)　売掛金のうち、回収不能となったものが20,000円ある。そのうち、5,000円は前期発生分で残りは当期発生分である。

(2)　当期の3月までに顧客へのサービス提供が完了したものが50,000円あり、顧客に請求書を送っていたが、その取引が未処理である。なお、これに対応する原価15,000円を仕掛品から役務原価に振り替える。

(3)　役務原価として計上したもののうち、30,000円については4月以降に請求（売上計上）されるものに対するものであった。また、当期の3月までに請求（売上計上）したものに対する、外部取引先への作業依頼分40,000円が未払いであることが判明したので、これを役務原価に計上する。

(4)　売掛金の期末残高に対して、貸倒実績率2％で貸倒引当金を設定する（差額補充法）。

(5)　備品について、耐用年数5年、残存価額ゼロの定額法によって減価償却を行う。

(6)　ソフトウェアは5年間の定額法で処理している。ソフトウェアのうち30,000円は×3年4月1日に取得した経理システムの未償却残高であり、残りは当期の12月1日に取得した新経理システムの取得原価である。新経理システムの稼働に伴い、従来の経理システムを除却処理している。なお、償却費は月割り計上すること。

(7)　次年度の賞与支払額のうち、当期負担分40,000円を賞与引当金として繰り入れる。

(8)　退職給付引当金の当期繰入額10,000円を計上する。

(9)　借入金は当期の6月1日に借入期間1年、年利率3％、利払日は11月末日と5月末日の条件で借り入れたものである。決算において、利息の未払分を月割り計上する。なお、11月末支払分は適切に処理されている。

(10)　税引前当期純利益に対して40％の法人税、住民税及び事業税を計上する。なお、仮払法人税等は中間納付にかかるものである。

製造業における財務諸表の作成
（本問は工業簿記が終わってから解いてください）

▶解答用紙（別冊）あり

　受注生産・販売を行っているM製作株式会社の次の〔資料〕にもとづいて、解答用紙の損益計算書および貸借対照表を完成しなさい。なお、会計期間は×7年4月1日から×8年3月31日までである。

〔資料Ⅰ〕×8年2月末時点の残高試算表

残 高 試 算 表　　　　（単位：円）

借　　　方	勘　定　科　目	貸　　　方
882,100	現　金　預　金	
100,000	受　取　手　形	
136,000	売　　掛　　金	
5,000	製　　　　　品	
9,500	材　　　　　料	
10,000	仕　　掛　　品	
100,000	短　期　貸　付　金	
30,000	仮　払　法　人　税　等	
	貸　倒　引　当　金	1,000
	製　品　保　証　引　当　金	1,200
270,000	建　　　　　物	
120,000	機　械　装　置	
	建物減価償却累計額	116,250
	機械装置減価償却累計額	70,000
	支　払　手　形	60,000
	買　　掛　　金	95,000
	長　期　借　入　金	150,000
	資　　本　　金	700,000
	利　益　準　備　金	50,000
	繰　越　利　益　剰　余　金	263,000
	売　　　　　上	706,000
	固　定　資　産　売　却　益	2,500
453,000	売　上　原　価	
93,600	販売費・一般管理費	
2,750	減　価　償　却　費	
3,000	支　払　利　息	
2,214,950		2,214,950

〔資料Ⅱ〕 3月中の取引（3月について以下の取引があった。）

(1) 材料仕入高（すべて掛け）：20,000円

(2) 材料の消費（すべて直接材料費）：14,000円

(3) 直接工直接作業賃金の現金支払い：16,000円（月初・月末未払いなし）

(4) 製造間接費予定配賦額：12,800円

(5) 間接材料費実際発生額：4,000円

(6) 製造間接費実際発生額（間接材料費と以下の事項以外。現金支払い）：6,500円

(7) 当月完成品の原価：46,000円

(8) 当月売上原価：44,000円

(9) 当月売上高（すべて掛け）：64,000円

〔資料Ⅲ〕 決算整理事項等

(1) 決算において、棚卸しを行ったところ、以下の事項が判明した。

　①材料実際有高：11,000円

　②製品実際有高：6,600円

　　なお、棚卸減耗は材料、製品ともに正常なものであり、製品の棚卸減耗損は販売費及び一般管理費に表示する。

(2) 固定資産の減価償却費は、以下の月割額を毎月計上しており、3月分も同様の処理を行う。

　　建　　物：750円（製造活動用500円、販売・一般管理活動用250円）

　　機械装置：2,000円（すべて製造活動用）

(3) 売上債権および営業外債権の期末残高に対して2％の貸倒引当金を差額補充法で設定する。なお、営業外債権に対する貸倒引当金の決算整理前残高は0円である。

(4) 製品保証引当金1,000円を設定する。また、残高試算表に記載されている製品保証引当金の保証期間は終了している。なお、製品保証引当金戻入については、製品保証引当金繰入と相殺し、超過する分については営業外収益に計上する。

(5) 年度末に生じた差異は、上記に示されている事項のみである。また、原価差異は少額・正常なものであり、×7年4月から×8年2月までの月次決算で生じた原価差異はそれぞれの月で売上原価に賦課されている。

(6) 税引前当期純利益に対して40％の法人税、住民税及び事業税を計上する。なお、仮払法人税等は中間納付にかかるものである。

テーマ **17** 本支店会計

問題 **17-1** 本支店間の取引

次の各取引について、本店と支店の仕訳をしなさい。

[勘定科目：現金　売掛金　備品　買掛金　仕入　営業費　支店　本店]

(1)　支店の開設にあたって、本店は支店に現金50,000円、商品30,000円、備品80,000円を移送し、支店はこれを受け取った。

(2)　支店は本店の買掛金20,000円を現金で支払った。

(3)　本店は支店の売掛金30,000円を現金で受け取った。

(4)　本店は支店の営業費10,000円を現金で支払った。

当社は新宿の本店のほか、横浜に支店を有している。次の〔資料〕にもとづいて、当期（×4年4月1日から×5年3月31日まで）の本店と支店の損益勘定を完成しなさい。

〔資料Ⅰ〕 決算整理前残高試算表

決算整理前残高試算表
×5年3月31日

借　方	本　店	支　店	貸　方	本　店	支　店
現　金　預　金	410,100	96,350	買　掛　金	66,000	42,900
売　　掛　　金	87,000	70,000	借　入　金	120,000	－
繰　越　商　品	56,000	38,000	貸倒引当金	700	600
備　　　　　品	50,000	30,000	備品減価償却累計額	30,000	12,000
の　れ　ん	63,000	－	本　　　　店	－	132,600
その他有価証券	58,000	－	資　本　金	320,000	－
支　　　　店	138,000	－	利益準備金	56,000	－
仕　　　　入	330,000	112,200	繰越利益剰余金	88,000	－
給　　　　料	65,000	48,000	売　　　上	660,000	253,000
支　払　家　賃	62,400	42,000	受取手数料	3,800	150
広　告　宣　伝　費	25,000	4,700	有価証券売却益	800	－
支　払　利　息	2,400	－	受取配当金	1,600	－
	1,346,900	441,250		1,346,900	441,250

〔資料Ⅱ〕 未処理事項等

(1)　本店は売掛金7,000円を回収し、本店で開設している当社の当座預金口座に入金されたが、その処理が未処理であった。

(2)　×5年2月1日に本店は営業用の車両160,000円を購入し、代金は4月末日払いとしたが、この取引が未処理であった。

(3)　本店が支店へ現金5,400円を送付したが、この取引が支店で未処理であった。

(4)　本店が支店へ商品8,800円（原価）を送付していたが、この取引が本店・支店ともに未処理であった。

〔資料Ⅲ〕決算整理事項等

(1) 商品の期末棚卸高は次のとおりであった。なお、売上原価は仕入勘定で算定する。棚卸減耗損と商品評価損は損益計算書では売上原価の内訳項目として表示するが、総勘定元帳では、仕入勘定に振り替えず、独立の勘定科目として処理する。

　　本店（〔資料Ⅱ〕(4) 処理後）

　　　帳簿棚卸数量　900個　　実地棚卸数量　880個

　　　原　　　　価　@60円　　正味売却価額　@58円

　　支店（〔資料Ⅱ〕(4) 処理後）

　　　帳簿棚卸数量　800個　　実地棚卸数量　790個

　　　原　　　　価　@45円　　正味売却価額　@42円

(2) 本店・支店ともに売上債権の２％を貸倒引当金として差額補充法により設定する。

(3) 有形固定資産の減価償却

　　備　　　　品：本店・支店とも、残存価額ゼロ、耐用年数５年の定額法

　　車両運搬具：残存価額ゼロの生産高比例法

　　　　　　　　総走行可能距離は100,000km、当期の走行距離は1,000km

(4) その他有価証券の期末時価は60,000円である。

(5) のれんは×１年４月１日にＢ社を買収した際に生じたもので、発生年度から10年間で均等償却をしている。

(6) 本店の支払家賃のうち前払分が15,600円ある。また、支店の受取手数料のうち未収分が250円ある。

(7) 本店の広告宣伝費のうち4,500円を支店が負担する。

(8) 支店で算出した損益が本店に報告された。

問題 18-1 支配獲得日の連結修正仕訳

P社は、当期末（×1年3月31日）にS社の株式を取得し、支配を獲得した。支配獲得日におけるS社の純資産は次のとおりであった。

　　資本金　80,000円　資本剰余金　50,000円　利益剰余金　30,000円

以下の各場合における、支配獲得日の連結修正仕訳をしなさい。

　　［勘定科目：S社株式　のれん　資本金　資本剰余金　利益剰余金

　　　　　　　　非支配株主持分］

(1)　P社がS社の発行済株式の100％を160,000円で取得した場合。

(2)　P社がS社の発行済株式の70％を112,000円で取得した場合。

(3)　P社がS社の発行済株式の80％を130,000円で取得した場合。

問題 18-2 支配獲得後1年目の連結修正仕訳　　　▶解答用紙（別冊）あり

P社は、前期末（×1年3月31日）にS社の発行済株式の80％を130,000円で取得し、支配を獲得した。

次の〔資料〕にもとづいて、連結第1年度（×1年4月1日から×2年3月31日まで）の連結財務諸表を作成するために必要な連結修正仕訳をしなさい。

　　［勘定科目：S社株式　のれん　資本金　資本剰余金　利益剰余金

　　　　　　　　非支配株主持分　受取配当金　のれん償却

　　　　　　　　非支配株主に帰属する当期純利益］

〔資料〕

(1)　支配獲得日におけるS社の純資産は次のとおりであった。

　　　　資本金　80,000円　資本剰余金　50,000円　利益剰余金　30,000円

(2)　のれんは発生年度の翌年度から10年間で均等償却する。

(3)　連結第1年度におけるS社の当期純利益は9,000円であった。

(4)　S社は連結第1年度において4,000円の配当を行っている。

P社は、×1年3月31日にS社の発行済株式の70%を153,000円で取得し、支配を獲得した。

次の〔資料〕にもとづいて、連結第2年度（×2年4月1日から×3年3月31日まで）の連結財務諸表を作成するために必要な連結修正仕訳をしなさい。

〔勘定科目：S社株式　のれん　資本金　資本剰余金　利益剰余金

非支配株主持分　受取配当金　のれん償却

非支配株主に帰属する当期純利益〕

〔資料〕

(1) 支配獲得日におけるS社の純資産は次のとおりであった。

資本金　100,000円　資本剰余金　60,000円　利益剰余金　40,000円

(2) のれんは発生年度の翌年度から10年間で均等償却する。

(3) 連結第1年度末におけるS社の純資産は次のとおりであった。

資本金　100,000円　資本剰余金　60,000円　利益剰余金　45,000円

(4) 連結第1年度におけるS社の当期純利益は12,000円であった。また、S社は連結第1年度において7,000円の配当を行っている。

(5) 連結第2年度末におけるS社の純資産は次のとおりであった。

資本金　100,000円　資本剰余金　60,000円　利益剰余金　56,000円

(6) 連結第2年度におけるS社の当期純利益は20,000円であった。また、S社は連結第2年度において9,000円の配当を行っている。

問題 19-1 会社間取引の相殺消去

P社は、前期末にS社の発行済株式の80%を取得し、支配を獲得している。次の〔資料〕にもとづいて、当期の連結財務諸表を作成するために必要な連結修正仕訳をしなさい。

[勘定科目：売掛金　貸付金　未収収益　買掛金　借入金　未払費用

　　　　　売上高　受取利息　売上原価　支払利息]

〔資料〕

当期のP社およびS社間の取引高および債権債務残高は次のとおりである。

P社からS社		S社からP社	
売　　上　　高	120,000円	売上原価（仕入高）	120,000円
受　取　利　息	1,000円	支　払　利　息	1,000円
売　　掛　　金	60,000円	買　　掛　　金	60,000円
貸　　付　　金	30,000円	借　　入　　金	30,000円
未　収　収　益	200円	未　払　費　用	200円

手形取引の修正

P社は、S社の発行済株式の80%を取得し、支配を獲得している。次の取引について、当期の連結財務諸表を作成するために必要な連結修正仕訳をしなさい。

[勘定科目等：受取手形　前払利息　支払手形　短期借入金　手形売却損
　　　　　　　支払利息　仕訳なし]

(1)　当期においてP社は、S社振出の約束手形50,000円を銀行で割り引いている（割引料は0円）。

(2)　当期においてP社は、S社振出の約束手形60,000円を銀行で割り引いている。割引きの際の手形売却損300円のうち、100円は次期の分である。

(3)　当期においてP社は、S社振出の約束手形70,000円をA社に裏書譲渡している。

貸倒引当金の修正

P社は、前期末にS社の発行済株式の80%を取得し、支配を獲得している。次の取引について、当期の連結財務諸表を作成するために必要な連結修正仕訳をしなさい。

[勘定科目：売掛金　買掛金　貸倒引当金繰入　貸倒引当金
　　　　　　非支配株主持分　非支配株主に帰属する当期純利益]

(1)　当期末におけるP社の売掛金残高のうち10,000円はS社に対するものである。なお、P社は売掛金に対して2％の貸倒引当金を設定している（差額補充法）。

(2)　当期末におけるS社の売掛金残高のうち30,000円はP社に対するものである。なお、S社は売掛金に対して2％の貸倒引当金を設定している（差額補充法）。

未実現利益の消去①

　P社は、S社の発行済株式の70%を取得し、支配を獲得している。次の取引につ
いて、当期の連結財務諸表を作成するために必要な連結修正仕訳をしなさい。

　　［勘定科目：商品　売上原価　利益剰余金　非支配株主持分

　　　　　　　非支配株主に帰属する当期純利益］

(1)　当期からP社はS社に対して、原価に20%の利益を加算して商品を販売し
　　ている。S社の期末商品棚卸高のうち3,600円はP社から仕入れたものである。

(2)　当期からS社はP社に対して、売上利益率20%で商品を販売している。P
　　社の期末商品棚卸高のうち4,000円はS社から仕入れたものである。

(3)　前期からP社はS社に対して、売上利益率40%で商品を販売している。S
　　社の期末商品棚卸高のうち5,000円、期首商品棚卸高のうち3,000円はP社から
　　仕入れたものである。

(4)　前期からS社はP社に対して、原価に40%の利益を加算して商品を販売し
　　ている。P社の期末商品棚卸高のうち8,400円、期首商品棚卸高のうち7,000円
　　はS社から仕入れたものである。

未実現利益の消去②

　P社は、S社の発行済株式の70%を取得し、支配を獲得している。次の取引につ
いて、当期の連結財務諸表を作成するために必要な連結修正仕訳をしなさい。

　　［勘定科目：土地　固定資産売却益　非支配株主持分

　　　　　　　非支配株主に帰属する当期純利益］

(1)　当期にP社はS社に対して、土地（帳簿価額80,000円）を100,000円で売却し
　　ており、当期末においてS社はこれを保有している。

(2)　当期にS社はP社に対して、土地（帳簿価額60,000円）を70,000円で売却し
　　ており、当期末においてP社はこれを保有している。

次の〔資料〕にもとづいて、連結第2年度(×2年4月1日から×3年3月31日まで)の連結精算表(連結貸借対照表と連結損益計算書の部分)を作成しなさい。

〔資料〕

(1) P社は×1年3月31日にS社の発行済株式総数の80%を26,000千円で取得して支配を獲得し、S社を連結子会社としている。なお、×1年3月31日のS社の純資産の部は、次のとおりであった。

  資 本 金　20,000千円　　　資本剰余金　　6,000千円

  利益剰余金　4,000千円

(2) S社は支配獲得後に配当を行っていない。また、のれんは20年にわたって定額法で償却している。

(3) P社およびS社間の債権債務残高および取引高は、次のとおりであった。

P社からS社			S社からP社		
売 掛 金	40,000千円		買 掛 金	40,000千円	
売 上 高	150,000千円		売 上 原 価 (仕 入)	150,000千円	

(4) 当年度末においてS社が保有する商品のうちP社から仕入れた商品は30,000千円であった。P社はS社に対して売上総利益率30%で商品を販売している。なお、S社の期首の商品残高には、P社から仕入れた商品はなかった。

(5) P社は当年度中に土地(帳簿価額6,000千円)を、S社に対して7,000千円で売却した。

次の〔資料〕にもとづいて、連結第2年度（×2年4月1日から×3年3月31日まで）の連結精算表（連結貸借対照表と連結損益計算書の部分）を作成しなさい。

〔資料〕

(1) P社は×1年3月31日にS社の発行済株式総数（4,000株）の60％を39,000千円で取得して支配を獲得し、S社を連結子会社としている。なお、×1年3月31日のS社の純資産の部は、次のとおりであった。

　　 資　本　金　40,000千円　　　資本剰余金　12,000千円

　　 利益剰余金　 8,000千円

(2) S社は支配獲得後に配当を行っていない。また、のれんは10年にわたって定額法で償却している。

(3) P社およびS社間の債権債務残高および取引高は、次のとおりであった。

P社からS社		S社からP社	
売　　掛　　金	80,000千円	買　　掛　　金	80,000千円
貸　　付　　金	30,000千円	借　　入　　金	30,000千円
未　　払　　金	8,000千円	未　収　入　金	8,000千円
未　収　収　益	300千円	未　払　費　用	300千円
売　　上　　高	300,000千円	売　上　原　価	300,000千円
受　取　利　息	600千円	支　払　利　息	600千円

(4) P社はS社から受け取った手形1,000千円を銀行で割り引いている。なお、手形売却損は発生していない。

(5) 当年度末においてS社が保有する商品のうちP社から仕入れた商品は72,000千円であった。P社はS社に対して、原価に20％の利益を加算して商品を販売している。なお、S社の期首の商品残高のうちP社から仕入れた商品は36,000千円であった。

(6) S社は当年度中に土地（帳簿価額13,000千円）を、P社に対して15,000千円で売却した。

第1問

配点：20点

　次の各取引について仕訳しなさい。ただし、勘定科目は各取引の下に記載している勘定科目の中から最も適当と思われるものを選び、（　）内に記号で解答すること。

1．決算において、長期利殖目的で保有する山梨産業株式会社の株式5,000株（取得原価は1株あたり¥400）を時価評価（決算時の時価は1株あたり¥420）し、全部純資産直入法で処理し、税効果会計を適用した。なお、法人税等の実効税率は30％とする。

　　ア．満期保有目的債券　イ．その他有価証券　ウ．繰延税金資産　エ．租税公課
　　オ．繰延税金負債　カ．その他有価証券評価差額金　キ．法人税等調整額

2．株主総会において、繰越利益剰余金を財源に1株あたり¥80の配当を実施することが決定した。株主総会直前の純資産は、資本金¥15,000,000、資本準備金¥2,000,000、利益準備金¥1,200,000、繰越利益剰余金¥1,400,000である。なお、会社法に定める利益準備金を積み立てる。また、発行済株式総数は10,000株である。

　　ア．普通預金　イ．未払配当金　ウ．資本金　エ．資本準備金　オ．利益準備金
　　カ．繰越利益剰余金　キ．損益

3．工場の増設工事（工事代金¥4,000,000は5回の分割で当座預金から支払済み）が完成し、各勘定に振り替えた。工事の明細は、建物¥3,000,000、修繕費¥1,000,000であった。また、新建物の完成にあたり、旧建物（取得原価¥2,000,000、減価償却累計額¥1,800,000、間接法で記帳）の取り壊しを行い、除却処理を行った。

　　ア．修繕費　イ．建物　ウ．建物減価償却累計額　エ．当座預金
　　オ．建設仮勘定　カ．固定資産売却損　キ．固定資産除却損

4．顧客に対するサービス提供が完了したため、契約額¥500,000（支払いは翌月末）を収益に計上した。また、これまでに仕掛品に計上されていた諸費用¥300,000と今月に追加で発生した費用¥60,000（支払いは来月末日。買掛金で処理する）との合計額を原価に計上した。

　　ア．売掛金　イ．買掛金　ウ．仕掛品　エ．商品　オ．役務収益　カ．役務原価
　　キ．支払手数料

5．決算において、本店は支店より「当期純利益¥555,000を計上した」旨の連絡を受けた。当社は支店独立会計制度を導入しているが、支店側の仕訳は答えなくてよい。

　　ア．仕入　イ．売上　ウ．損益　エ．繰越利益剰余金　オ．本店　カ．支店
　　キ．資本金

次の［資料］にもとづいて、×3年3月期（×2年4月1日から×3年3月31日まで）の連結精算表（連結貸借対照表と連結損益計算書の部分）を作成しなさい。

［資料］

1．P社は×1年3月31日にS社の発行済株式総数の80％を取得し、80,000千円で取得して支配を獲得した。それ以降S社を連結子会社として連結財務諸表を作成している。×1年3月31日におけるS社の純資産の部は、資本金60,000千円、資本剰余金12,000千円、利益剰余金18,000千円であった。

　S社は支配獲得後に配当を行っていない。また、のれんは20年にわたって定額法で償却している。

2．当年度末にS社が保有する商品のうちP社から仕入れた商品は80,000千円であった。P社がS社に対して商品を販売するときの売上総利益率は30％である。なお、S社の期首の商品にはP社から仕入れた商品はなかった。

3．P社は当年度中に土地（20,000千円）をS社に対して22,000千円で売却している。

4．P社およびS社間の取引高と債権債務の残高は次のとおりであった。

P社からS社		S社からP社	
売　上　高	520,000千円	売上原価（仕入）	520,000千円
受取利息	900千円	支払利息	900千円
売掛金	110,000千円	買掛金	110,000千円
貸付金	30,000千円	借入金	30,000千円
未収入金	6,000千円	未払金	6,000千円

次の［資料］と［決算整理事項等］にもとづいて、損益計算書を完成させなさい。なお、当期は×2年4月1日から×3年3月31日までの1年間である。

［資料］

決算整理前残高試算表

借　方	勘定科目	貸　方
71,000	現　　　金	
478,000	当座預金	
300,000	受取手形	
600,000	売　掛　金	
920,000	繰越商品	
12,000	仮払法人税等	
2,100,000	建　　　物	
1,600,000	備　　　品	
720,000	建設仮勘定	
1,920,000	満期保有目的債券	
	支払手形	90,000
	買　掛　金	300,000
	退職給付引当金	540,000
	貸倒引当金	7,000
	建物減価償却累計額	840,000
	備品減価償却累計額	320,000
	資　本　金	4,100,000
	繰越利益剰余金	1,276,000
	売　　　上	9,000,000
	有価証券利息	24,000
6,200,000	仕　　　入	
1,200,000	給　　　料	
300,000	水道光熱費	
66,000	保　険　料	
10,000	固定資産売却損	
16,497,000		16,497,000

［決算整理事項等］
(1) 当期に発生した売掛金のうち¥100,000が回収不能であることが判明した。
(2) 建設仮勘定はすべて当期中に完了した建物の工事に関するものである。この建物は当期の1月1日から使用を開始している。
(3) 商品の期末帳簿棚卸高は¥300,000であった。なお、棚卸減耗損¥30,000と商品評価損¥9,000が生じている。
(4) 売上債権の期末残高に対して1％の貸倒引当金を設定する（差額補充法）。
(5) 固定資産について減価償却を行う。
　建物：定額法：残存価額はゼロ、耐用年数は30年。当期に使用開始した建物は残存価額はゼロ、耐用年数は20年で定額法により月割償却すること。
　備品：定率法：償却率20％
(6) 満期保有目的債券は、A社社債（額面総額¥2,000,000、年利率1.2％、利払日は3月末日と9月末日の年2回、償還日×6年3月31日）を当期首に取得したものである。額面総額と取得価額との差額は金利調整部分と認められるため、償却原価法（定額法）によって評価する。
(7) 買掛金のうちにドル建てものが¥66,000（600ドル、仕入時の為替相場は1ドル¥110）含まれており、決算時の為替相場は1ドル¥115である。
(8) 退職給付引当金の当期繰入額¥50,000を計上する。
(9) 税引前当期純利益の30％を法人税、住民税及び事業税として計上する。

問 題 編

テーマ別問題

本試験対策　模擬試験（商業簿記）

解答・解説

テーマ1 │ 商品売買業、サービス業の処理

問題 1-1

(A) 三分法

	借方科目	金 額	貸方科目	金 額
(1)	仕　　　　入	2,000	買　掛　金	2,000
(2)	売　掛　金	2,500	売　　　　上	2,500
(3)	仕　　　　入	500	繰 越 商 品	500
	繰 越 商 品	700	仕　　　　入	700

(B) 売上原価対立法

	借方科目	金 額	貸方科目	金 額
(1)	商　　　　品	2,000	買　掛　金	2,000
(2)	売　掛　金	2,500	売　　　　上	2,500
	売 上 原 価	1,800	商　　　　品	1,800
(3)	仕 訳 な し			

問題 1-2

	借方科目	金 額	貸方科目	金 額
(1)	買　掛　金	2,000	仕　　　　入 ❶	20
			当 座 預 金 ❷	1,980
(2)	買　掛　金	5,000	仕　　　　入 ❸	50
			普 通 預 金 ❹	4,950

❶ 2,000円×1%＝20円
❷ 2,000円−20円
　＝1,980円
❸ 5,000円×1%＝50円
❹ 5,000円−50円
　＝4,950円

借方科目		金 額	貸方科目	金 額
仕　　　　入		1,000	繰 越 商 品	1,000
繰 越 商 品	❶	3,000	仕　　　　入	3,000
棚 卸 減 耗 損	❷	150	繰 越 商 品	150
商 品 評 価 損	❸	475	繰 越 商 品	475
仕　　　　入		150	棚 卸 減 耗 損	150
仕　　　　入		475	商 品 評 価 損	475

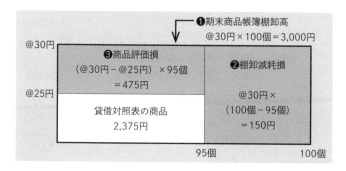

❶期末商品帳簿棚卸高
@30円×100個＝3,000円

@30円

❸商品評価損
（@30円－@25円）×95個
＝475円

❷棚卸減耗損
@30円×
（100個－95個）
＝150円

@25円

貸借対照表の商品
2,375円

95個　　　　　　100個

問題 2-1

問1

	借方科目	金 額	貸方科目	金 額
(1)	仕 訳 な し			
(2)	仕 訳 な し			
(3)	当 座 預 金	1,000	未 払 金	1,000
(4)	支 払 手 形	36,000	当 座 預 金	36,000

問2

銀行勘定調整表（両者区分調整法）

当社の当座預金残高		157,000	銀行の残高証明書残高		125,000
（加　算）			（加　算）		
〔　(3)　〕	(	1,000)	〔　(1)　〕	(	2,000)
（減　算）			（減　算）		
〔　(4)　〕	(	36,000)	〔　(2)　〕	(	5,000)
	(	122,000)		(	122,000)

問3

銀行勘定調整表（企業残高基準法）

当社の当座預金残高			(157,000)
（加　算）			
〔　(3)　〕	(1,000)		
〔　(2)　〕	(5,000)	(6,000)	
（減　算）			
〔　(1)　〕	(2,000)		
〔　(4)　〕	(36,000)	(38,000)	
銀行の残高証明書残高			(125,000)

解説

問1　(1)　時間外預入は修正仕訳が不要です。

(2)　未取付小切手は修正仕訳が不要です。

(3)　未渡小切手は修正仕訳が必要です。なお、費用の支払いのために振り出した小切手が未渡しなので、貸方は**未払金[負債]**で処理します。

(4)　連絡未通知は修正仕訳が必要です。

問2　両者区分調整法では、修正仕訳が必要な項目は当社の帳簿残高に加減し、修正仕訳が不要な項目は銀行の残高証明書残高に加減します。

問3　問2の両者区分調整法をベースにして、企業残高基準法における銀行勘定調整表を作成します。

問題 2-2

問1

	借方科目	金　額	貸方科目	金　額
(1)	買　　掛　　金	9,000	当　座　預　金	9,000
(2)	仕　訳　な　し			
(3)	当　座　預　金	8,000	買　　掛　　金	8,000
(4)	仕　訳　な　し			

問2

銀行勘定調整表（両者区分調整法）

当社の当座預金残高		（　362,000　）	銀行の残高証明書残高		348,000
（加　算）			（加　算）		
	〔　(3)　〕	（　8,000　）		〔　(2)　〕	（　20,000　）
（減　算）			（減　算）		
	〔　(1)　〕	（　9,000　）		〔　(4)　〕	（　7,000　）
		（　361,000　）			（　361,000　）

問3

銀行勘定調整表（銀行残高基準法）

銀行の残高証明書残高			(348,000)
（加　算）			
〔　　(1)　　〕	(9,000)		
〔　　(2)　　〕	(20,000)	(29,000)	
（減　算）			
〔　　(3)　　〕	(8,000)		
〔　　(4)　　〕	(7,000)	(15,000)	
当社の当座預金残高			(362,000)

解説

問1　(1)　誤記入は修正仕訳が必要です。

① 誤った仕訳：（買　掛　金）1,000　（当　座　預　金）1,000

② ①の逆仕訳：（当　座　預　金）1,000　（買　掛　金）1,000

③ 正しい仕訳：（買　掛　金）10,000　（当　座　預　金）10,000

修正仕訳 (②+③)：（買　掛　金）9,000　（当　座　預　金）9,000

(2)　未取立小切手は修正仕訳が不要です。

(3)　未渡小切手は修正仕訳が必要です。

(4)　未取付小切手は修正仕訳が不要です。

問2　本問における当社の帳簿残高は、調整後の銀行残高から差額で計算します。

当社の当座預金残高：361,000円 + 9,000円 − 8,000円 = 362,000円
　　　　　　　　　　　調整後の　　　(1)　　　(3)
　　　　　　　　　　　銀行残高

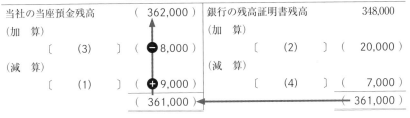

銀行勘定調整表（両者区分調整法）

当社の当座預金残高		(362,000)	銀行の残高証明書残高		348,000
（加　算）			（加　算）		
〔　(3)　〕	(➖ 8,000)		〔　(2)　〕	(20,000)	
（減　算）			（減　算）		
〔　(1)　〕	(➕ 9,000)		〔　(4)　〕	(7,000)	
		(361,000)			← 361,000)

問3　問2の両者区分調整法をベースにして、銀行残高基準法における銀行勘定調整表を作成します。

64

問題 3-1

	借方科目	金　額	貸方科目	金　額
(1)	仕　　　　入	20,000	受 取 手 形	20,000
(2)	受 取 手 形	20,000	売　　　　上	20,000
(3)	手 形 売 却 損	300	受 取 手 形	30,000
	当 座 預 金	29,700		
(4)	不 渡 手 形	40,000	受 取 手 形	40,000
(5)	当 座 預 金	10,000	不 渡 手 形	40,000
	貸 倒 損 失	30,000		

(5) 当期に発生した債権の
貸倒れ
→全額貸倒損失［費用］
で処理

問題 3-2

	借方科目	金　額	貸方科目	金　額
(1)	備　　　　品	120,000	営業外支払手形	120,000
(2)	営業外受取手形	220,000	土　　　　地	200,000
			固定資産売却益	20,000

問題 3-3

	借方科目	金　額	貸方科目	金　額
(1)	電子記録債権	50,000	売 　掛 　金	50,000
(2)	普 通 預 金	50,000	電子記録債権	50,000
(3)	買 　掛 　金	40,000	電子記録債務	40,000
(4)	電子記録債務	40,000	当 座 預 金	40,000
(5)	当 座 預 金	59,000	電子記録債権	60,000
	電子記録債権売却損	1,000		
(6)	現 　　　　金	65,000	売 　掛 　金	70,000
	債 権 売 却 損	5,000		

65

テーマ**4** 有形固定資産①

問題 4-1

	借方科目	金 額	貸方科目	金 額
(1)	備　　　品	600,000	未　払　金	❶ 612,000
	前 払 利 息	❷ 12,000		
(2)	未　払　金	102,000	普 通 預 金	102,000
	支 払 利 息	❸ 2,000	前 払 利 息	2,000
(3)	支 払 利 息	❹ 1,000	前 払 利 息	1,000

❶ 102,000円×6回=612,000円

❷ 612,000円−600,000円=12,000円

❸ 12,000円× $\dfrac{2か月}{6回×2か月}$ =2,000円

❹ 12,000円× $\dfrac{1か月}{6回×2か月}$ =1,000円

問題 4-2

	借方科目	金 額	貸方科目	金 額
(1)	備　　　品	300,000	営業外支払手形	❶ 318,000
	支 払 利 息	❷ 18,000		
(2)	営業外支払手形	31,800	当 座 預 金	31,800
(3)	前 払 利 息	❸ 3,600	支 払 利 息	3,600

❶ 31,800円×10枚=318,000円

❷ 318,000円−300,000円=18,000円

❸ 18,000円× $\dfrac{2枚(4月末、5月末)}{10枚}$ =3,600円

解説

(3)　決算日までに8枚分（8月末、9月末、10月末、11月末、12月末、1月末、2月末、3月末）の手形
代金を支払っています。したがって、次期に支払期日が到来する2枚分の利息を**支払
利息**［費用］から**前払利息**［資産］に振り替えます。

	借方科目	金　額	貸方科目	金　額
(1)	減 価 償 却 費	40,000	備　　　　品	40,000
(2)	減 価 償 却 費	100,000	備品減価償却累計額	100,000
(3)	減 価 償 却 費	75,000	備品減価償却累計額	75,000
(4)	減 価 償 却 費	16,200	車 両 運 搬 具	16,200

解説

(1)　購入日（×1年8月1日）から決算日（×2年3月31日）までの8か月分を当期の減価償
　　却費として計上します。

　　　減価償却費：$300,000円 \div 5年 \times \dfrac{8か月}{12か月} = 40,000円$

(2)　減価償却費：$250,000円 \times 0.4 = 100,000円$

(3)　前期に1年分の減価償却をしていることに注意しましょう。

　　　償却率：$\dfrac{1}{4年} \times 200\% = 0.5$

　　　前期の減価償却費：$300,000円 \times 0.5 = 150,000円$

　　　当期の減価償却費：$(300,000円 - 150,000円) \times 0.5 = 75,000円$

(4)　減価償却費：$400,000円 \times 0.9 \times \dfrac{4,500km}{100,000km} = 16,200円$

	借方科目	金　額	貸方科目	金　額
(1)	未 収 入 金	70,000	備　　　　品	300,000
	備品減価償却累計額	192,000	固定資産売却益 ★	5,200
	減 価 償 却 費	43,200		
(2)	未 収 入 金	100,000	備　　　　品	150,000
	減 価 償 却 費	25,000		
	固定資産売却損 ★	25,000		
(3)	車 両 運 搬 具	480,000	車 両 運 搬 具	400,000
	車両運搬具減価償却累計額	240,000	未 払 金	430,000
	固定資産売却損	110,000		

★ 貸借差額

(解説)

(1) 購入日（×3年4月1日）から前期末（×5年3月31日）までの減価償却費を計算し、備品減価償却累計額の減少で処理します。また、当期の減価償却費を計算し、仕訳の貸借差額で固定資産売却損益を計算します。

①×3年4月1日から×4年3月31日までの減価償却費

減価償却費：300,000円×0.4＝120,000円

②×4年4月1日から×5年3月31日までの減価償却費

減価償却費：（300,000円－120,000円）×0.4＝72,000円

備品減価償却累計額：120,000円＋72,000円＝192,000円

③当期（×5年4月1日から×6年3月31日）までの減価償却費

減価償却費：（300,000円－192,000円）×0.4＝43,200円

(2) 記帳方法が直接法なので、購入日（×4年4月1日）から前期末（×5年3月31日）までの減価償却費を計算し、取得原価から減価償却累計額を差し引いて前期末の帳簿価額を求めます。また、当期の減価償却費を月割りで計算し、仕訳の貸借差額で固定資産売却損益を計算します。

①×4年4月1日から×5年3月31日までの減価償却費

減価償却費：200,000円×0.25＝50,000円

②前期末における備品の帳簿価額：200,000円－50,000円＝150,000円

③当期（×5年4月1日から11月30日まで8か月分）の減価償却費

減価償却費：$150,000円 \times 0.25 \times \dfrac{8か月}{12か月} = 25,000円$

(3) 旧車両の売却の仕訳と新車両の購入の仕訳を合わせた仕訳をします。

①旧車両の売却：

（車両運搬具減価償却累計額）	240,000	（車 両 運 搬 具）	400,000
（現　　　　金）	50,000		
（固定資産売却損）	110,000		

＋

②新車両の購入：

（車 両 運 搬 具）	480,000	（現　　　　金）	50,000
		（未　払　金）	430,000

↓

③買換えの仕訳：
（①＋②）

（車 両 運 搬 具）	480,000	（車 両 運 搬 具）	400,000
（車両運搬具減価償却累計額）	240,000	（未　払　金）	430,000
（固定資産売却損）	110,000		

68

	借方科目	金　額	貸方科目	金　額
	貯　蔵　品	40,000	備　　　　品	200,000
(1)	備品減価償却累計額	156,800		
	固定資産除却損	★　3,200		
	備品減価償却累計額	120,000	備　　　　品	300,000
(2)	減　価　償　却　費	60,000	現　　　　金	10,000
	固定資産廃棄損	★ 130,000		

★ 貸借差額

解説

（1）　有形固定資産の除却

①×2年4月1日から×3年3月31日までの減価償却費

減価償却費：200,000円×0.4＝80,000円

②×3年4月1日から×4年3月31日までの減価償却費

減価償却費：（200,000円－80,000円）×0.4＝48,000円

③×4年4月1日から×5年3月31日（前期末）までの減価償却費

減価償却費：（200,000円－80,000円－48,000円）×0.4＝28,800円

④前期末における減価償却累計額

減価償却累計額：80,000円＋48,000円＋28,800円＝156,800円

（2）　有形固定資産の廃棄

①購入日（×3年4月1日）から前期末（×5年3月31日）までの減価償却費

減価償却費：$300,000円 \times \dfrac{2年}{5年} = 120,000円$

→前期末における減価償却累計額

②当期の減価償却費

減価償却費：300,000円÷5年＝60,000円

問題 5-1

	借方科目	金 額	貸方科目	金 額
(1)	建 設 仮 勘 定	100,000	当 座 預 金	100,000
(2)	建 設 仮 勘 定	200,000	当 座 預 金	200,000
(3)	建　　　物	800,000	建 設 仮 勘 定	❶ 300,000
			当 座 預 金	❷ 500,000

❶ 100,000円＋200,000円
　＝300,000円
❷ 800,000円－300,000円
　＝500,000円

問題 5-2

	借方科目	金 額	貸方科目	金 額
(1)	建　　　物	400,000	当 座 預 金	500,000
	修　繕　費	100,000		
(2)	建　　　物	❶ 240,000	未　払　金	600,000
	修　繕　費	❷ 360,000		

❶ 600,000円×40%
　＝240,000円
❷ 600,000円－240,000円
　＝360,000円

問題 5-3

	借方科目	金 額	貸方科目	金 額
(1)	建物減価償却累計額	200,000	建　　　　　物	800,000
	火 災 損 失	❶ 600,000		
(2)	建物減価償却累計額	200,000	建　　　　　物	800,000
	未　決　算	500,000		
	火 災 損 失	❶ 100,000		
(3)	建物減価償却累計額	240,000	建　　　　　物	720,000
	減 価 償 却 費	❷ 8,000		
	未　決　算	❶ 472,000		
(4)	未 収 入 金	300,000	未　決　算	472,000
	火 災 損 失	❶ 172,000		
(5)	未 収 入 金	500,000	未　決　算	472,000
			保 険 差 益	❶ 28,000

❶ 貸借差額
❷ 720,000円÷30年× $\dfrac{4か月（4/1～7/31）}{12か月}$ ＝8,000円

	借方科目	金　額	貸方科目	金　額
(1)	当　座　預　金	300,000	国庫補助金受贈益	300,000
(2)	備　　　　　品	660,000	当　座　預　金	660,000
	固定資産圧縮損	300,000	備　　　　　品	300,000
(3)	減　価　償　却　費	★ 54,000	備品減価償却累計額	54,000

★ (660,000円－300,000円)÷5年
$$\times \frac{9か月(×1年7/1〜×2年3/31)}{12か月} = 54,000円$$

テーマ6 │ リース取引

(A) 利子込み法

	借方科目	金　額	貸方科目	金　額
(1)	リ ー ス 資 産	❶ 330,000	リ ー ス 債 務	330,000
(2)	リ ー ス 債 務	66,000	当　座　預　金	66,000
(3)	減　価　償　却　費	❷ 66,000	リース資産減価償却累計額	66,000

(B) 利子抜き法

	借方科目	金　額	貸方科目	金　額
(1)	リ ー ス 資 産	300,000	リ ー ス 債 務	300,000
(2)	リ ー ス 債 務	❸ 60,000	当　座　預　金	66,000
	支　払　利　息	❹ 6,000		
(3)	減　価　償　却　費	❺ 60,000	リース資産減価償却累計額	60,000

❶ 66,000円×5年=330,000円
❷ 330,000円÷5年=66,000円
❸ 300,000円÷5年=60,000円
❹ (330,000円－300,000円)÷5年=6,000円
❺ 300,000円÷5年=60,000円

リ ー ス 資 産

年	月	日	摘 要	金 額	年	月	日	摘 要	金 額
×2	4	1	前 期 繰 越	560,000	×3	3	31	減価償却費	140,000
					〃	〃	〃	次 期 繰 越	420,000
				560,000					560,000

リ ー ス 債 務

年	月	日	摘 要	金 額	年	月	日	摘 要	金 額
×3	3	31	当 座 預 金	140,000	×2	4	1	前 期 繰 越	560,000
〃	〃	〃	次 期 繰 越	420,000					
				560,000					560,000

減 価 償 却 費

年	月	日	摘 要	金 額	年	月	日	摘 要	金 額
×3	3	31	リ ー ス 資 産	140,000	×3	3	31	損 益	140,000

支 払 利 息

年	月	日	摘 要	金 額	年	月	日	摘 要	金 額
×3	3	31	当 座 預 金	21,000	×3	3	31	損 益	21,000

解説

(1) 前期（×1年4月1日から×2年3月31日まで）の仕訳

　　①×1年4月1日（リース取引開始時）の仕訳

　　　（リ ー ス 資 産）　　　700,000　　　（リ ー ス 債 務）　　　700,000

② ×2年3月31日（リース料支払時）の仕訳

| （リース債務） | ❶ 140,000 | （当座預金） | 161,000 |
| （支払利息） | ❷ 21,000 | | |

❶ 減少するリース債務：700,000円÷5年＝140,000円
❷ 支払利息総額：161,000円×5年－700,000円＝105,000円
❶に対応する支払利息：105,000円÷5年＝21,000円

③ ×2年3月31日（決算時）の仕訳

| （減価償却費） | 140,000 | （リース資産） | 140,000 |

減価償却費：700,000円÷5年＝140,000円

(2) 当期首（×2年4月1日）におけるリース資産とリース債務

リース資産：700,000円－140,000円＝560,000円

リース債務：700,000円－140,000円＝560,000円

(3) 当期（×2年4月1日から×3年3月31日まで）の仕訳

① ×3年3月31日（リース料支払時）の仕訳…(1) ②と同じ

| （リース債務） | 140,000 | （当座預金） | 161,000 |
| （支払利息） | 21,000 | | |

② ×3年3月31日（決算時）の仕訳

| （減価償却費） | 140,000 | （リース資産） | 140,000 |

問題 6-3

	借方科目	金額	貸方科目	金額
(1)	仕訳なし			
(2)	支払リース料	★ 49,500	未払リース料	49,500
(3)	未払リース料	49,500	支払リース料	49,500
(4)	支払リース料	66,000	当座預金	66,000

$$★ 66,000円 × \frac{9か月（×1年7/1～×2年3/31）}{12か月} = 49,500円$$

問題 7-1

	借方科目	金 額	貸方科目	金 額
(1)	特 許 権	500,000	当 座 預 金	500,000
(2)	特許権償却	★ 62,500	特 許 権	62,500

★ 500,000円÷8年
＝62,500円

問題 7-2

	借方科目	金 額	貸方科目	金 額
(1)	ソフトウェア	300,000	当 座 預 金	300,000
(2)	ソフトウェア償却	★ 60,000	ソフトウェア	60,000
(3)	研 究 開 発 費	450,000	当 座 預 金	450,000

★ 300,000円÷5年
＝60,000円

問題 7-3

① の れ ん	560,000円
② ソフトウェア	150,000円

解説

(1) のれんの償却

のれんは×2年4月1日（前々期首）に取得しているので、当期首（×4年4月1日）までに2回（前々期と前期）償却をしています。したがって、決算整理前残高試算表の金額をあと8年（10年−2年）で償却することになります。

（の れ ん 償 却） 80,000 （の れ ん） 80,000

のれん償却:640,000円÷8年＝80,000円

以上より、決算整理後ののれんの金額は560,000円（640,000円−80,000円）となります。

(2) ソフトウェアの償却

ソフトウェアは×3年4月1日（前期首）に取得しているので、前期に1回償却をしています。したがって、決算整理前残高試算表の金額をあと4年（5年−1年）で償却することになります。

（ソフトウェア償却） 50,000 （ソフトウェア） 50,000

ソフトウェア償却:200,000円÷4年＝50,000円

以上より、決算整理後のソフトウェアの金額は150,000円（200,000円−50,000円）となります。

問題 8-1

	借方科目	金　額	貸方科目	金　額
(1)	売買目的有価証券	❶ 426,000	現　　　金	426,000
(2)	その他有価証券	❷ 420,880	当 座 預 金	420,880
(3)	子会社株式	❸ 540,000	当 座 預 金	540,000
(4)	普 通 預 金	5,000	受取配当金	5,000
(5)	未 収 入 金	❹ 435,000	売買目的有価証券	426,000
			有価証券売却益 ❺	9,000
(6)	未 収 入 金	❻ 448,000	売買目的有価証券	456,000
	有価証券売却損 ❺	8,000		

❶ @850円×500株＋1,000円
　＝426,000円
❷ @700円×600株＋880円
　＝420,880円
❸ @900円×600株＝540,000円
❹ @870円×500株＝435,000円
❺ 貸借差額
❻ @560円×800株＝448,000円

解説

(3) C社の発行済株式が1,000株で、そのうち600株を購入したので、60％（過半数）を取得したことになります。そのため、C社株式は**子会社株式［資産］**で処理します。

(6) 売却株式の帳簿単価：$\dfrac{@600円 \times 400株 + @550円 \times 600株}{400株 + 600株} = @570円$

売却株式の帳簿価額：@570円×800株＝456,000円

問題 8-2

	借方科目	金　額	貸方科目	金　額
(1)	売買目的有価証券	❶ 491,000	未 　払 　金	491,000
(2)	満期保有目的債券	❷ 583,200	未 　払 　金	583,200
(3)	当 座 預 金	3,000	有価証券利息	3,000
(4)	未 収 入 金	❸ 295,500	売買目的有価証券	294,600
			有価証券売却益 ❹	900

❶ $500,000円 \times \dfrac{98円}{100円} + 1,000円 = 491,000円$

❷ $600,000円 \times \dfrac{97円}{100円} + 1,200円 = 583,200円$

❸ $300,000円 \times \dfrac{98.5円}{100円} = 295,500円$

❹ 貸借差額

(4) 額面500,000円（帳簿価額491,000円）の社債のうち、額面300,000円分を売却するので、売却分の帳簿価額は次のように計算します。

売却分の帳簿価額：$491,000円 \times \dfrac{300,000円}{500,000円} = 294,600円$

問題 8-3

	借方科目	金　額	貸方科目	金　額
(1)	売買目的有価証券	788,000	未　払　金	796,160
	有価証券利息	8,160		
(2)	当 座 預 金	29,200	有価証券利息	29,200
(3)	未 収 入 金	799,360	売買目的有価証券	788,000
			有価証券利息	8,960
			有価証券売却益	2,400

(1) 前回の利払日の翌日（×1年7月1日）から購入日（×1年8月20日）までの51日分の端数利息を計算します。

売買目的有価証券：$800,000円 \times \dfrac{98.5円}{100円} = 788,000円$

端数利息：$800,000円 \times 7.3\% \times \dfrac{51日}{365日} = 8,160円$

(2) 7月1日から12月31日までの半年分の**有価証券利息 [収益]** を計上します。

有価証券利息：$800,000円 \times 7.3\% \times \dfrac{6か月}{12か月} = 29,200円$

(3) 前回の利払日の翌日（×2年1月1日）から売却日（×2年2月25日）までの56日分の端数利息を計算します。

端数利息：$800,000円 \times 7.3\% \times \dfrac{56日}{365日} = 8,960円$

売却価額：$800,000円 \times \dfrac{98.8円}{100円} = 790,400円$

未収入金：$790,400円 + 8,960円 = 799,360円$

有価証券売却損益：$790,400円 - 788,000円 = 2,400円$（売却益）

	借方科目	金　額	貸方科目	金　額
(1)	売買目的有価証券	16,000	有価証券評価益 ❶	16,000
(2)	有価証券評価損 ❷	8,100	売買目的有価証券	8,100

❶ <u>656,000円</u>－<u>640,000円</u>＝16,000円（評価益）
　　　時価　　　　帳簿価額

❷ （<u>@732円</u>－<u>@741円</u>）×900株＝△8,100円（評価損）
　　　時価　　帳簿価額

	借方科目	金　額	貸方科目	金　額
(1)	満期保有目的債券	4,800	有価証券利息	4,800
(2)	満期保有目的債券	3,500	有価証券利息	3,500
(3)	満期保有目的債券	5,000	有価証券利息	5,000
(4)	仕　訳　な　し			

解説

(1)　額面金額と取得価額（帳簿価額）との差額を取得日（×2年4月1日）から満期日（×7年3月31日）までの5年で償却します。

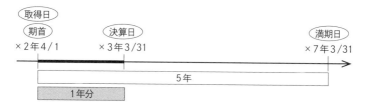

　　　当期償却額：（600,000円－576,000円）÷5年＝4,800円

(2)　額面金額と取得価額（帳簿価額）との差額を取得日（×2年9月1日）から満期日（×6年8月31日）までの4年で償却します。なお、当期の9月1日に取得しているので、当期償却額は9月1日から3月31日までの7か月で計算します。

当期償却額：(800,000円 − 776,000円) ÷ 4 年 × $\frac{7\text{か月}}{12\text{か月}}$ = 3,500円

(3) C社社債は前期の期首（×1年4月1日）に取得しているので、前期1年分が償却済みです。そのため、額面金額と帳簿価額との差額を当期首（×2年4月1日）から満期日（×6年3月31日）までの4年で償却します。

当期償却額：(500,000円 − 480,000円) ÷ 4 年 = 5,000円

(4) 「額面金額と取得価額との差額は金利調整差額と認められない」ので、償却原価法は適用しません。

問題 8-6

	借方科目	金 額	貸方科目	金 額
(1)	その他有価証券	10,000	その他有価証券評価差額金 ❶	10,000
(2)	その他有価証券評価差額金 ❷	15,000	その他有価証券	15,000
(3)	仕　訳　な　し			

❶ 390,000円 − 380,000円 = 10,000円（評価差益）
　　時価　　　帳簿価額

❷ (@650円 − @680円) × 500株 = △15,000円（評価差損）
　　時価　　帳簿価額

78

問題 8-7

問1

売買目的有価証券

日 付		摘 要	借 方	日 付		摘 要	貸 方
×2	6 1	当 座 預 金	292,500	×3	2 1	当 座 預 金	97,500
×3	3 31	有価証券評価益	2,000		3 31	次 期 繰 越	197,000
			294,500				294,500

満期保有目的債券

日 付		摘 要	借 方	日 付		摘 要	貸 方
×2	7 1	当 座 預 金	384,000	×3	3 31	次 期 繰 越	387,000
×3	3 31	有価証券利息	3,000				
			387,000				387,000

有 価 証 券 利 息

日 付		摘 要	借 方	日 付		摘 要	貸 方
×2	6 1	当 座 預 金	1,500	×2	9 30	当 座 預 金	4,500
×3	3 31	損 益	23,140	×3	2 1	当 座 預 金	1,000
					3 31	当 座 預 金	3,000
					〃	未収有価証券利息	13,140
					〃	満期保有目的債券	3,000
			24,640				24,640

問2

有価証券売却 （ 益 ）	700 円

解説

（1） 国債（売買目的有価証券）について

国債の取引の流れと仕訳は次のとおりです。

なお、端数利息は問題文の指示にしたがい、月割りで計算します。

79

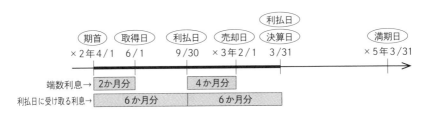

①6月1日の仕訳

（売買目的有価証券） ❶	292,500	（当 座 預 金）	294,000
（有 価 証 券 利 息） ❷	1,500		

> ❶ 売買目的有価証券：300,000円 $\times \dfrac{97.5円}{100円}$ ＝292,500円
>
> ❷ 端数利息：300,000円 $\times$ 3% $\times \dfrac{2か月}{12か月}$ ＝1,500円

②9月30日の仕訳

（当 座 預 金）	4,500	（有 価 証 券 利 息）	4,500

> 有価証券利息：300,000円 $\times$ 3% $\times \dfrac{6か月}{12か月}$ ＝4,500円

③2月1日の仕訳

（当 座 預 金） ❹	99,200	（売買目的有価証券） ❶	97,500
		（有 価 証 券 売 却 益） ❷	700 ← 問2
		（有 価 証 券 利 息） ❸	1,000

> ❶ 売却した有価証券の帳簿価額：292,500円 $\times \dfrac{100,000円}{300,000円}$ ＝97,500円
>
> ❷ 売却価額：100,000円 $\times \dfrac{98.2円}{100円}$ ＝98,200円
>
> 　有価証券売却損益：98,200円－97,500円＝700円（売却益）
>
> ❸ 端数利息：100,000円 $\times$ 3% $\times \dfrac{4か月}{12か月}$ ＝1,000円
>
> ❹ 当座預金：98,200円＋1,000円＝99,200円

④3月31日の仕訳

利払日の仕訳

売却後の額面総額200,000円（300,000円－100,000円）について、半年分（×2年10月1日から×3年3月31日まで）の利息を計上します。

（当 座 預 金）	3,000	（有 価 証 券 利 息）	3,000

> 有価証券利息：200,000円 $\times$ 3% $\times \dfrac{6か月}{12か月}$ ＝3,000円

決算日の仕訳

時価への評価替えをします。

（売買目的有価証券）　　　2,000　　　（有価証券評価益）　　　2,000

> 売却後の帳簿価額：292,500円－97,500円＝195,000円
>
> 時　価：200,000円×$\dfrac{98.5円}{100円}$＝197,000円
>
> 評価損益：$\underset{時価}{197,000円}－\underset{帳簿価額}{195,000円}$＝2,000円（評価益）

（2）　A社社債（満期保有目的債券）について

A社社債の取引の流れと仕訳は次のとおりです。

①7月1日の仕訳

（満期保有目的債券）　　　384,000　　　（当　座　預　金）　　　384,000

> 満期保有目的債券：400,000円×$\dfrac{96円}{100円}$＝384,000円

②3月31日の仕訳

未収有価証券利息の計上

取得日（×2年7月1日）から決算日（×3年3月31日）までの9か月分の有価証券利息を未収計上します。

（未収有価証券利息）　　　13,140　　　（有 価 証 券 利 息）　　　13,140

> 有価証券利息：400,000円×4.38%×$\dfrac{9か月}{12か月}$＝13,140円

償却原価法

額面金額と取得価額との差額について、取得日（×2年7月1日）から償還日（×6年6月30日）までの4年間で償却します。なお、当期分は9か月分です。

（満期保有目的債券）　　　3,000　　　（有 価 証 券 利 息）　　　3,000

> 当期償却額：（400,000円－384,000円）÷4年×$\dfrac{9か月}{12か月}$＝3,000円

問題 9-1

借方科目	金　額	貸方科目	金　額
貸倒引当金繰入	★128,000	貸倒引当金	128,000

★ 貸倒引当金(A　社):250,000円×50%=125,000円
　貸倒引当金(その他):(700,000円−250,000円)×2%=9,000円
　貸倒引当金繰入:(125,000円+9,000円)−6,000円=128,000円

問題 9-2

	借方科目	金　額	貸方科目	金　額
(1)	修繕引当金繰入	400,000	修繕引当金	400,000
(2)	修繕引当金	400,000	当座預金	650,000
	修　繕　費	250,000		
(3)	建　　　物	300,000	当座預金	550,000
	修繕引当金	100,000		
	修　繕　費	150,000		

問題 9-3

	借方科目	金　額	貸方科目	金　額
(1)	賞与引当金繰入	480,000	賞与引当金	★480,000
(2)	賞与引当金	480,000	当座預金	720,000
	賞　　　与	240,000		

★ $720,000円 × \dfrac{4か月(12/1～翌3/31)}{6か月} = 480,000円$

問題 9-4

	借方科目	金　額	貸方科目	金　額
(1)	退職給付費用	456,000	退職給付引当金	456,000
(2)	退職給付引当金	350,000	当座預金	350,000

	借方科目	金 額	貸方科目	金 額
(1)	商品保証引当金繰入	25,000	商品保証引当金 ★	25,000
(2)	商品保証引当金	25,000	現 金	28,000
	商 品 保 証 費	3,000		

★ 5,000,000円×0.5%
　＝25,000円

テーマ 10 | 外貨建取引

問題 10-1

	借方科目	金 額	貸方科目	金 額
(1)	前 払 金 ❶	10,500	当 座 預 金	10,500
(2)	仕 入 ❸	107,700	前 払 金	10,500
			買 掛 金 ❷	97,200
(3)	買 掛 金	97,200	当 座 預 金 ❹	99,000
	為 替 差 損 益 ❺	1,800		
(4)	当 座 預 金	16,650	前 受 金 ❻	16,650
(5)	前 受 金	16,650	売 上 ❽	225,700
	売 掛 金 ❼	209,050		
(6)	当 座 預 金 ❾	214,600	売 掛 金	209,050
			為 替 差 損 益 ❺	5,550

❶ 100ドル×105円＝10,500円
❷ (1,000ドル－100ドル)×108円＝97,200円
❸ 10,500円＋97,200円＝107,700円
❹ (1,000ドル－100ドル)×110円＝99,000円
❺ 貸借差額
❻ 150ドル×111円＝16,650円
❼ (2,000ドル－150ドル)×113円＝209,050円
❽ 16,650円＋209,050円＝225,700円
❾ (2,000ドル－150ドル)×116円＝214,600円

	借方科目	金　額	貸方科目	金　額
(1)	為 替 差 損 益	1,600	売　掛　金	1,600
(2)	買　掛　金	2,400	為 替 差 損 益	2,400
(3)	仕 訳 な し			
(4)	現　　　金	800	為 替 差 損 益	800
(5)	仕 訳 な し			

解説

（1）　外貨建て売掛金

①ＣＲ換算額：800ドル×108円＝86,400円

②帳簿価額：800ドル×110円＝88,000円

③ ① － ②：86,400円－88,000円＝△1,600円（売掛金の減少）

（2）　外貨建て買掛金

①ＣＲ換算額：600ドル×108円＝64,800円

②帳簿価額：600ドル×112円＝67,200円

③ ① － ②：64,800円－67,200円＝△2,400円（買掛金の減少）

（3）　外貨建て前払金

前払金はＣＲ換算しません。

（4）　外貨建て現金

①ＣＲ換算額：100ドル×108円＝10,800円

②帳簿価額：10,000円

③ ① － ②：10,800円－10,000円＝800円（現金の増加）

（5）　外貨建て商品

商品はＣＲ換算しません。

問題 10-3

	借方科目	金　額	貸方科目	金　額
(1)	売　掛　金	★ 110,000	売　　　上	110,000
(2)	仕 訳 な し			
(3)	当 座 預 金	110,000	売　掛　金	110,000

★ 1,000ドル×110円
＝110,000円

	借方科目	金 額	貸方科目	金 額
(1)	売　掛　金	❶ 220,000	売　　　　上	220,000
(2)	為替差損益	4,000	売　掛　金	❷　4,000
(3)	仕　訳　な　し			
(4)	当　座　預　金	216,000	売　掛　金	❸ 216,000

> ❶ 2,000ドル×110円＝220,000円
> ❷ 予約レートによる換算額：2,000ドル×108円＝216,000円
> 　 帳簿価額：220,000円
> 　 為替差損益：216,000円－220,000円＝△4,000円（売掛金の減少）
> ❸ 予約レートによる換算額：216,000円

テーマ 11 ｜ 株式の発行

問題 11-1

	借方科目	金 額	貸方科目	金 額
(1)	普　通　預　金	900,000	資　本　金	900,000
	創　立　費	25,000	現　　　金	25,000
(2)	普　通　預　金	855,000	資　本　金	427,500
			資本準備金	427,500
	創　立　費	12,000	現　　　金	12,000
(3)	普　通　預　金	850,000	資　本　金	850,000
	株式交付費	10,000	現　　　金	10,000
(4)	普　通　預　金	900,000	資　本　金	450,000
			資本準備金	450,000
	株式交付費	9,000	現　　　金	9,000

解説

(1)　株式を発行したときは、原則として払込金額の全額を**資本金**［純資産］で処理します。

　　払込金額：@600円×1,500株＝900,000円

　　また、会社設立時の株式発行費用は**創立費**で処理します。

(2)　払込金額のうち、最低2分の1を**資本金**［純資産］として処理し、残額を**資本準備金**

　　［純資産］として処理することが容認されています。

　　払込金額：@950円×900株＝855,000円

資　本　金：855,000円 × $\dfrac{1}{2}$ ＝427,500円

資本準備金：855,000円 － 427,500円 ＝427,500円

(3) 増資時の株式発行費用は**株式交付費**で処理します。

払　込　金　額：@850円 × 1,000株 ＝850,000円

(4) 払　込　金　額：@150円 × 6,000株 ＝900,000円

資　本　金：900,000円 × $\dfrac{1}{2}$ ＝450,000円

資本準備金：900,000円 － 450,000円 ＝450,000円

問題 11-2

	借方科目	金　額	貸方科目	金　額
(1)	別 段 預 金	800,000	株式申込証拠金	❶ 800,000
(2)	株式申込証拠金	800,000	資　本　金	❷ 400,000
			資 本 準 備 金	❸ 400,000
	当 座 預 金	800,000	別 段 預 金	800,000

❶ @1,000円 × 800株
＝800,000円

❷ 800,000円 × $\dfrac{1}{2}$
＝400,000円

❸ 800,000円 － 400,000円
＝400,000円

問題 11-3

	借方科目	金　額	貸方科目	金　額
(1)	諸　資　産	950,000	諸　負　債	462,000
	の　れ　ん	❸ 12,000	資　本　金	❶ 250,000
			資 本 準 備 金	❷ 250,000
(2)	のれん償却	❹ 1,200	の　れ　ん	1,200

❶ @500円 × 1,000株 × $\dfrac{1}{2}$
＝250,000円

❷ @500円 × 1,000株
－250,000円＝250,000円

❸ 貸借差額

❹ 12,000円 ÷ 10年
＝1,200円

テーマ**12** │ 剰余金の配当と処分

問題 12-1

	借方科目	金　額	貸方科目	金　額
(1)	繰越利益剰余金	450,000	未 払 配 当 金	400,000
			利 益 準 備 金	40,000
			別 途 積 立 金	10,000
(2)	未 払 配 当 金	400,000	当 座 預 金	400,000
(3)	その他資本剰余金	330,000	当 座 預 金	300,000
			資 本 準 備 金	30,000

	借方科目	金　額	貸方科目	金　額
(1)	繰越利益剰余金	740,000	未 払 配 当 金	600,000
			利 益 準 備 金	60,000
			別 途 積 立 金	80,000
(2)	その他資本剰余金	210,000	未 払 配 当 金	200,000
			資 本 準 備 金	10,000
(3)	繰越利益剰余金	275,000	未 払 配 当 金	400,000
	その他資本剰余金	165,000	利 益 準 備 金	25,000
			資 本 準 備 金	15,000

解説

(1) 繰越利益剰余金からの配当なので、利益準備金を積み立てます。利益準備金の積立
額は次のように計算します。

① 積立予定額：$600,000円 \times \dfrac{1}{10} = 60,000円$

② 積立限度額：$3,000,000円 \times \dfrac{1}{4} - (250,000円 + 300,000円) = 200,000円$

③ 積　立　額：① ＜ ②　→ ① 60,000円

(2) その他資本剰余金からの配当なので、資本準備金を積み立てます。資本準備金の積
立額は次のように計算します。

① 積立予定額：$200,000円 \times \dfrac{1}{10} = 20,000円$

② 積立限度額：$2,000,000円 \times \dfrac{1}{4} - (240,000円 + 250,000円) = 10,000円$

③ 積　立　額：① ＞ ②　→ ② 10,000円

(3) 繰越利益剰余金とその他資本剰余金からの配当の場合には、利益準備金と資本準備
金の積立合計額を計算し、配当財源の割合に応じて利益準備金と資本準備金に配分し
ます。

① 積立予定額：$(250,000円 + 150,000円) \times \dfrac{1}{10} = 40,000円$

② 積立限度額：$3,000,000円 \times \dfrac{1}{4} - (270,000円 + 296,000円) = 184,000円$

③ 積　立　額：① ＜ ②　→ ① 40,000円

④ 利益準備金：$40,000円 \times \dfrac{250,000円}{250,000円 + 150,000円} = 25,000円$

⑤ 資本準備金：$40,000円 \times \dfrac{150,000円}{250,000円 + 150,000円} = 15,000円$

⑥ 繰越利益剰余金の減少額：$250,000円 + 25,000円 = 275,000円$

⑦ その他資本剰余金の減少額：$150,000円 + 15,000円 = 165,000円$

問題 12-3

株主資本等変動計算書
自×1年4月1日 至×2年3月31日
（単位：千円）

	株 主 資 本			
	資 本 金	資 本 剰 余 金		
		資本準備金	その他資本剰余金	資本剰余金合計
当 期 首 残 高	9,000	720	240	960
当 期 変 動 額				
剰 余 金 の 配 当				
別途積立金の積立				
新 株 の 発 行	（　　　200）	（　　　200）		（　　　200）
吸 収 合 併	（　　　504）		（　　　336）	（　　　336）
当 期 純 利 益				
当 期 変 動 額 合 計	（　　　704）	（　　　200）	（　　　336）	（　　　536）
当 期 末 残 高	（　 9,704）	（　　　920）	（　　　576）	（　 1,496）

（下段へ続く）

（上段から続く）

	株 主 資 本				株 主 資 本 合 計
	利 益 剰 余 金			利益剰余金合計	
	利益準備金	その他利益剰余金			
		別途積立金	繰越利益剰余金		
当 期 首 残 高	150	60	570	780	10,740
当 期 変 動 額					
剰 余 金 の 配 当	（　　　28）		（△　　308）	（△　　280）	（△　　280）
別途積立金の積立		（　　　45）	（△　　45）	―	―
新 株 の 発 行					（　　　400）
吸 収 合 併					（　　　840）
当 期 純 利 益			（　　　460）	（　　　460）	（　　　460）
当 期 変 動 額 合 計	（　　　28）	（　　　45）	（　　　107）	（　　　180）	（　 1,420）
当 期 末 残 高	（　　　178）	（　　　105）	（　　　677）	（　　　960）	（　12,160）

88

（仕訳単位：円）

各取引の仕訳を示すと、次のとおりです。

（1）剰余金の配当と処分

① 株主配当金：@7円×40,000株＝280,000円

② 利益準備金積立予定額：$280,000円 \times \dfrac{1}{10} = 28,000円$

③ 利益準備金積立限度額：$9,000,000円 \times \dfrac{1}{4} - （720,000円 + 150,000円）$

$= 1,380,000円$

④ 利益準備金積立額：①＜② → ①28,000円

（繰越利益剰余金）	308,000	（未 払 配 当 金）	280,000
		（利 益 準 備 金）	28,000
（繰越利益剰余金）	45,000	（別 途 積 立 金）	45,000

（2）新株の発行

① 払 込 金 額：@400円×1,000株＝400,000円

② 資 本 金：$400,000円 \times \dfrac{1}{2} = 200,000円$

③ 資本準備金：400,000円－200,000円＝200,000円

（当 座 預 金）	400,000	（資 本 金）	200,000
		（資 本 準 備 金）	200,000

（3）吸収合併

① 株主資本増加額：@420円×2,000株＝840,000円

② 資 本 金：840,000円×60％＝504,000円

③ その他資本剰余金：840,000円－504,000円＝336,000円

（諸 資 産）	4,400,000	（諸 負 債）	3,600,000
（の れ ん）	40,000	（資 本 金）	504,000
		（その他資本剰余金）	336,000

（4）当期純利益の振り替え

（損 益）	460,000	（繰越利益剰余金）	460,000

テーマ 13 税金、税効果会計

問題 13-1

	借方科目	金 額	貸方科目	金 額
(1)	仕　　　　入	500,000	買　掛　金	550,000
	仮 払 消 費 税	❶ 50,000		
(2)	売　掛　金	330,000	売　　　　上	300,000
			仮 受 消 費 税	❷ 30,000
(3)	仮 受 消 費 税	30,000	仮 払 消 費 税	50,000
	未収還付消費税	20,000		
(4)	当 座 預 金	20,000	未収還付消費税	20,000

❶ 500,000円×10%
　=50,000円
❷ 300,000円×10%
　=30,000円

問題 13-2

	借方科目	金 額	貸方科目	金 額
(1)	仕　　　　入	❶ 600,000	買　掛　金	660,000
	仮 払 消 費 税	❷ 60,000		
(2)	売　掛　金	990,000	売　　　　上	❸ 900,000
			仮 受 消 費 税	❹ 90,000
(3)	仮 受 消 費 税	90,000	仮 払 消 費 税	60,000
			未 払 消 費 税	30,000
(4)	未 払 消 費 税	30,000	当 座 預 金	30,000

❶ 660,000円÷1.1
　=600,000円
❷ 600,000円×10%
　=60,000円
❸ 990,000円÷1.1
　=900,000円
❹ 900,000円×10%
　=90,000円

問題 13-3

	借方科目	金 額	貸方科目	金 額
(1)	仮 払 法 人 税 等	125,000	当 座 預 金	125,000
(2)	法人税、住民税及び事業税	323,000	仮 払 法 人 税 等	125,000
			未 払 法 人 税 等	198,000
(3)	未 払 法 人 税 等	198,000	当 座 預 金	198,000

	借方科目	金　額	貸方科目	金　額
(1)	法人税、住民税及び事業税	❶324,000	未払法人税等	324,000
(2)	法人税、住民税及び事業税	❷416,000	仮払法人税等	105,000
			未払法人税等	311,000

❶ 課税所得：800,000円＋10,000円＝810,000円
　法人税等：810,000円×40%＝324,000円
❷ 課税所得：1,000,000円＋25,000円＋15,000円＝1,040,000円
　法人税等：1,040,000円×40%＝416,000円

	借方科目	金　額	貸方科目	金　額
(1)	繰延税金資産	20,000	法人税等調整額	20,000
(2)	繰延税金資産	8,000	法人税等調整額	8,000
(3)	繰延税金資産	16,000	法人税等調整額	16,000
(4)	繰延税金資産	16,000	法人税等調整額	16,000

(1) 貸倒引当金にかかる損金不算入額（第1期）

会計上：（貸倒引当金繰入） 50,000 （貸 倒 引 当 金） 50,000

損益項目 →

税効果：（繰 延 税 金 資 産） 20,000 （法人税等調整額） 20,000

損益項目

法人税等調整額：50,000円×40％＝20,000円

(2) 貸倒引当金にかかる損金不算入額（第2期）

　追加で計上される繰延税金資産等を計算し、第1期と同様に処理します。

　追加計上額：（70,000円 − 50,000円）×40％＝8,000円

　なお、第1期で計上した分（当期に解消した分）を取り消してから、第2期で発生した分を計上する方法でもかまいません。

(3) 減価償却費にかかる損金不算入額（第1期）

会計上：（減 価 償 却 費） 120,000 （備品減価償却累計額） 120,000

損益項目 →

税効果：（繰 延 税 金 資 産） 16,000 （法 人 税 等 調 整 額） 16,000

損益項目

❶ 会計上の減価償却費：480,000円÷4年＝120,000円
❷ 税法上の減価償却費：480,000円÷6年＝80,000円
❸ 損 金 不 算 入 額：120,000円−80,000円＝40,000円
❹ 法人税等調整額：40,000円×40％＝16,000円

(4) 減価償却費にかかる損金不算入額（第2期）

　備品を売却等していないので、第1期の差異は解消されず、第2期の減価償却により第1期と同額の差異が発生しています。そのため、第1期と同じ処理をします。

	借方科目	金 額	貸方科目	金 額
(1)	その他有価証券	50,000	その他有価証券評価差額金	30,000
			繰 延 税 金 負 債	20,000
(2)	その他有価証券評価差額金	30,000	そ の 他 有 価 証 券	50,000
	繰 延 税 金 負 債	20,000		
(3)	その他有価証券評価差額金	12,000	そ の 他 有 価 証 券	20,000
	繰 延 税 金 資 産	8,000		
(4)	そ の 他 有 価 証 券	20,000	その他有価証券評価差額金	12,000
			繰 延 税 金 資 産	8,000

解説

(1) 第1期期末の処理

会計上： （その他有価証券） 50,000 （その他有価証券評価差額金） 50,000
純資産項目

税効果： （その他有価証券評価差額金） 20,000 （繰 延 税 金 負 債） 20,000
純資産項目

評価差額：650,000円－600,000円＝50,000円（評価差益）
　　　　　時価　　　取得原価
税効果の金額：50,000円×40%＝20,000円

(2) 第2期期首の処理

第1期期末の仕訳の逆仕訳をします。

これにより、その他有価証券の帳簿価額が取得原価（600,000円）に戻ります。

(3) 第2期期末の処理

会計上： （その他有価証券評価差額金） 20,000 （そ の 他 有 価 証 券） 20,000
純資産項目

税効果： （繰 延 税 金 資 産） 8,000 （その他有価証券評価差額金） 8,000
純資産項目

評価差額：580,000円－600,000円＝△20,000円（評価差損）
　　　　　時価　　　取得原価
税効果の金額：20,000円×40%＝8,000円

(4) 第3期期首の処理

第2期期末の仕訳の逆仕訳をします。

これにより、その他有価証券の帳簿価額が取得原価（600,000円）に戻ります。

問題 14-1

	借方科目	金 額	貸方科目	金 額
(1)	現　　　金	50,000	売　　　　上	30,000
			契 約 負 債	20,000
(2)	契 約 負 債	★ 10,000	売　　　　上	10,000
(3)	契 約 負 債	★ 10,000	売　　　　上	10,000

★ 20,000円÷2年
＝10,000円

問題 14-2

	借方科目	金 額	貸方科目	金 額
(1)	契 約 資 産	50,000	売　　　　上	50,000
(2)	売 　掛 　金	90,000	売　　　　上	40,000
			契 約 資 産	50,000

問題 14-3

	借方科目	金 額	貸方科目	金 額
(1)	現　　　金	❶ 10,000	売　　　　上	❷ 9,000
			返 金 負 債	❸ 1,000
(2)	現　　　金	❹ 11,000	売　　　　上	❺ 9,900
			返 金 負 債	❻ 1,100
	返 金 負 債	❼ 2,100	未 　払 　金	2,100
(3)	未 　払 　金	2,100	現　　　金	2,100
(4)	返 金 負 債	1,000	売　　　　上	1,000

❶ @100円×100個＝10,000円
❷ @90円×100個＝9,000円
❸ @10円×100個＝1,000円
❹ @100円×110個＝11,000円
❺ @90円×110個＝9,900円
❻ @10円×110個＝1,100円
❼ 1,000円＋1,100円＝2,100円

問題 15-1

精　算　表

勘定科目	残高試算表 借方	残高試算表 貸方	修正記入 借方	修正記入 貸方	損益計算書 借方	損益計算書 貸方	貸借対照表 借方	貸借対照表 貸方
当 座 預 金	66,200		6,000				72,200	
受 取 手 形	35,000						35,000	
売 掛 金	41,000			6,000			35,000	
繰 越 商 品	24,000		20,000	24,000			17,100	
				1,000				
				1,900				
売買目的有価証券	14,000		1,400				15,400	
建 物	60,000						60,000	
備 品	20,000						20,000	
ソフトウェア	3,600			1,200			2,400	
その他有価証券	38,000			2,500			35,500	
支 払 手 形		26,000						26,000
買 掛 金		34,800						34,800
借 入 金		30,000						30,000
貸 倒 引 当 金		200		6,000				6,200
修 繕 引 当 金		4,000		1,500				5,500
建物減価償却累計額		24,000		2,000				26,000
備品減価償却累計額		4,000		3,200				7,200
資 本 金		100,000						100,000
利 益 準 備 金		19,000						19,000
繰 越 利 益 剰 余 金		9,600						9,600
売 上		225,000				225,000		
受 取 手 数 料		11,000				11,000		
仕 入	115,200		24,000	20,000	119,200			
給 料	52,000				52,000			
保 険 料	18,000			10,500	7,500			
支 払 利 息	600		200		800			
	487,600	487,600						
貸 倒 引 当 金 繰 入			6,000		6,000			
棚 卸 減 耗 損			1,000		1,000			
商 品 評 価 損			1,900		1,900			
有価証券（評価益）				1,400		1,400		
その他有価証券評価差額金			2,500					2,500
減 価 償 却 費			5,200		5,200			
ソフトウェア償却			1,200		1,200			
修 繕 引 当 金 繰 入			1,500		1,500			
（前 払）保 険 料			10,500				10,500	
（未 払）利 息				200				200
当 期 純 利 益					41,100			41,100
			81,400	81,400	237,400	237,400	305,600	305,600

決算整理仕訳等を示すと、次のとおりです。

(1) 売掛金の回収

（当 座 預 金） 6,000 （売 掛 金） 6,000

(2) 貸倒引当金の設定

（貸倒引当金繰入） 6,000 （貸 倒 引 当 金） 6,000

❶ 貸倒引当金の設定額：山口商店；10,000円×50%＝5,000円
その他；(35,000円＋41,000円－6,000円－10,000円)×2%
＝1,200円
合　　計：5,000円＋1,200円＝6,200円
❷ 貸倒引当金繰入：6,200円－200円＝6,000円

(3) 売上原価の算定

（仕　　　　　入） 24,000 （繰 越 商 品） 24,000
（繰 越 商 品） 20,000 （仕　　　　　入） 20,000
（棚 卸 減 耗 損） 1,000 （繰 越 商 品） 1,000
（商 品 評 価 損） 1,900 （繰 越 商 品） 1,900

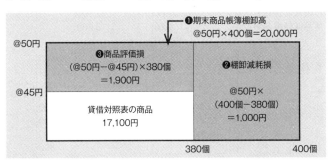

(4) 売買目的有価証券の期末評価

（売買目的有価証券） 1,400 （有 価 証 券 評 価 益） 1,400

評価損益：@220円×70株－14,000円＝1,400円（評価益）
　　　　　　時価　　　　取得原価

(5) その他有価証券の期末評価

(その他有価証券評価差額金)　2,500　　(そ の 他 有 価 証 券)　2,500

> 評価差額:@71円×500株－38,000円＝△2,500円(評価差損)
> 　　　　　　時価　　　　帳簿価額

(6) 固定資産の減価償却

(減 価 償 却 費)　5,200　　(建物減価償却累計額)　2,000

(備品減価償却累計額)　3,200

> [建物]
> 　減価償却費:60,000円÷30年＝2,000円
> [備品]
> 　償 却 率:$\dfrac{1}{10年}$×200％＝0.2(20％)
> 　減価償却費:(20,000円－4,000円)×20％＝3,200円

(7) ソフトウェアの償却

(ソフトウェア償却)　1,200　　(ソ フ ト ウ ェ ア)　1,200

> ❶ ×1年4月1日(取得日)から×3年3月31日(前期末)までの2年分は償却済み
> 　→帳簿価額をあと3年で償却する
> ❷ 当期償却額:3,600円÷3年＝1,200円

(8) 修繕引当金の設定

(修 繕 引 当 金 繰 入)　1,500　　(修 繕 引 当 金)　1,500

(9) 保険料の前払い

(前 払 保 険 料)　10,500　　(保　　険　　料)　10,500

> ❶ ×4年4月1日から10月31日までの
> 　7か月分は次期の分
> ❷ 前払保険料:18,000円×$\dfrac{7か月}{12か月}$
> 　　　　　　＝10,500円

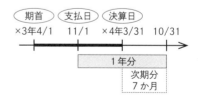

(10) 利息の未払い

(支 払 利 息)　200　　(未 払 利 息)　200

> ❶ ×3年12月1日から×4年3月31日までの
> 　4か月分は当期の分
> ❷ 未払利息:30,000円×2％×$\dfrac{4か月}{12か月}$
> 　　　　　　＝200円

損 益 計 算 書

自×5年 4 月 1 日　至×6年 3 月31日　　　　　　（単位：円）

I	売　　　上　　　高		（　　900,400 ）
II	売　　上　　原　　価		
	1　期 首 商 品 棚 卸 高	（　　　2,000 ）	
	2　当 期 商 品 仕 入 高	（　600,000 ）	
	合　　　計	（　602,000 ）	
	3　期 末 商 品 棚 卸 高	（　　　2,400 ）	
	差　　　引	（　599,600 ）	
	4　棚　卸　減　耗　損	（　　　　100 ）	
	5　商　品　評　価　損	（　　　　230 ）	（　599,930 ）
	（売　上　総　利　益）		（　300,470 ）
III	販 売 費 及 び 一 般 管 理 費		
	1　給　　　　　　　料	（　　38,000 ）	
	2　退　職　給　付　費　用	（　　　7,000 ）	
	3　減　価　償　却　費	（　　15,000 ）	
	4　貸 倒 引 当 金 繰 入	（　　　　460 ）	（　　60,460 ）
	（営　　業　　利　　益）		（　240,010 ）
IV	営　業　外　収　益		
	1　有　価　証　券　利　息	（　　　　550 ）	
	2 （償 却 債 権 取 立 益）	（　　　　500 ）	（　　　1,050 ）
V	営　業　外　費　用		
	1　支　　払　　利　　息	（　　　　860 ）	
	2 （手　形　売　却　損）	（　　　　200 ）	（　　　1,060 ）
	税 引 前 当 期 純 利 益		（　240,000 ）
	法人税、住民税及び事業税		（　　72,000 ）
	（当　期　純　利　益）		（　168,000 ）

貸 借 対 照 表

×6年3月31日　　　　　　　　　　　　　　（単位：円）

資　産　の　部			負　債　の　部		
I　流 動 資 産			I　流 動 負 債		
現　　　金		（　12,090）	支 払 手 形		（　15,000）
当 座 預 金		（142,300）	買 掛 金		（　30,000）
受 取 手 形	（16,000）		未払（費用）		（　　350）
売 掛 金	（32,000）		未払法人税等		（　67,000）
貸倒引当金	（　960）	（　47,040）	II　固 定 負 債		
商　　　品		（　2,070）	（長期借入金）		（　60,000）
II　固 定 資 産			退職給付引当金		（　27,000）
建　　　物	（348,000）		負 債 合 計		（199,350）
減価償却累計額	（104,600）	（243,400）	純　資　産　の　部		
備　　　品	（50,000）		I　株 主 資 本		
減価償却累計額	（24,400）	（　25,600）	資 本 金		（139,500）
投資有価証券		（　49,250）	利 益 準 備 金		（　4,900）
			繰越利益剰余金		（178,000）
			純 資 産 合 計		（322,400）
資 産 合 計		（521,750）	負債・純資産合計		（521,750）

決算整理仕訳等を示すと、次のとおりです。

> 前T/B…決算整理前残高試算表　P/L…損益計算書　B/S…貸借対照表

（1）　償却債権取立益

（当　座　預　金）　　　　500　　　（償却債権取立益）　　　　500

P/L　償却債権取立益：500円

（2）　手形の割引き

（手　形　売　却　損）　　　200　　　（受　取　手　形）　　　4,000
（当　座　預　金）　　　　3,800

P/L　手形売却損：200円

B/S　受　取　手　形：<u>20,000円</u>－4,000円＝16,000円
　　　　　　　　　　前T/B

（3）　建物の完成

（建　　　　　物）　　108,000　　　（建　設　仮　勘　定）　　72,000
　　　　　　　　　　　　　　　　　　　（当　座　預　金）　　　36,000

B/S　建　　　物：<u>240,000円</u>＋108,000円＝348,000円
　　　　　　　　　　前T/B

B/S　当座預金：<u>174,000円</u>＋<u>500円</u>＋<u>3,800円</u>－36,000円＝142,300円
　　　　　　　　　前T/B　　（1）　　（2）

（4）　売上原価の算定

損益計算書や貸借対照表を作成する問題の場合、仕訳を省略して、下記のボックス図から直接、金額を計算して、解答用紙に記入しましょう。

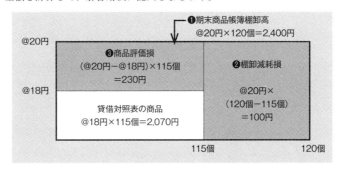

P/L	期末商品棚卸高：2,400円
P/L	棚 卸 減 耗 損： 100円
P/L	商 品 評 価 損： 230円
B/S	商　　　品：2,070円

(5) 貸倒引当金の設定

（貸倒引当金繰入）　　　460　　　（貸倒引当金）　　　460

> ❶ 貸倒引当金の設定額：(20,000円−$\underset{(2)}{\underline{4,000円}}$+32,000円)×2%=960円
>
> ❷ 貸倒引当金繰入：960円−500円=460円

P/L	貸倒引当金繰入：460円
B/S	貸倒引当金：$\underset{前 T/B}{\underline{500円}}$＋460円＝960円

(6) 固定資産の減価償却

　　建物について、新規取得分は2月1日から3月31日までの2か月分の減価償却費を計上します。

（減 価 償 却 費）　　　15,000　　　（建物減価償却累計額）　　　8,600
　　　　　　　　　　　　　　　　　　（備品減価償却累計額）　　　6,400

> [建物]
> 　減価償却費(既存)：240,000円÷30年　　　　　　 ＝ 8,000円
> 　減価償却費(新規)：108,000円÷30年×$\frac{2か月}{12か月}$＝ $\underline{\;\;600円}$
> 　　　　　　　　　　　　　　　　　　　　　　　　$\underline{8,600円}$
>
> [備品]
> 　償 却 率：$\frac{1}{10年}$×200%=0.2
> 　減価償却費：(50,000円−18,000円)×0.2=6,400円

P/L	減価償却費：15,000円
B/S	建物減価償却累計額：$\underset{前 T/B}{\underline{96,000円}}$＋8,600円＝104,600円
B/S	備品減価償却累計額：$\underset{前 T/B}{\underline{18,000円}}$＋6,400円＝24,400円

(7) 満期保有目的債券の期末評価

取得日が前期の期首なので、額面総額と取得価額との差額のうち1年分は償却済みです。そのため、額面総額と帳簿価額との差額をあと4年で償却します。

（満期保有目的債券）　　250　　（有　価　証　券　利　息）　　　　250

> 当期償却額：(50,000円－49,000円)÷4年＝250円

B/S　投資有価証券：49,000円＋250円＝49,250円
　　　<u>満期保有目的債券</u>　前T/B

P/L　有価証券利息：300円＋250円＝550円
　　　<u>前T/B</u>

(8) 退職給付引当金の繰り入れ

（退 職 給 付 費 用）　　7,000　　（退職給付引当金）　　　　7,000

P/L　退職給付費用：7,000円

B/S　退職給付引当金：<u>20,000円</u>＋7,000円＝27,000円
　　　　　　　　　　　前T/B

(9) 利息の未払い

（支　払　利　息）　　350　　（未　払　利　息）　　　　350

❶ ×5年9月1日から×6年3月31日までの7か月分は当期の分
❷ 未払利息：60,000円×1%×$\frac{7か月}{12か月}$＝350円

期首	借入日	決算日	返済日
×5年4/1	9/1	×6年3/31	×10年8/31

7か月分

P/L　支払利息：<u>510円</u>＋350円＝860円
　　　　　　　　前T/B

B/S　未払費用：350円
　　　<u>未払利息</u>

なお、借入金の返済日が決算日の翌日から1年超なので、本問の借入金は貸借対照表上、「長期借入金」として表示します。

（借　　入　　金）　　60,000　　（長 期 借 入 金）　　　60,000

B/S　長期借入金：60,000円

(10) 法人税等の計上

(法人税、住民税及び事業税)	72,000	（仮 払 法 人 税 等）	5,000
		（未 払 法 人 税 等）	67,000

> 法人税等：210,000円×30%＝72,000円
> P/L税引前当期純利益

P/L 法人税、住民税及び事業税：72,000円

B/S 未払法人税等：67,000円

(11) 貸借対照表の「繰越利益剰余金」

B/S 繰越利益剰余金：10,000円 ＋ 168,000円 ＝178,000円
　　　　　　　　　　前 T/B　　P/L当期純利益

損 益 計 算 書

自×6年4月1日　至×7年3月31日　　　　　　（単位：円）

Ⅰ	役　務　収　益		(2,470,000)
Ⅱ	役　務　原　価		(1,755,000)
	（売 上 総 利 益）		(715,000)
Ⅲ	販売費及び一般管理費		
	1　給　　　料	(240,000)	
	2　賞　　　与	(80,000)	
	3　旅 費 交 通 費	(12,000)	
	4　水 道 光 熱 費	(4,000)	
	5　支 払 家 賃	(110,000)	
	6　貸 倒 損 失	(19,000)	
	7　貸 倒 引 当 金 繰 入	(10,000)	
	8　減 価 償 却 費	(30,000)	
	9　ソフトウェア償却	(16,000)	
	10　賞 与 引 当 金 繰 入	(40,000)	
	11　退 職 給 付 費 用	(10,000)	(571,000)
	（営 業 利 益）		(144,000)
Ⅳ	営 業 外 収 益		
	1　受 取 利 息		(2,000)
Ⅴ	営 業 外 費 用		
	1　支 払 利 息		(5,000)
	（経 常 利 益）		(141,000)
Ⅵ	特 別 損 失		
	1　ソフトウェア（除却損）		(20,000)
	税 引 前 当 期 純 利 益		(121,000)
	法人税、住民税及び事業税		(48,400)
	（当 期 純 利 益）		(72,600)

未処理事項、決算整理事項の仕訳を示すと、次のとおりです。

前T/B…決算整理前残高試算表　P/L…損益計算書

（1）　売掛金の貸倒れ

（貸 倒 引 当 金）　　1,000　　（売　　掛　　金）　　20,000

（貸 倒 損 失）　　19,000

P/L　貸倒損失：19,000円

（2）　役務収益と役務原価の計上

（売　　掛　　金）　　50,000　　（役 務 収 益）　　50,000

（役 務 原 価）　　15,000　　（仕 掛 品）　　15,000

P/L　役務収益：2,420,000円＋50,000円＝2,470,000円

　　　　　　　前T/B

（3）　役務原価の修正

（仕 掛 品）　　30,000　　（役 務 原 価）　　30,000

（役 務 原 価）　　40,000　　（買 掛 金）　　40,000

P/L　役務原価：1,730,000円＋15,000円－30,000円＋40,000円＝1,755,000円

　　　　　　　前T/B　　（2）

（4）　貸倒引当金の設定

（貸倒引当金繰入）　　10,000　　（貸 倒 引 当 金）　　10,000

❶ 貸倒引当金の設定額：(470,000円－20,000円＋50,000円)×2%＝10,000円

　　　　　　　　　　　　　　　　（1）　　　（2）

❷ 貸倒引当金繰入：10,000円－(1,000円－1,000円)＝10,000円

　　　　　　　　　　　　　　　　（1）

P/L　貸倒引当金繰入：10,000円

（5）　固定資産の減価償却

（減 価 償 却 費）　　30,000　　（備品減価償却累計額）　　30,000

減価償却費：150,000円÷5年＝30,000円

P/L　減価償却費：30,000円

(6) ソフトウェアの償却と除却

既存分

　既存分については、×3年4月1日に取得しているので、前期末（×6年3月31日）まで に3年分が償却済みです。したがって、未償却残高30,000円をあと2年で償却します。 なお、当期の12月1日に除却しているため、当期の償却額は4月1日から11月30日まで の8か月分を計上し、除却の処理をします。

　　　（ソフトウェア償却）　　10,000　　　（ソフトウェア）　　　30,000
　　　（ソフトウェア除却損）　20,000

> 当期償却額：30,000円÷2年×$\dfrac{8か月}{12か月}$＝10,000円

　　P/L　ソフトウェア除却損：20,000円

当期取得分

　当期取得分については、×6年12月1日から×7年3月31日までの4か月分の償却費 を計上します。

　　　（ソフトウェア償却）　　　6,000　　　（ソフトウェア）　　　　6,000

> 当期償却額：(120,000円−30,000円)÷5年×$\dfrac{4か月}{12か月}$＝6,000円

　　P/L　ソフトウェア償却：10,000円＋6,000円＝16,000円

(7) 賞与引当金の繰り入れ

　　　（賞与引当金繰入）　　40,000　　　（賞　与　引　当　金）　　40,000

　　P/L　賞与引当金繰入：40,000円

(8) 退職給付引当金の繰り入れ

　　　（退職給付費用）　　10,000　　　（退職給付引当金）　　10,000

　　P/L　退職給付費用：10,000円

(9) 利息の未払い

　　　（支　払　利　息）　　2,000　　　（未　払　利　息）　　2,000

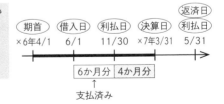

　　P/L　支払利息：$\underset{前T/B}{\underline{3,000円}}$＋2,000円＝5,000円

（10）　法人税等の計上

（法人税、住民税及び事業税）	48,400	（仮 払 法 人 税 等）	32,000
		（未 払 法 人 税 等）	16,400

法人税等：121,000円×40％＝48,400円
　　　　　　P/L税引前当期純利益

P/L　法人税、住民税及び事業税：48,400円

損 益 計 算 書

自×7年4月1日　至×8年3月31日　　　　（単位：円）

I	売　　　　　上　　　　　高		(770,000)
II	売　　上　　原　　価		(497,700)
	売　上　総　利　益		(272,300)
III	販 売 費 及 び 一 般 管 理 費		
1	販 売 費・一 般 管 理 費	93,600	
2	減 価 償 却 費	(3,000)	
3	棚 卸 減 耗 損	(400)	
4	貸 倒 引 当 金 繰 入	(5,000)	(102,000)
	営　業　利　益		(170,300)
IV	営　業　外　収　益		
1	製 品 保 証 引 当 金 戻 入		(200)
V	営　業　外　費　用		
1	支　払　利　息	3,000	
2	(貸 倒 引 当 金 繰 入)	(2,000)	(5,000)
	経　常　利　益		(165,500)
VI	特　別　利　益		
1	固 定 資 産 売 却 益		(2,500)
	税 引 前 当 期 純 利 益		(168,000)
	法人税、住民税及び事業税		(67,200)
	当　期　純　利　益		(100,800)

貸 借 対 照 表

×8年3月31日　　　　　　　　　　　　　　　（単位：円）

資 産 の 部			負 債 の 部		
Ⅰ　流 動 資 産			Ⅰ　流 動 負 債		
現 金 預 金		（ 859,600 ）	支 払 手 形		（ 60,000 ）
受 取 手 形	（ 100,000 ）		買 掛 金		（ 115,000 ）
売 掛 金	（ 200,000 ）		製品保証引当金		（ 1,000 ）
貸倒引当金	（ 6,000 ）	（ 294,000 ）	未払法人税等		（ 37,200 ）
製 品		（ 6,600 ）	Ⅱ　固 定 負 債		
材 料		（ 11,000 ）	（長期借入金）		（ 150,000 ）
仕 掛 品		（ 6,800 ）	負 債 合 計		（ 363,200 ）
短期貸付金	（ 100,000 ）		純 資 産 の 部		
貸倒引当金	（ 2,000 ）	（ 98,000 ）	Ⅰ　株 主 資 本		
Ⅱ　固 定 資 産			資 本 金		700,000
建 物	270,000		利 益 準 備 金		50,000
減価償却累計額	（ 117,000 ）	（ 153,000 ）	繰越利益剰余金		（ 363,800 ）
機 械 装 置	120,000		純 資 産 合 計		（ 1,113,800 ）
減価償却累計額	（ 72,000 ）	（ 48,000 ）			
資 産 合 計		（ 1,477,000 ）	負債・純資産合計		（ 1,477,000 ）

3月中の取引、決算整理事項等の仕訳を示すと、次のとおりです。

T/B…残高試算表　P/L…損益計算書　B/S…貸借対照表

1．3月中の取引

(1) 材料の購入

（材　　　料）　20,000　　（買　　掛　　金）　20,000

B/S　買掛金：95,000円 ＋ 20,000円 ＝ 115,000円
　　　　　　　 T/B

(2) 直接材料費の発生

（仕　掛　品）　14,000　　（材　　　料）　14,000

(3) 賃金の支払い

（仕　掛　品）　16,000　　（現　　　金）　16,000

(4) 製造間接費の予定配賦

（仕　掛　品）　12,800　　（製　造　間　接　費）　12,800

(5) 間接材料費の実際発生額

（製　造　間　接　費）　4,000　　（材　　　料）　4,000

(6) 製造間接費実際発生額（間接材料費と以下の事項以外）

（製　造　間　接　費）　6,500　　（現　　　金）　6,500

B/S　現金預金：882,100円 － 16,000円 － 6,500円 ＝ 859,600円
　　　　　　　　 T/B　　　　 (3)

(7) 当月完成品

（製　　　品）　46,000　　（仕　掛　品）　46,000

B/S　仕掛品：10,000円 ＋ 14,000円 ＋ 16,000円 ＋ 12,800円 － 46,000円 ＝ 6,800円
　　　　　　　 T/B　　　 (2)　　　　 (3)　　　　 (4)

(8) 当月売上原価

（売　上　原　価）　44,000　　（製　　　品）　44,000

(9) 当月売上高

（売　掛　金）　64,000　　（売　　　上）　64,000

B/S　売掛金：136,000円 ＋ 64,000円 ＝ 200,000円
　　　　　　　 T/B

P/L　売上高：706,000円 ＋ 64,000円 ＝ 770,000円
　　　　　　　 T/B

2．決算整理事項等

(1) 材料と製品の棚卸減耗

①材料の棚卸減耗

（製 造 間 接 費）　　　500　　　（材　　　　　料）　　　500

❶ 材料の期末帳簿残高：$\underset{\text{T/B}}{9,500円}+\underset{\text{1.(1)}}{20,000円}-\underset{\text{1.(2)}}{14,000円}-\underset{\text{1.(5)}}{4,000円}=11,500円$

❷ 材料の棚卸減耗損：11,500円－11,000円＝500円→製造間接費

B/S　材料：$\underset{\text{実際有高}}{11,000円}$

②製品の棚卸減耗

（棚 卸 減 耗 損）　　　400　　　（製　　　　　品）　　　400

❶ 製品の期末帳簿残高：$\underset{\text{T/B}}{5,000円}+\underset{\text{1.(7)}}{46,000円}-\underset{\text{1.(8)}}{44,000円}=7,000円$

❷ 製品の棚卸減耗損：7,000円－6,600円＝400円→販売費及び一般管理費

P/L　棚卸減耗損：400円

B/S　製品：$\underset{\text{実際有高}}{6,600円}$

(2) 固定資産の減価償却

①建物

（製 造 間 接 費）　　　500　　　（建物減価償却累計額）　　　750
（減 価 償 却 費）　　　250
販売費及び一般管理費

②機械装置

（製 造 間 接 費）　　　2,000　　　（機械装置減価償却累計額）　　　2,000

P/L　減価償却費（販売費及び一般管理費）：$\underset{\text{T/B}}{2,750円}+250円=3,000円$

B/S　建物減価償却累計額：$\underset{\text{T/B}}{116,250円}+750円=117,000円$

B/S　機械装置減価償却累計額：$\underset{\text{T/B}}{70,000円}+2,000円=72,000円$

(3) 貸倒引当金の設定

①売上債権（受取手形、売掛金）

（貸倒引当金繰入）　　　5,000　　　（貸　倒　引　当　金）　　　5,000

❶ 貸倒引当金の設定額：(100,000円＋136,000円＋64,000円)×2％＝6,000円
　　　　　　　　　　　　　　受取手形　　　　　売掛金
❷ 貸倒引当金繰入：6,000円－1,000円＝5,000円

P/L　貸倒引当金繰入（販売費及び一般管理費）：5,000円
B/S　貸倒引当金（受取手形＋売掛金）：1,000円＋5,000円＝6,000円
　　　　　　　　　　　　　　　　　　　T/B

②営業外債権（短期貸付金）

（貸倒引当金繰入）　　　2,000　　　（貸　倒　引　当　金）　　　2,000

❶ 貸倒引当金の設定額：100,000円×2％＝2,000円
❷ 貸倒引当金繰入：2,000円－0円＝2,000円

P/L　貸倒引当金繰入（営業外費用）：2,000円
B/S　貸倒引当金（短期貸付金）：2,000円

(4) 製品保証引当金の繰り入れと戻入れ

①製品保証引当金の繰り入れ

（製品保証引当金繰入）　　　1,000　　　（製品保証引当金）　　　1,000

②製品保証引当金の戻入れ

（製品保証引当金）　　　1,200　　　（製品保証引当金戻入）　　　1,200

③繰入額と戻入額の相殺

（製品保証引当金戻入）　　　1,000　　　（製品保証引当金繰入）　　　1,000

P/L　製品保証引当金戻入（営業外収益）：1,200円－1,000円＝200円
B/S　製品保証引当金：1,200円＋1,000円－1,200円＝1,000円
　　　　　　　　　　　　T/B

(5) 原価差異の把握と振り替え

①原価差異の把握

（原　価　差　異）　　　700　　　（製　造　間　接　費）　　　700

❶ 製造間接費予定配賦額：12,800円
　　　　　　　　　　　　　　1.(4)
❷ 製造間接費実際発生額：4,000円＋6,500円＋500円＋500円＋2,000円＝13,500円
　　　　　　　　　　　　　　1.(5)　　1.(6)　　2.(1)　　　　2.(2)
❸ 原価差異：❶－❷＝△700円(不利差異・借方差異)

②原価差異の振り替え

（売　上　原　価）　　　700　　（原　価　差　異）　　　700

P/L　売上原価：$\underset{T/B}{\underline{453,000円}} + \underset{1 (8)}{\underline{44,000円}} + 700円 = 497,700円$

(6)　法人税等の計上

（法人税、住民税及び事業税）　　67,200　　（仮 払 法 人 税 等）　　30,000

　　　　　　　　　　　　　　　　　　　（未 払 法 人 税 等）　　37,200

> 法人税等：168,000円×40％＝67,200円
> P/L税引前当期純利益

P/L　法人税、住民税及び事業税：67,200円

B/S　未払法人税等：37,200円

(7)　貸借対照表の「繰越利益剰余金」

B/S　繰越利益剰余金：$\underset{T/B}{\underline{263,000円}} + \underset{P/L当期純利益}{\underline{100,800円}} = 363,800円$

問題 17-1

		借方科目		金 額	貸方科目		金 額
(1)	本店	支	店	160,000	現	金	50,000
					仕	入	30,000
					備	品	80,000
	支店	現	金	50,000	本	店	160,000
		仕	入	30,000			
		備	品	80,000			
(2)	本店	買 掛	金	20,000	支	店	20,000
	支店	本	店	20,000	現	金	20,000
(3)	本店	現	金	30,000	支	店	30,000
	支店	本	店	30,000	売 掛	金	30,000
(4)	本店	支	店	10,000	現	金	10,000
	支店	営 業	費	10,000	本	店	10,000

損 益 [本店]

日付		摘　要	金　額	日付		摘　要	金　額
3	31	仕　　　　入	323,200	3	31	売　　　　上	660,000
	〃	棚 卸 減 耗 損	1,200		〃	受 取 手 数 料	3,800
	〃	商 品 評 価 損	1,760		〃	有価証券売却益	800
	〃	給　　　　料	65,000		〃	受 取 配 当 金	1,600
	〃	支 払 家 賃	46,800		〃	支　　　　店	21,580
	〃	広 告 宣 伝 費	20,500				
	〃	貸倒引当金繰入	900				
	〃	減 価 償 却 費	11,600				
	〃	の れ ん 償 却	9,000				
	〃	支 払 利 息	2,400				
	〃	(繰越利益剰余金)	205,420				
			687,780				687,780

損 益 [支店]

日付		摘　要	金　額	日付		摘　要	金　額
3	31	仕　　　　入	123,000	3	31	売　　　　上	253,000
	〃	棚 卸 減 耗 損	450		〃	受 取 手 数 料	400
	〃	商 品 評 価 損	2,370				
	〃	給　　　　料	48,000				
	〃	支 払 家 賃	42,000				
	〃	広 告 宣 伝 費	9,200				
	〃	貸倒引当金繰入	800				
	〃	減 価 償 却 費	6,000				
	〃	(本　　　　店)	21,580				
			253,400				253,400

未処理事項等と決算整理事項等の仕訳を示すと、次のとおりです。

1．未処理事項等

(1)	本店：	（当 座 預 金）	7,000	（売 掛 金）	7,000
(2)	本店：	（車 両 運 搬 具）	160,000	（未 払 金）	160,000
(3)	支店：	（現 金）	5,400	（本 店）	5,400
(4)	本店：	（支 店）	8,800	（仕 入）	8,800
	支店：	（仕 入）	8,800	（本 店）	8,800

2．決算整理事項等

（1）期末商品の評価

本店：	（仕 入）	56,000	（繰 越 商 品）	56,000
	（繰 越 商 品）	54,000	（仕 入）	54,000
	（棚 卸 減 耗 損）	1,200	（繰 越 商 品）	1,200
	（商 品 評 価 損）	1,760	（繰 越 商 品）	1,760

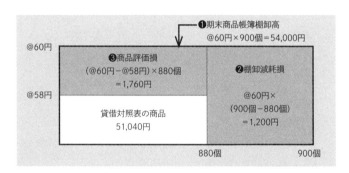

本店損益勘定 仕 入 ： $330,000円 - 8,800円 + 56,000円 - 54,000円$
　　　　　　　　　　　前T/B　　1.(4)
　　　　　　　　　　　$= 323,200円$

本店損益勘定 棚卸減耗損 ： 1,200円

本店損益勘定 商品評価損 ： 1,760円

支店：(仕　　　　　入)　　38,000　　(繰　越　商　品)　　38,000

　　　(繰　越　商　品)　　36,000　　(仕　　　　　入)　　36,000

　　　(棚　卸　減　耗　損)　　 450　　(繰　越　商　品)　　　 450

　　　(商　品　評　価　損)　 2,370　　(繰　越　商　品)　　 2,370

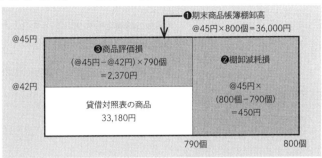

支店損益勘定	仕　　　　　入：$\underset{\text{前T/B}}{112,200円}+\underset{1.(4)}{8,800円}+38,000円-36,000円$
	$=123,000円$

支店損益勘定	棚卸減耗損：450円

支店損益勘定	商品評価損：2,370円

(2) 貸倒引当金の設定

本店：(貸倒引当金繰入)　　　900　　(貸 倒 引 当 金)　　　900

支店：(貸倒引当金繰入)　　　800　　(貸 倒 引 当 金)　　　800

[本店]
❶貸倒引当金の設定額：$(87,000円-\underset{1(1)}{7,000円})\times2\%=1,600円$
❷貸倒引当金繰入：1,600円-700円=900円
[支店]
❶貸倒引当金の設定額：70,000円×2％=1,400円
❷貸倒引当金繰入：1,400円-600円=800円

本店損益勘定	貸倒引当金繰入　：900円

支店損益勘定	貸倒引当金繰入　：800円

(3) 固定資産の減価償却

本店：（減　価　償　却　費）　11,600　（備品減価償却累計額）　10,000
　　　　　　　　　　　　　　　　　　　　　（車両運搬具減価償却累計額）　1,600
支店：（減　価　償　却　費）　6,000　（備品減価償却累計額）　6,000

［本店］
❶備品の減価償却費：50,000円÷5年＝10,000円
❷車両運搬具の減価償却費：160,000円× $\frac{1,000km}{100,000km}$ ＝1,600円
［支店］
備品の減価償却費：30,000円÷5年＝6,000円

| 本店損益勘定 | 減価償却費 ： 11,600円 |

| 支店損益勘定 | 減価償却費 ： 6,000円 |

(4) その他有価証券の評価

本店：（その他有価証券）　2,000　（その他有価証券評価差額金）　2,000

評価差額：60,000円－58,000円＝2,000円（評価差益）
　　　　　時価　　　帳簿価額

(5) のれんの償却

のれんは、×1年4月1日（取得日）から×4年3月31日（前期末）までの3年分が償却済みです。そのため、決算整理前残高試算表の金額をあと7年（10年－3年）で償却します。

本店：（のれん償却）　9,000　（の　れ　ん）　9,000

当期償却額：63,000円÷7年＝9,000円

| 本店損益勘定 | のれん償却 ： 9,000円 |

(6) 費用の前払い、収益の未収

本店：（前　払　家　賃）　15,600　（支　払　家　賃）　15,600
支店：（未収手数料）　250　（受取手数料）　250

| 本店損益勘定 | 支払家賃 ： 62,400円－15,600円＝46,800円 |
　　　　　　　　　　　　前T/B

| 支店損益勘定 | 受取手数料 ： 150円＋250円＝400円 |
　　　　　　　　　　　　前T/B

118

(7) 広告宣伝費の負担

本店：（支　　　　店）　4,500　　（広 告 宣 伝 費）　4,500

支店：（広 告 宣 伝 費）　4,500　　（本　　　　店）　4,500

| 本店損益勘定 | 広告宣伝費 ： $\underset{前 T / B}{25,000円} - 4,500円 = 20,500円$ |

| 支店損益勘定 | 広告宣伝費 ： $\underset{前 T / B}{4,700円} + 4,500円 = 9,200円$ |

(8) 支店当期純損益の振り替え

支店の損益勘定で算出した当期純損益を本店の損益勘定に振り替えます。

支店：（損　　　　益）　21,580　　（本　　　　店）　21,580

本店：（支　　　　店）　21,580　　（損　　　　益）　21,580

(9) 会社全体の当期純損益の算定

本店の損益勘定の貸借差額で当期純損益を計算し、繰越利益剰余金勘定に振り替えます。

本店：（損　　　　益）　205,420　　（繰越利益剰余金）　205,420

問題 18-1

	借方科目	金　額	貸方科目	金　額
(1)	資　　　本　　　金	80,000	S　社　株　式	160,000
	資　本　剰　余　金	50,000		
	利　益　剰　余　金	30,000		
(2)	資　　　本　　　金	80,000	S　社　株　式	112,000
	資　本　剰　余　金	50,000	非支配株主持分 ❶	48,000
	利　益　剰　余　金	30,000		
(3)	資　　　本　　　金	80,000	S　社　株　式	130,000
	資　本　剰　余　金	50,000	非支配株主持分 ❷	32,000
	利　益　剰　余　金	30,000		
	の　　　れ　　　ん ❸	2,000		

❶(80,000円＋50,000円＋30,000円)×30％＝48,000円
❷(80,000円＋50,000円＋30,000円)×20％＝32,000円
❸ 貸借差額

問題 18-2

① 開始仕訳

借方科目	金　額	貸方科目	金　額
資　　　本　　　金	80,000	S　社　株　式	130,000
資　本　剰　余　金	50,000	非支配株主持分	32,000
利　益　剰　余　金	30,000		
の　　　れ　　　ん	2,000		

② のれんの償却

借方科目	金　額	貸方科目	金　額
の　れ　ん　償　却	200	の　　　れ　　　ん	200

③ 子会社当期純利益の振り替え

借方科目	金　額	貸方科目	金　額
非支配株主に帰属する当期純利益	1,800	非支配株主持分	1,800

④ 子会社の配当金の修正

借方科目	金　額	貸方科目	金　額
受　取　配　当　金	3,200	利　益　剰　余　金	4,000
非支配株主持分	800		

（1） 支配獲得日の連結修正仕訳（投資と資本の相殺消去）

（資　　本　　金）	80,000	（S　社　株　式）	130,000
（資　本　剰　余　金）	50,000	（非支配株主持分）❶	32,000
（利　益　剰　余　金）	30,000		
（の　　れ　　ん）❷	2,000		

> ❶(80,000円＋50,000円＋30,000円)×20％＝32,000円
> ❷ 貸借差額

（2） 連結第1年度の連結修正仕訳

① **開始仕訳**

支配獲得日に行った連結修正仕訳を再度行います。

② **のれんの償却**

のれん償却：2,000円÷10年＝200円

③ **子会社当期純利益の振り替え**

非支配株主持分：9,000円×20％＝1,800円

④ **子会社の配当金の修正**

受取配当金：4,000円×80％＝3,200円

非支配株主持分：4,000円×20％＝800円

問題 18-3

① 開始仕訳

借方科目	金　額	貸方科目	金　額
資　　本　　金	100,000	S　社　株　式	153,000
資　本　剰　余　金	60,000	非支配株主持分	61,500
利　益　剰　余　金	42,800		
の　　れ　　ん	11,700		

② のれんの償却

借方科目	金　額	貸方科目	金　額
の　れ　ん　償　却	1,300	の　　れ　　ん	1,300

③ 子会社当期純利益の振り替え

借方科目	金　額	貸方科目	金　額
非支配株主に帰属する当期純利益	6,000	非支配株主持分	6,000

④ 子会社の配当金の修正

借方科目	金　額	貸方科目	金　額
受　取　配　当　金	6,300	利　益　剰　余　金	9,000
非支配株主持分	2,700		

【 解説 】

(1)　支配獲得日の連結修正仕訳

（資　　　本　　　金）	100,000	（S　社　株　式）	153,000
（資　本　剰　余　金）	60,000	（非支配株主持分）❶	60,000
（利　益　剰　余　金）	40,000		
（の　　れ　　ん）❷	13,000		

> ❶ (100,000円＋60,000円＋40,000円)×30％＝60,000円
> ❷ 貸借差額

(2)　連結第1年度の連結修正仕訳

①開始仕訳

（資　　　本　　　金）	100,000	（S　社　株　式）	153,000
（資　本　剰　余　金）	60,000	（非支配株主持分）	60,000
（利　益　剰　余　金）	40,000		
（の　　れ　　ん）	13,000		

②のれんの償却

（の れ ん 償 却）❶	1,300	（の　　れ　　ん）	1,300

> ❶ 13,000円÷10年＝1,300円

③子会社当期純利益の振り替え

（非支配株主に帰属する当期純利益）	3,600	（非支配株主持分）❷	3,600

> ❷ 12,000円×30％＝3,600円

④子会社の配当金の修正

（受　取　配　当　金）❸	4,900	（利　益　剰　余　金）	7,000
（非支配株主持分）❹	2,100		

> ❸ 7,000円×70％＝4,900円
> ❹ 7,000円×30％＝2,100円

（3） 連結第２年度の連結修正仕訳

①開始仕訳

連結第１年度末に行った連結修正仕訳を再度行います。

（資　　　本　　　金）	100,000	（S　社　株　式）	153,000
（資　本　剰　余　金）	60,000	（非支配株主持分）❸	61,500
（利　益　剰　余　金）❶	42,800		
（の　　　れ　　　ん）❷	11,700		

❶ 40,000円＋ 1,300円 ＋ 3,600円 ＋ 4,900円 － 7,000円 ＝42,800円
　　　　　　のれん償却　非支配株主に帰属　受取配当金　利益剰余金
　　　　　　　　　　　　する当期純利益

❷ 13,000円－1,300円＝11,700円

❸ 60,000円＋3,600円－2,100円＝61,500円

②のれんの償却

（の　れ　ん　償　却）❹	1,300	（の　　　れ　　　ん）	1,300

❹ 13,000円÷10年＝1,300円

③子会社当期純利益の振り替え

（非支配株主に帰属する当期純利益）	6,000	（非　支　配　株　主　持　分）❺	6,000

❺ 20,000円×30%＝6,000円

④子会社の配当金の修正

（受　取　配　当　金）❻	6,300	（利　益　剰　余　金）	9,000
（非支配株主持分）❼	2,700		

❻ 9,000円×70%＝6,300円

❼ 9,000円×30%＝2,700円

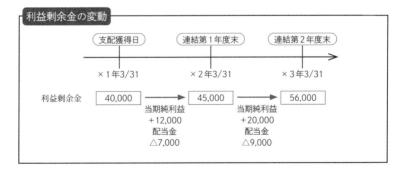

利益剰余金の変動

	支配獲得日	連結第１年度末	連結第２年度末
	×１年3/31	×２年3/31	×３年3/31
利益剰余金	40,000 →	45,000 →	56,000
	当期純利益 +12,000 配当金 △7,000	当期純利益 +20,000 配当金 △9,000	

問題 19-1

借方科目	金 額	貸方科目	金 額
売　　上　　高	120,000	売　上　原　価	120,000
受　取　利　息	1,000	支　払　利　息	1,000
買　　掛　　金	60,000	売　　掛　　金	60,000
借　　入　　金	30,000	貸　　付　　金	30,000
未　払　費　用	200	未　収　収　益	200

問題 19-2

	借方科目	金 額	貸方科目	金 額
(1)	支　払　手　形	50,000	短　期　借　入　金	50,000
	支　払　手　形	60,000	短　期　借　入　金	60,000
(2)	支　払　利　息	300	手　形　売　却　損	300
	前　払　利　息	100	支　払　利　息	100
(3)	仕　訳　な　し			

問題 19-3

	借方科目	金 額	貸方科目	金 額
(1)	買　　掛　　金	10,000	売　　掛　　金	10,000
	貸　倒　引　当　金 ❶	200	貸倒引当金繰入	200
(2)	買　　掛　　金	30,000	売　　掛　　金	30,000
	貸　倒　引　当　金 ❷	600	貸倒引当金繰入	600
	非支配株主に帰属する当期純利益 ❸	120	非 支 配 株 主 持 分	120

❶ 10,000円×2%＝200円
❷ 30,000円×2%＝600円
❸ 600円×20%＝120円

解説

(2) は子会社の貸倒引当金を修正しているので、修正額を非支配株主持分に負担させます。

	借方科目		金 額	貸方科目	金 額	
(1)	売　上　原　価	❶	600	商　　　　　品	600	
(2)	売　上　原　価	❷	800	商　　　　　品	800	
	非 支 配 株 主 持 分	❸	240	非支配株主に帰属する当期純利益	240	
(3)	利　益　剰　余　金	❹	1,200	商　　　　　品	1,200	⎱期首商品
	商　　　　　品		1,200	売　上　原　価	1,200	
	売　上　原　価	❺	2,000	商　　　　　品	2,000	⎱期末商品
(4)	利　益　剰　余　金	❻	2,000	商　　　　　品	2,000	
	非 支 配 株 主 持 分	❼	600	利　益　剰　余　金	600	期首商品
	商　　　　　品		2,000	売　上　原　価	2,000	
	非支配株主に帰属する当期純利益		600	非 支 配 株 主 持 分	600	
	売　上　原　価	❽	2,400	商　　　　　品	2,400	⎱期末商品
	非 支 配 株 主 持 分	❾	720	非支配株主に帰属する当期純利益	720	

❶ $3,600円 \times \dfrac{0.2}{1.2} = 600円$　　❻ $7,000円 \times \dfrac{0.4}{1.4} = 2,000円$

❷ $4,000円 \times 20\% = 800円$　　❼ $2,000円 \times 30\% = 600円$

❸ $800円 \times 30\% = 240円$　　❽ $8,400円 \times \dfrac{0.4}{1.4} = 2,400円$

❹ $3,000円 \times 40\% = 1,200円$

❺ $5,000円 \times 40\% = 2,000円$　　❾ $2,400円 \times 30\% = 720円$

	借方科目		金 額	貸方科目	金 額
(1)	固 定 資 産 売 却 益	❶	20,000	土　　　　　地	20,000
(2)	固 定 資 産 売 却 益	❷	10,000	土　　　　　地	10,000
	非 支 配 株 主 持 分	❸	3,000	非支配株主に帰属する当期純利益	3,000

❶ $100,000円 - 80,000円 = 20,000円$

❷ $70,000円 - 60,000円 = 10,000円$

❸ $10,000円 \times 30\% = 3,000円$

連 結 精 算 表　　　　　　（単位：千円）

| 科　　目 | 個別財務諸表 | | 修正・消去 | | 連　結 |
	P　社	S　社	借　方	貸　方	財務諸表
貸 借 対 照 表					
現　　金　　預　　金	48,000	17,200			65,200
売　　　掛　　　金	120,000	50,000		40,000	130,000
商　　　　　品	88,000	35,000		9,000	114,000
土　　　　　地	40,000	7,000		1,000	46,000
建　　　　　物	15,000				15,000
建 物 減 価 償 却 累 計 額	△　6,000				△　6,000
（ の　　れ　　ん ）			1,900	100	1,800
S　　社　　株　　式	26,000			26,000	
資　　産　　合　　計	331,000	109,200	1,900	76,100	366,000
買　　　掛　　　金	43,000	49,200	40,000		52,200
借　　　入　　　金	30,000	16,000			46,000
資　　　本　　　金	56,000	20,000	20,000		56,000
資　本　剰　余　金	29,000	6,000	6,000		29,000
利　益　剰　余　金	173,000	18,000	4,700		
			162,300	150,000	174,000
非 支 配 株 主 持 分				6,600	
				2,200	8,800
負債・純資産合計	331,000	109,200	233,000	158,800	366,000
損 益 計 算 書					
売　　　上　　　高	376,000	260,000	150,000		486,000
売　　上　　原　　価	243,000	180,000	9,000	150,000	282,000
販売費及び一般管理費	115,000	68,500			183,500
（ の　れ　ん ） 償却			100		100
支　　払　　利　　息	900	500			1,400
土　地　売　却　益	1,000		1,000		
当　期　純　利　益	18,100	11,000	160,100	150,000	19,000
非支配株主に帰属する当期純利益			2,200		2,200
親会社株主に帰属する当期純利益			162,300	150,000	16,800

126

（仕訳の単位：千円）

親会社の持分割合が80％なので、非支配株主の持分割合は20％です。

連結修正仕訳を示すと、次のとおりです。

(1) 支配獲得日（×1年3月31日）の連結修正仕訳

支配獲得日には投資（P社）と資本（S社）の相殺消去をします。

（資 本 金）	20,000	（S 社 株 式）	26,000
（資 本 剰 余 金）	6,000	（非支配株主持分）❶	6,000
（利 益 剰 余 金）	4,000		
（の れ ん）❷	2,000		

❶ (20,000千円＋6,000千円＋4,000千円)×20％＝6,000千円
❷ 貸借差額

(2) 連結第1年度の連結修正仕訳

開始仕訳と連結第1年度の修正仕訳（のれんの償却、子会社当期純利益の振り替え、子会社配当金の修正）をします。

①開始仕訳

支配獲得日の連結修正仕訳を再度行います。

（資 本 金）	20,000	（S 社 株 式）	26,000
（資 本 剰 余 金）	6,000	（非支配株主持分）	6,000
（利 益 剰 余 金）	4,000		
（の れ ん）	2,000		

②のれんの償却

（の れ ん 償 却）	100	（の れ ん）❶	100

❶ 2,000千円÷20年＝100千円

③子会社当期純利益の振り替え

解答用紙の連結精算表のS社貸借対照表およびS社損益計算書より、連結第2年度末のS社の利益剰余金が18,000千円、連結第2年度のS社の当期純利益が11,000千円なので（かつS社は配当等を行っていない）、連結第1年度末のS社の利益剰余金は7,000千円ということがわかります。

連結第1年度末のS社の利益剰余金：18,000千円 － 11,000千円 ＝7,000千円
連結第2年度末　連結第2年度
の利益剰余金　の当期純利益

利益剰余金

剰余金の配当等 0円	連結第1年度末残高 ? → 7,000千円
連結第2年度末 残高 18,000千円	当期純利益 11,000千円

　また、連結第1年度末のS社の利益剰余金が7,000千円で、支配獲得日のS社の利益剰余金が4,000千円なので（かつS社は配当等を行っていない）、連結第1年度のS社の当期純利益は3,000千円ということがわかります。

　連結第1年度のS社の当期純利益：7,000千円 － 4,000千円 ＝3,000千円
　　　　　　　　　　　　　　　　連結第1年度末　支配獲得日
　　　　　　　　　　　　　　　　の利益剰余金　　の利益剰余金

利益剰余金

剰余金の配当等 0円	支配獲得日残高 4,000千円
連結第1年度末 残高 7,000千円	当期純利益 ? → 3,000千円

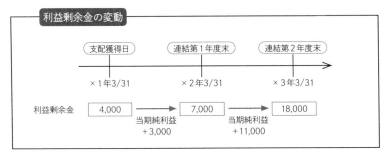

利益剰余金の変動

	支配獲得日	連結第1年度末	連結第2年度末
	×1年3/31	×2年3/31	×3年3/31
利益剰余金	4,000	7,000	18,000

当期純利益 ＋3,000　　　当期純利益 ＋11,000

したがって、連結第1年度の子会社当期純利益（3,000千円）の振り替えは次のようになります。

（非支配株主に帰属する当期純利益）	600	（非 支 配 株 主 持 分） ❷ 600

> ❷ 3,000千円×20%＝600千円

④子会社配当金の修正

S社は配当を行っていないので、子会社配当金の修正はありません。

(3) 連結第2年度の連結修正仕訳←この仕訳を修正・消去欄に記入

開始仕訳と連結第2年度の修正仕訳（のれんの償却、子会社当期純利益の振り替え、子会社配当金の修正、その他連結会社間の取引の相殺消去）をします。

①開始仕訳

連結第1年度末に行った連結修正仕訳を再度行います。このとき、損益項目は「利益剰余金」に勘定科目を変えて仕訳します。

（資 本 金）	20,000	（S 社 株 式）	26,000
（資 本 剰 余 金）	6,000	（非 支 配 株 主 持 分）❷	6,600
（利 益 剰 余 金）❶	4,700		
（の れ ん）❸	1,900		

> ❶ 4,000千円＋ 100千円 ＋ 600千円 ＝4,700千円
> 　　　　　　　 のれん償却　 非支配株主に帰属
> 　　　　　　　　　　　　　する当期純利益
> ❷ 6,000千円＋600千円＝6,600千円
> ❸ 2,000千円－100千円＝1,900千円

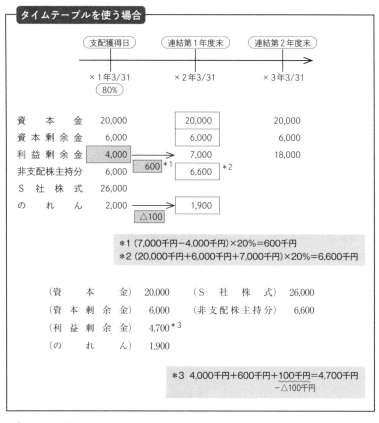

タイムテーブルを使う場合

	支配獲得日	連結第1年度末	連結第2年度末
	×1年3/31 (80%)	×2年3/31	×3年3/31
資　本　金	20,000	20,000	20,000
資本剰余金	6,000	6,000	6,000
利益剰余金	4,000	7,000	18,000
非支配株主持分	6,000	600 *1 　6,600 *2	
S　社　株　式	26,000		
の　れ　ん	2,000	△100　1,900	

*1（7,000千円−4,000千円）×20%＝600千円
*2（20,000千円＋6,000千円＋7,000千円）×20%＝6,600千円

（資　　　本　　　金）	20,000	（S　社　株　式）	26,000
（資　本　剰　余　金）	6,000	（非支配株主持分）	6,600
（利　益　剰　余　金）	4,700 *3		
（の　　れ　　ん）	1,900		

*3　4,000千円＋600千円＋100千円＝4,700千円
　　　　　　　　　　−△100千円

②のれんの償却

（の　れ　ん　償　却）　　　100　　　（の　　れ　　ん）❹　100

❹ 2,000千円÷20年＝100千円

③子会社当期純利益の振り替え

　解答用紙の連結精算表のS社損益計算書より、連結第2年度のS社の当期純利益は11,000千円なので、連結第2年度の子会社当期純利益の振り替えは次のようになります。

（非支配株主に帰属する当期純利益）　　　2,200　　　（非支配株主持分）❺ 2,200

❺ 11,000千円×20%＝2,200千円

④**子会社配当金の修正**

S社は配当を行っていないので、子会社配当金の修正はありません。

⑤**連結会社間の取引の相殺消去**

（買	掛	金）	40,000	（売	掛	金）	40,000
（売	上	高）	150,000	（売	上 原	価）	150,000

⑥**期末商品に含まれる未実現利益の消去（ダウンストリーム）**

（売	上	原	価）	9,000	（商	品）❻	9,000

❻ 30,000千円×30%＝9,000千円

⑦**土地に含まれる未実現利益の消去（ダウンストリーム）**

（土 地 売 却 益）	1,000	（土	地）❼	1,000

❼ 7,000千円－6,000千円＝1,000千円

連 結 精 算 表　　　　　　　　（単位：千円）

科　目	個別財務諸表 P 社	個別財務諸表 S 社	修正・消去 借　方	修正・消去 貸　方	連　結 財務諸表
貸 借 対 照 表					
現 金 預 金	62,600	42,200			104,800
受 取 手 形	40,000	20,000			60,000
売 掛 金	250,000	100,000		80,000	270,000
商 品	180,000	80,000	6,000	6,000	248,000
				12,000	
未 収 入 金	40,000	8,000		8,000	40,000
貸 付 金	80,000			30,000	50,000
未 収 収 益	800			300	500
土 地	70,000			2,000	68,000
建 物	37,600				37,600
（の れ ん）			2,700	300	2,400
S 社 株 式	39,000			39,000	
資 産 合 計	800,000	250,200	8,700	177,600	881,300
買 掛 金	102,000	90,000	80,000		112,000
支 払 手 形	5,000	8,000	1,000		12,000
借 入 金	60,000	40,000	30,000	1,000	71,000
未 払 金	41,000	20,000	8,000		53,000
未 払 費 用	32,000	1,200	300		32,900
資 本 金	120,000	40,000	40,000		120,000
資 本 剰 余 金	60,000	12,000	12,000		60,000
利 益 剰 余 金	380,000	39,000	10,300		
			6,000		
			325,300	307,400	384,800
非 支 配 株 主 持 分			800	26,000	
				10,400	35,600
負債・純資産合計	800,000	250,200	513,700	344,800	881,300
損 益 計 算 書					
売 上 高	750,000	520,000	300,000		970,000
売 上 原 価	480,000	360,000	12,000	300,000	546,000
				6,000	
販売費及び一般管理費	224,000	135,000			359,000
（の れ ん）償却			300		300
受 取 利 息	1,600		600		1,000
支 払 利 息	2,400	1,000		600	2,800
土 地 売 却 益		2,000	2,000		
当 期 純 利 益	45,200	26,000	314,900	306,600	62,900
非支配株主に帰属する当期純利益			10,400	800	9,600
親会社株主に帰属する当期純利益			325,300	307,400	53,300

（仕訳の単位：千円）

親会社の持分割合が60％なので、非支配株主の持分割合は40％です。

連結修正仕訳を示すと、次のとおりです。

(1) 支配獲得日（×1年3月31日）の連結修正仕訳

支配獲得日には投資（P社）と資本（S社）の相殺消去をします。

（資　　　本　　　金）	40,000	（S　社　株　式）	39,000
（資　本　剰　余　金）	12,000	（非支配株主持分）❶	24,000
（利　益　剰　余　金）	8,000		
（の　　　れ　　　ん）❷	3,000		

❶ (40,000千円＋12,000千円＋8,000千円)×40％＝24,000千円
❷ 貸借差額

(2) 連結第1年度の連結修正仕訳

開始仕訳と連結第1年度の修正仕訳（のれんの償却、子会社当期純利益の振り替え、子会社配当金の修正）をします。

①開始仕訳

支配獲得日の連結修正仕訳を再度行います。

（資　　　本　　　金）	40,000	（S　社　株　式）	39,000
（資　本　剰　余　金）	12,000	（非支配株主持分）	24,000
（利　益　剰　余　金）	8,000		
（の　　　れ　　　ん）	3,000		

②のれんの償却

（の　れ　ん　償　却）	300	（の　　　れ　　　ん）❶	300

❶ 3,000千円÷10年＝300千円

③子会社当期純利益の振り替え

解答用紙の連結精算表のS社貸借対照表およびS社損益計算書より、連結第2年度末のS社の利益剰余金が39,000千円、連結第2年度のS社の当期純利益が26,000千円なので（かつS社は配当等を行っていない）、連結第1年度末のS社の利益剰余金は13,000千円ということがわかります。

連結第1年度末のS社の利益剰余金：39,000千円 － 26,000千円 ＝13,000千円
　　　　　　　　　　　　　　　連結第2年度末　　連結第2年度
　　　　　　　　　　　　　　　の利益剰余金　　の当期純利益

　　　　　　　　　　利益剰余金

また、連結第 1 年度末の S 社の利益剰余金が13,000千円で、支配獲得日の S 社の利益剰余金が8,000千円なので（かつ S 社は配当等を行っていない）、連結第 1 年度の S 社の当期純利益は5,000千円ということがわかります。

　　連結第 1 年度の S 社の当期純利益：13,000千円　－　8,000千円 ＝5,000千円
　　　　　　　　　　　　　　　　　　連結第 1 年度末　　支配獲得日
　　　　　　　　　　　　　　　　　　の利益剰余金　　の利益剰余金

　　　　　　　　　　利益剰余金

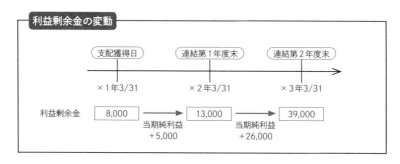

利益剰余金の変動

したがって、連結第1年度の子会社当期純利益（5,000千円）の振り替えは次のようになります。

（非支配株主に帰属する当期純利益）　　2,000　　（非 支 配 株 主 持 分）❷ 2,000

> ❷ 5,000千円×40%＝2,000千円

④子会社配当金の修正

S社は配当を行っていないので、子会社配当金の修正はありません。

(3) 連結第2年度の連結修正仕訳←この仕訳を修正・消去欄に記入

開始仕訳と連結第2年度の修正仕訳（のれんの償却、子会社当期純利益の振り替え、子会社配当金の修正、その他連結会社間の取引の相殺消去）をします。

①開始仕訳

連結第1年度末に行った連結修正仕訳を再度行います。このとき、損益項目は「利益剰余金」に勘定科目を変えて仕訳します。

（資　　　本　　　金）	40,000	（S　社　株　式）	39,000
（資 本 剰 余 金）	12,000	（非 支 配 株 主 持 分）❷	26,000
（利 益 剰 余 金）❶	10,300		
（の　　　れ　　　ん）❸	2,700		

> ❶ 8,000千円＋ 300千円 ＋ 2,000千円 ＝10,300千円
> 　　　　　　　のれん償却　　非支配株主に帰属
> 　　　　　　　　　　　　　　する当期純利益
> ❷ 24,000千円＋2,000千円＝26,000千円
> ❸ 3,000千円－300千円＝2,700千円

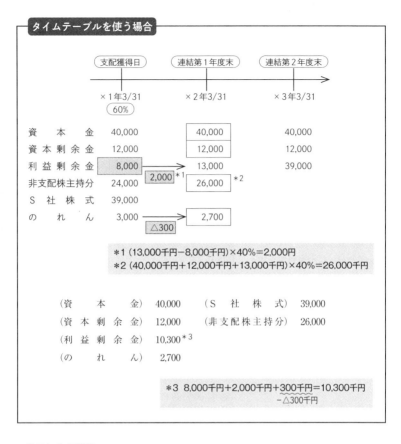

タイムテーブルを使う場合

	支配獲得日	連結第1年度末	連結第2年度末
	×1年3/31	×2年3/31	×3年3/31
	60%		
資 本 金	40,000	40,000	40,000
資 本 剰 余 金	12,000	12,000	12,000
利 益 剰 余 金	8,000	13,000	39,000
非支配株主持分	24,000	26,000 *2	
S 社 株 式	39,000		
の れ ん	3,000	2,700	

2,000 *1　　　△300

*1 (13,000千円−8,000千円)×40%＝2,000円
*2 (40,000千円＋12,000千円＋13,000千円)×40%＝26,000千円

(資　　本　　金)	40,000	(S　社　株　式)	39,000
(資 本 剰 余 金)	12,000	(非 支 配 株 主 持 分)	26,000
(利 益 剰 余 金)	10,300 *3		
(の れ ん)	2,700		

*3　8,000千円＋2,000千円＋300千円＝10,300千円
　　　　　　　　　　　 −△300千円

②のれんの償却

(の れ ん 償 却)	300	(の れ ん) ❹	300

❹ 3,000千円÷10年＝300千円

③子会社当期純利益の振り替え

　解答用紙の連結精算表のS社損益計算書より、連結第2年度のS社の当期純利益は26,000円なので、連結第2年度の子会社当期純利益の振り替えは次のようになります。

(非支配株主に帰属する当期純利益)	10,400	(非 支 配 株 主 持 分) ❺	10,400

❺ 26,000千円×40%＝10,400千円

④**子会社配当金の修正**

S社は配当を行っていないので、子会社配当金の修正はありません。

⑤**連結会社間の取引の相殺消去**

（買	掛	金）	80,000	（売	掛	金）	80,000
（借	入	金）	30,000	（貸	付	金）	30,000
（未	払	金）	8,000	（未	収 入	金）	8,000
（未	払 費	用）	300	（未	収	収益）	300
（売	上	高）	300,000	（売	上 原	価）	300,000
（受	取 利	息）	600	（支	払 利	息）	600

⑥**手形の割引き**

（支	払	手	形）	1,000	<u>（借	入	金）</u>	1,000

短期借入金

⑦**期首商品・期末商品に含まれる未実現利益の消去**（ダウンストリーム）

期首商品

（利 益 剰 余 金）	6,000	（商	品）❻	6,000
（商	品）	6,000	（売 上 原 価）	6,000

期末商品

（売 上 原 価）	12,000	（商	品）❼	12,000

❻ $36,000千円 \times \dfrac{0.2}{1.2} = 6,000千円$

❼ $72,000千円 \times \dfrac{0.2}{1.2} = 12,000千円$

⑧**土地に含まれる未実現利益の消去**（アップストリーム）

（土 地 売 却 益）	2,000	（土	地）❽	2,000
（非 支 配 株 主 持 分）	800	（非支配株主に帰属する当期純利益）❾	800

❽ $15,000千円 - 13,000千円 = 2,000千円$

❾ $2,000千円 \times 40\% = 800千円$

解答・解説

		借方科目	金　額		貸方科目	金　額
1	イ	その他有価証券	100,000	カ	その他有価証券評価差額金	70,000
				オ	繰延税金負債	30,000
2	カ	繰越利益剰余金	880,000	イ	未払配当金	800,000
				オ	利益準備金	80,000
3	イ	建物	3,000,000	オ	建設仮勘定	4,000,000
	ア	修繕費	1,000,000			
	ウ	建物減価償却累計額	1,800,000	イ	建物	2,000,000
	キ	固定資産除却損	200,000			
4	ア	売掛金	500,000	オ	役務収益	500,000
	カ	役務原価	360,000	ウ	仕掛品	300,000
				イ	買掛金	60,000
5	カ	支店	555,000	ウ	損益	555,000

配点は…
仕訳1つに
つき各4点、
合計20点

解説

1．有価証券の評価替え

　その他有価証券は決算において、時価に評価替えします。そのときに生じた評価差額はその他有価証券評価差額金［純資産］で処理します。また、その他有価証券の評価差額には、税効果会計を適用します。

　　取得原価：@400円×5,000株＝2,000,000円

　　時　　価：@420円×5,000株＝2,100,000円

　　評価差額：2,100,000円−2,000,000円＝100,000円（評価差益）

　　税効果額：100,000円×30％＝30,000円

2．剰余金の配当と処分

　繰越利益剰余金から配当したときは、**繰越利益剰余金**［純資産］の減少で処理するとともに、**配当額は未払配当金**［負債］で処理します。

　　株主配当金：@80円×10,000株＝800,000円

　また、繰越利益剰余金から配当したときは、**利益準備金**［純資産］を積み立てます。

① 積立予定額：800,000円×$\frac{1}{10}$＝80,000円

② 積立限度額：15,000,000円×$\frac{1}{4}$－（2,000,000円＋1,200,000円）＝550,000円

③ 積　立　額：①＜②　→　① 80,000円

3．工事の完成、有形固定資産の除却

　建物の完成前の支払額は**建設仮勘定**［資産］で処理しています。そして、完成したときに**建設仮勘定**［資産］から**建物**［資産］に振り替えます。また、固定資産の除却によって生じた損失は**固定資産除却損**［費用］で処理します。

4．サービス業の処理

　サービスの提供が完了した分については**役務収益**［収益］を計上します。また、サービス提供前に費用を支払った場合には**仕掛品**［資産］で処理し、サービスの提供時には**仕掛品**［資産］から**役務原価**［費用］に振り替えます。

5．本支店会計

　支店の損益勘定で算定した支店の当期純利益は、本店では支店勘定と損益勘定に記入します。

　支店と本店の仕訳を示すと次のとおりです。

　　支店：(損　　　　　益)　555,000　(本　　　　　店)　555,000
　　本店：(支　　　　　店)　555,000　(損　　　　　益)　555,000

第2問 (配点:20点)

連 結 精 算 表 (単位:千円)

科目	個別財務諸表		修正・消去		連結財務諸表
	P社	S社	借方	貸方	
貸借対照表					
現金預金	150,000	38,000			188,000
売掛金	280,000	130,000		110,000	300,000
商品	220,000	99,000		24,000	[2] 295,000
未収入金	45,000	7,000		6,000	46,000
貸付金	90,000			30,000	60,000
土地	100,000	22,000		2,000	[2] 120,000
(のれん) [2]			7,600	400	7,200
S社株式	80,000			80,000	
資産合計	965,000	296,000	7,600	252,400	1,016,200
買掛金	138,000	116,000	110,000		144,000
借入金	75,000	42,000	30,000		87,000
未払金	72,000	25,000	6,000		[2] 91,000
資本金	140,000	60,000	60,000		140,000
資本剰余金	60,000	12,000	12,000		60,000
利益剰余金	480,000	41,000	19,000	520,900	[2] 471,600
			551,300		
非支配株主持分				18,600	[2] 22,600
				4,000	
負債・純資産合計	965,000	296,000	788,300	543,500	1,016,200
損益計算書					
売上高	940,000	651,200	520,000		1,071,200
売上原価	610,000	560,000	24,000	520,000	[2] 674,000
販売費及び一般管理費	270,000	70,000			340,000
(のれん)償却 [2]			400		400
受取利息	3,000		900		2,100
支払利息	1,500	1,200		900	[2] 1,800
土地売却益	2,000		2,000		
当期純利益	63,500	20,000	547,300	520,900	57,100
非支配株主に帰属する当期純利益			4,000		[2] 4,000
親会社株主に帰属する当期純利益			551,300	520,900	53,100

配点は…
[2] につき各2点、
合計20点

親会社の持分割合が80%なので、非支配株主の持分割合は20%です。

連結修正仕訳を示すと、次のとおりです（仕訳の単位：千円）。

（1） 支配獲得日（×1年3月31日）の連結修正仕訳

支配獲得日には投資（P社）と資本（S社）の相殺消去をします。

（資　　本　　金）	60,000	（S　社　株　式）	80,000
（資　本　剰　余　金）	12,000	（非支配株主持分）❶	18,000
（利　益　剰　余　金）	18,000		
（の　　れ　　ん）❷	8,000		

❶ (60,000千円＋12,000千円＋18,000千円)×20%＝18,000千円
❷ 貸借差額

（2） 連結第1年度の連結修正仕訳

開始仕訳と連結第1年度の修正仕訳（のれんの償却、子会社当期純利益の振り替え、子会社配当金の修正）をします。

①開始仕訳

支配獲得日の連結修正仕訳を再度行います。

（資　　本　　金）	60,000	（S　社　株　式）	80,000
（資　本　剰　余　金）	12,000	（非支配株主持分）	18,000
（利　益　剰　余　金）	18,000		
（の　　れ　　ん）	8,000		

②のれんの償却

（の　れ　ん　償　却）	400	（の　　れ　　ん）❶	400

❶ 8,000千円÷20年＝400千円

③子会社当期純利益の振り替え

解答用紙の連結精算表のS社貸借対照表およびS社損益計算書より、連結第2年度末のS社の利益剰余金が41,000千円、連結第2年度のS社の当期純利益が20,000千円なので（かつS社は配当等を行っていない）、連結第1年度末のS社の利益剰余金は21,000千円ということがわかります。

連結第1年度末のS社の利益剰余金：41,000千円 － 20,000千円 ＝21,000千円
連結第2年度末　　連結第2年度
の利益剰余金　　の当期純利益

141

利益剰余金

| 剰余金の配当等 0円 | 連結第1年度末残高 ? →21,000千円 |
| 連結第2年度末残高 41,000千円 | 当期純利益 20,000千円 |

また、連結第1年度末のS社の利益剰余金が21,000千円で、支配獲得日のS社の利益剰余金が18,000千円なので（かつS社は配当等を行っていない）、連結第1年度のS社の当期純利益は3,000千円ということがわかります。

連結第1年度のS社の当期純利益：21,000千円 － 18,000千円 ＝3,000千円
　　　　　　　　　　　　　　　　連結第1年度末　　支配獲得日
　　　　　　　　　　　　　　　　の利益剰余金　　　の利益剰余金

利益剰余金

| 剰余金の配当等 0円 | 支配獲得日残高 18,000千円 |
| 連結第1年度末残高 21,000千円 | 当期純利益 ? →3,000千円 |

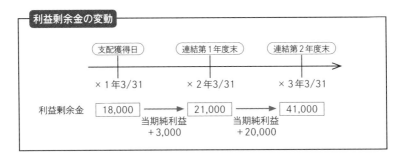

利益剰余金の変動

| 支配獲得日 | 連結第1年度末 | 連結第2年度末 |

×1年3/31　　　　　×2年3/31　　　　　×3年3/31

利益剰余金　18,000 ──→ 21,000 ──→ 41,000
　　　　　　　　当期純利益　　　　当期純利益
　　　　　　　　＋3,000　　　　　＋20,000

したがって、連結第1年度の子会社当期純利益（3,000千円）の振り替えは次のように
なります。

（非支配株主に帰属する当期純利益）　　　600　　　（非 支 配 株 主 持 分）❷　　600

> ❷ 3,000千円×20％＝600千円

④子会社配当金の修正

　　Ｓ社は配当を行っていないので、子会社配当金の修正はありません。

（3）　連結第2年度の連結修正仕訳←この仕訳を修正・消去欄に記入

　　開始仕訳と連結第2年度の修正仕訳（のれんの償却、子会社当期純利益の振り替え、子会社配当金の修正、その他連結会社間の取引の相殺消去）をします。

①開始仕訳

　　連結第1年度末に行った連結修正仕訳を再度行います。このとき、損益項目は「利益剰余金」に勘定科目を変えて仕訳します。

（資　　　本　　　金）	60,000	（Ｓ　社　株　式）	80,000
（資　本　剰　余　金）	12,000	（非 支 配 株 主 持 分）❷	18,600
（利　益　剰　余　金）❶	19,000		
（の　　　れ　　　ん）❸	7,600		

> ❶ 18,000千円＋ 400千円 ＋ 600千円 ＝19,000千円
> 　　　　　　　のれん償却　　非支配株主に帰属
> 　　　　　　　　　　　　　する当期純利益
> ❷ 18,000千円＋600千円＝18,600千円
> ❸ 8,000千円−400千円＝7,600千円

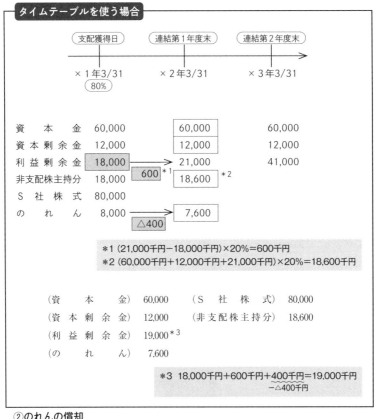

タイムテーブルを使う場合

	支配獲得日	連結第1年度末	連結第2年度末
	×1年3/31	×2年3/31	×3年3/31
	80%		

資　本　金	60,000	60,000	60,000
資本剰余金	12,000	12,000	12,000
利益剰余金	18,000	→ 21,000	41,000
非支配株主持分	18,000	600 *1 → 18,600	*2
S　社　株　式	80,000		
の　れ　ん	8,000	→ 7,600	
		△400	

*1（21,000千円−18,000千円）×20％＝600千円
*2（60,000千円＋12,000千円＋21,000千円）×20％＝18,600千円

（資　　　本　　　金）	60,000	（S　社　株　式）	80,000
（資　本　剰　余　金）	12,000	（非支配株主持分）	18,600
（利　益　剰　余　金）	19,000 *3		
（の　　れ　　ん）	7,600		

*3　18,000千円＋600千円＋400千円＝19,000千円
　　　　　　　　　　　　　　−△400千円

②のれんの償却

（の　れ　ん　償　却）	400	（の　　れ　　ん）❹	400

❹ 8,000千円÷20年＝400千円

③子会社当期純利益の振り替え

　解答用紙の連結精算表のS社損益計算書より、連結第2年度のS社の当期純利益は20,000千円なので、連結第2年度の子会社当期純利益の振り替えは次のようになります。

（非支配株主に帰属する当期純利益）	4,000	（非 支 配 株 主 持 分）❺	4,000

❺ 20,000千円×20％＝4,000千円

④子会社配当金の修正

　S社は配当を行っていないので、子会社配当金の修正はありません。

⑤**期末商品に含まれる未実現利益の消去（ダウンストリーム）**

| （売　上　原　価） | 24,000 | （商　　　　　品）❻ | 24,000 |

❻ 80,000千円×30%＝24,000千円

⑥**土地に含まれる未実現損益の消去（ダウンストリーム）**

| （土　地　売　却　益） | 2,000 | （土　　　　　地）❼ | 2,000 |

❼ 22,000千円－20,000千円＝2,000千円

⑦**連結会社間の取引の相殺消去**

（売　　上　　高）	520,000	（売　上　原　価）	520,000
（受　取　利　息）	900	（支　払　利　息）	900
（買　　掛　　金）	110,000	（売　　掛　　金）	110,000
（借　　入　　金）	30,000	（貸　　付　　金）	30,000
（未　　払　　金）	6,000	（未　収　入　金）	6,000

損　益　計　算　書

自×2年4月1日　至×3年3月31日　　　　　　（単位：円）

Ⅰ　売　　上　　高			（	9,000,000 ）
Ⅱ　売　上　原　価				
1　期首商品棚卸高	（	920,000 ）		
2　当期商品仕入高	（	6,200,000 ）		
合　　計	（	7,120,000 ）		
3　期末商品棚卸高	（	300,000 ）		
差　　引	（	6,820,000 ）		
4　棚　卸　減　耗　損	（**2**	30,000 ）		
5　商　品　評　価　損	（**2**	9,000 ）	（	6,859,000 ）
売　上　総　利　益			（	2,141,000 ）
Ⅲ　販売費及び一般管理費				
1　給　　　　料	（	1,200,000 ）		
2　水　道　光　熱　費	（	300,000 ）		
3　保　　険　　料	（	66,000 ）		
4　貸　倒　損　失	（**2**	100,000 ）		
5　貸倒引当金繰入	（**2**	1,000 ）		
6　減　価　償　却　費	（**2**	335,000 ）		
7　退　職　給　付　費　用	（**2**	50,000 ）	（	2,052,000 ）
営　業　利　益			（	89,000 ）
Ⅳ　営　業　外　収　益				
1　有　価　証　券　利　息			（**2**	44,000 ）
Ⅴ　営　業　外　費　用				
1（為　替　差　損）			（**2**	3,000 ）
経　常　利　益			（	130,000 ）
Ⅵ　特　別　損　失				
1（固　定　資　産　売　却　損）			（**2**	10,000 ）
税引前当期純利益			（	120,000 ）
法人税、住民税及び事業税			（	36,000 ）
当　期　純　利　益			（**2**	84,000 ）

配点は…
2 につき各2点、
合計20点

決算整理仕訳等を示すと，次のとおりです。

| 前T/B…決算整理前残高試算表　P/L…損益計算書　B/S…貸借対照表 |

（1）売掛金の貸倒れ

（貸 倒 損 失）　100,000　　（売 　　 掛 　　 金）　100,000

P/L　貸倒損失：100,000円

（2）建物の完成

（建 　　　　 物）　720,000　　（建 設 仮 勘 定）　720,000

（3）売上原価の算定

（仕 　　　　 入）　920,000　　（繰 越 商 品）　920,000

（繰 越 商 品）　300,000　　（仕 　　　　 入）　300,000

（棚 卸 減 耗 損）　30,000　　（繰 越 商 品）　30,000

（商 品 評 価 損）　9,000　　（繰 越 商 品）　9,000

P/L　期末商品棚卸高：300,000円

P/L　棚 卸 減 耗 損：　30,000円

P/L　商 品 評 価 損：　　9,000円

（4）貸倒引当金の設定

（貸倒引当金繰入）　　1,000　　（貸 倒 引 当 金）　　1,000

❶ 貸倒引当金の設定額：300,000円＋（600,000円－100,000円）＝800,000円
　　800,000円×1％＝8,000円
❷ 貸倒引当金繰入：8,000円－7,000円＝1,000円

P/L　貸倒引当金繰入：1,000円

(5) 固定資産の減価償却

（減 価 償 却 費）	335,000	（建物減価償却累計額）	79,000
		（備品減価償却累計額）	256,000

［建物］
　減価償却費（既存）：2,100,000円÷30年　　　　　　　＝　70,000円
　減価償却費（新規）：720,000円÷20年× $\dfrac{3か月}{12か月}$ ＝　9,000円
　　　　　　　　　　　　　　　　　　　　　　　　　　　79,000円
［備品］
　減価償却費：（1,600,000円－320,000円）×20％　＝　256,000円

P/L　減価償却費：335,000円

(6) 満期保有目的債券の期末評価

　取得日が×2年4月1日（当期首）、償還日が×6年3月31日なので、額面総額と帳簿価額との差額を4年で償却します。

（満期保有目的債券）	20,000	（有 価 証 券 利 息）	20,000

当期償却額：（2,000,000円－1,920,000円）÷4年＝20,000円

P/L　有価証券利息：24,000円＋20,000円＝44,000円
　　　　　　　　　　前T/B

(7) 外貨建て買掛金の換算

（為 替 差 損 益）	3,000	（買　　　掛　　　金）	3,000

❶ CR換算額：600ドル×115円＝69,000円
❷ 帳簿価額　：66,000円
❸ ❶－❷：69,000円－66,000円＝3,000円（買掛金の増加）

P/L　為替差損：3,000円

(8) 退職給付引当金の繰り入れ

（退 職 給 付 費 用）	50,000	（退職給付引当金）	50,000

P/L　退職給付費用：50,000円

(9) 法人税等の計上

(法人税、住民税及び事業税)	36,000	(仮 払 法 人 税 等)	12,000
		(未 払 法 人 税 等)	24,000

法人税、住民税及び事業税：120,000円×30%＝30,000円
P／L税引前当期純利益

P/L 法人税、住民税及び事業税：36,000円

滝澤ななみ（たきざわ・ななみ）

資格試験受験書のベストセラー著者として、日商簿記、FP、宅建士などで多くの著作を行っている。主な著作は『スッキリわかる日商簿記』シリーズ、『みんなが欲しかった簿記の教科書・問題集』シリーズ、『みんなが欲しかったFPの教科書・問題集』シリーズ、『みんなが欲しかった宅建士の教科書・問題集』シリーズ（以上TAC出版）『スカッと!解ける日商簿記』シリーズ（中央経済社）などがある。独学で資格試験に挑戦する一人ひとりに寄り添った「やさしくわかりやすい説明手法」に定評がある。「いかに専門用語の羅列をなくし、視覚や知識の定着にやさしくアプローチできるか」といった表現手法を日々研究し、著作活動に生かしている。

〈facebook〉http://www.facebook.com/773taki
〈ホームページ〉https://takizawananami-susume.jp

スゴい! だけじゃない!!
日商簿記2級商業簿記 テキスト&問題集
2024年度版

．．．

2024年2月29日　初版第1刷発行

著　者……滝澤ななみ
発行者……角竹輝紀
発行所……株式会社マイナビ出版
　　　　　〒101-0003　東京都千代田区一ツ橋2-6-3 一ツ橋ビル2F
　　　　　電話 0480-38-6872（注文専用ダイヤル）
　　　　　　　 03-3556-2731（販売部）
　　　　　　　 03-3556-2735（編集部）
　　　　　URL　https://book.mynavi.jp/

．．

カバー・本文デザイン … 大野虹太郎（ラグタイム）
本文イラスト…………… 奥村菜々実
DTP ………………… トラストビジネス株式会社
編集………………… 佐藤真由美
印刷・製本…………… 中央精版印刷株式会社
企画制作…………… 株式会社SAMURAI Office

※定価はカバーに記載してあります。
※落丁本・乱丁本についてのお問い合わせは、TEL 0480-38-6872（注文専用ダイヤル）か、電子メール sas@mynavi.jp までお願いいたします。
※本書を無断で複写・複製（コピー）することは著作権法上の例外を除いて禁じられています。

ISBN978-4-8399-8599-8
© 2024 Nanami Takizawa
Printed in Japan

書籍の正誤に関するお問い合わせ

　書籍の正誤に関するお問い合わせは、書籍特設サイトのお問い合わせフォームまたは、郵送にてお送りください。

　なお、書籍内容の解説や学習相談等はお受けしておりませんので、あらかじめご了承ください。

　ご質問の内容によっては確認等に1週間前後要する場合や、お答えいたしかねる場合がございますので、あわせてご了承いただけますようお願い申し上げます。

> 書籍のお問い合わせは、本書企画・制作いたしました株式会社SAMURAI Officeより回答いたします。

● 読者特典・正誤のご確認について

読者特典・正誤のご確認は特設サイトに掲載いたします。該当箇所が無い場合は、下記お問い合わせ先までお問い合わせください（読者特典は2025年3月末までご利用いただけます）。

特設サイト：https://sugoibook.jp/boki/

特設サイト

● お問い合わせ先

① 「お問い合わせフォーム」から問い合わせる

お問い合わせフォーム

https://sugoibook.jp/contact/

お問い合わせ

② 郵送で問い合わせる

文書に書名、発行年月日、お客様のお名前、ご住所、電話番号を明記の上、下記の宛先までご郵送ください。

郵送先　〒160-0023
　　　　東京都新宿区西新宿3-9-7-208
　　　　株式会社SAMURAI Office　書籍問い合わせ係

スゴい!だけじゃない!!日商簿記2級商業簿記 テキスト&問題集

2024年度版

別 冊

◇ テーマ別問題 解答用紙
◇ 本試験対策 模擬試験 解答用紙

この冊子には、「テーマ別問題(解答用紙ありの問題)」と、
「本試験対策 模擬試験」の解答用紙が収録されています。

別冊の使い方

この用紙を残したまま、冊子をていねいに抜き取ってください。
色紙は本体から取れませんのでご注意ください。
また、冊子をコピーすれば、何度でも活用することができます。

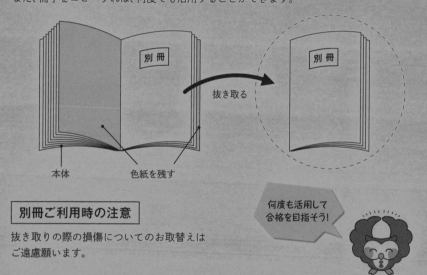

本体　　　　色紙を残す

抜き取る

何度も活用して
合格を目指そう!

別冊ご利用時の注意

抜き取りの際の損傷についてのお取替えは
ご遠慮願います。

解答用紙は下記からもダウンロードすることができます。
https://sugoibook.jp/boki/

※ダウンロードデータを許可なく配布したりWebサイト等に転載したりすることはできません。
　また、本データは予告なく終了することがあります。あらかじめご了承ください。

問題 2-1 銀行勘定調整表①

問1

	借方科目	金　額	貸方科目	金　額
(1)				
(2)				
(3)				
(4)				

問2

銀行勘定調整表（両者区分調整法）

当社の当座預金残高	157,000	銀行の残高証明書残高	125,000
（加　算）		（加　算）	
〔　　　　　〕（　　　　　）		〔　　　　　〕（　　　　　）	
（減　算）		（減　算）	
〔　　　　　〕（　　　　　）		〔　　　　　〕（　　　　　）	
（　　　　　）		（　　　　　）	

問 3

銀行勘定調整表（企業残高基準法）

当社の当座預金残高		(	)
（加　算）			
〔　　　　　〕	（　　　　　）		
〔　　　　　〕	（　　　　　）	（　　　　　）	
（減　算）			
〔　　　　　〕	（　　　　　）		
〔　　　　　〕	（　　　　　）	（　　　　　）	
銀行の残高証明書残高		(	)

問題 2-2 銀行勘定調整表②

問1

	借方科目	金　額	貸方科目	金　額
(1)				
(2)				
(3)				
(4)				

問2

銀行勘定調整表（両者区分調整法）

当社の当座預金残高	（　　　）	銀行の残高証明書残高	348,000
（加　算）		（加　算）	
〔　　　　〕（　　　）		〔　　　　〕（　　　）	
（減　算）		（減　算）	
〔　　　　〕（　　　）		〔　　　　〕（　　　）	
（　　　　）		（　　　　）	

問3

銀行勘定調整表（銀行残高基準法）

銀行の残高証明書残高			(	)		
（加　算）						
	〔　　　　　〕	(	)			
	〔　　　　　〕	(	)	(	)	
（減　算）						
	〔　　　　　〕	(	)			
	〔　　　　　〕	(	)	(	)	
当社の当座預金残高			(	)		

ファイナンス・リース取引

リ ー ス 資 産

年	月	日	摘 要	金 額	年	月	日	摘 要	金 額
×2	4	1	前 期 繰 越		×3	3	31		
					〃	〃	〃	次 期 繰 越	

リ ー ス 債 務

年	月	日	摘 要	金 額	年	月	日	摘 要	金 額
×3	3	31	当 座 預 金		×2	4	1	前 期 繰 越	
〃	〃	〃	次 期 繰 越						

減 価 償 却 費

年	月	日	摘 要	金 額	年	月	日	摘 要	金 額
×3	3	31			×3	3	31	損 益	

支 払 利 息

年	月	日	摘 要	金 額	年	月	日	摘 要	金 額
×3	3	31	当 座 預 金		×3	3	31	損 益	

問題 7-3 無形固定資産とソフトウェア

① の れ ん	円
② ソフトウェア	円

問題 8-7 有価証券の総合問題

問1

売買目的有価証券

日 付		摘　要	借　方	日 付		摘　要	貸　方
×2	6	1			×3	2	1		
×3	3	31	有価証券評価益		3	31	次　期　繰　越	

満期保有目的債券

日 付		摘　要	借　方	日 付		摘　要	貸　方
×2	7	1			×3	3	31	次　期　繰　越	
×3	3	31						

有価証券利息

日 付		摘　要	借　方	日 付		摘　要	貸　方
×2	6	1			×2	9	30		
×3	3	31	損　　　　益		×3	2	1		
					3	31	当　座　預　金	
					〃		未収有価証券利息	
					〃		満期保有目的債券	

問2

有価証券売却（　　　　　）	円

8

株主資本等変動計算書
自×1年4月1日 至×2年3月31日

（単位：千円）

| | 株　主　資　本 | | | |
| | 資　本　金 | 資　本　剰　余　金 | | |
		資本準備金	その他資本剰余金	資本剰余金合計
当 期 首 残 高	9,000	720	240	960
当 期 変 動 額				
剰余金の配当				
別途積立金の積立				
新 株 の 発 行	(　　　　)	(　　　　)		(　　　　)
吸 収 合 併	(　　　　)		(　　　　)	(　　　　)
当 期 純 利 益				
当期変動額合計	(　　　　)	(　　　　)	(　　　　)	(　　　　)
当 期 末 残 高	(　　　　)	(　　　　)	(　　　　)	(　　　　)

（下段へ続く）

（上段から続く）

	株　主　資　本				
	利　益　剰　余　金				株 主 資 本 合　　計
	利益準備金	その他利益剰余金		利益剰余金合　計	
		別途積立金	繰越利益剰余金		
当 期 首 残 高	150	60	570	780	10,740
当 期 変 動 額					
剰余金の配当	(　　　)		(　　　)	(　　　)	(　　　)
別途積立金の積立		(　　　)	(　　　)	—	—
新 株 の 発 行					(　　　)
吸 収 合 併					(　　　)
当 期 純 利 益				(　　　)	(　　　)
当期変動額合計	(　　　)	(　　　)	(　　　)	(　　　)	(　　　)
当 期 末 残 高	(　　　)	(　　　)	(　　　)	(　　　)	(　　　)

問題 15-1 精算表の作成

精　算　表

勘定科目	残高試算表 借方	残高試算表 貸方	修正記入 借方	修正記入 貸方	損益計算書 借方	損益計算書 貸方	貸借対照表 借方	貸借対照表 貸方
当 座 預 金	66,200							
受 取 手 形	35,000							
売 掛 金	41,000							
繰 越 商 品	24,000							
売買目的有価証券	14,000							
建 物	60,000							
備 品	20,000							
ソ フ ト ウ ェ ア	3,600							
その他有価証券	38,000							
支 払 手 形		26,000						
買 掛 金		34,800						
借 入 金		30,000						
貸 倒 引 当 金		200						
修 繕 引 当 金		4,000						
建物減価償却累計額		24,000						
備品減価償却累計額		4,000						
資 本 金		100,000						
利 益 準 備 金		19,000						
繰 越 利 益 剰 余 金		9,600						
売 上		225,000						
受 取 手 数 料		11,000						
仕 入	115,200							
給 料	52,000							
保 険 料	18,000							
支 払 利 息	600							
	487,600	487,600						
貸 倒 引 当 金 繰 入								
棚 卸 減 耗 損								
商 品 評 価 損								
有価証券 (　　　　)								
その他有価証券評価差額金								
減 価 償 却 費								
ソ フ ト ウ ェ ア 償 却								
修 繕 引 当 金 繰 入								
(　　　　) 保 険 料								
(　　　　) 利 息								
当 期 純 利 益								

損 益 計 算 書

自×5年4月1日　至×6年3月31日　　　　（単位：円）

Ⅰ　売　　　　上　　　　高　　　　　　　（　　　　　）

Ⅱ　売　　上　　原　　価

　　1　期首商品棚卸高　　（　　　　　）

　　2　当期商品仕入高　　（　　　　　）

　　　　　合　　　計　　　（　　　　　）

　　3　期末商品棚卸高　　（　　　　　）

　　　　　差　　　引　　　（　　　　　）

　　4　棚　卸　減　耗　損　（　　　　　）

　　5　商　品　評　価　損　（　　　　　）（　　　　　）

　　（　　　　　　　　）　　　　　　　（　　　　　）

Ⅲ　販売費及び一般管理費

　　1　給　　　　　　料　　（　　　　　）

　　2　退　職　給　付　費　用（　　　　　）

　　3　減　価　償　却　費　（　　　　　）

　　4　貸倒引当金繰入　　（　　　　　）（　　　　　）

　　（　　　　　　　　）　　　　　　　（　　　　　）

Ⅳ　営　業　外　収　益

　　1　有　価　証　券　利　息（　　　　　）

　　2（　　　　　　　　）（　　　　　）（　　　　　）

Ⅴ　営　業　外　費　用

　　1　支　払　利　息　　（　　　　　）

　　2（　　　　　　　　）（　　　　　）（　　　　　）

　　　　税引前当期純利益　　　　　　　（　　　　　）

　　　　法人税、住民税及び事業税　　　　（　　　　　）

　　（　　　　　　　　）　　　　　　　（　　　　　）

貸 借 対 照 表

×6年3月31日 （単位：円）

資 産 の 部		負 債 の 部	
Ⅰ　流 動 資 産		Ⅰ　流 動 負 債	
現　　　　金 　（　　　　）		支 払 手 形 　（　　　　）	
当 座 預 金 　（　　　　）		買 掛 金 　（　　　　）	
受 取 手 形（　　　）		未払(　　　) 　（　　　　）	
売 掛 金（　　　）		未払法人税等 　（　　　　）	
貸倒引当金（　　　）（　　　）		Ⅱ　固 定 負 債	
商　　　品 　（　　　　）		（　　　　　　） 　（　　　　）	
Ⅱ　固 定 資 産		退職給付引当金 　（　　　　）	
建　　　物（　　　）		負 債 合 計 　（　　　　）	
減価償却累計額（　　　）（　　　）		純 資 産 の 部	
備　　　品（　　　）		Ⅰ　株 主 資 本	
減価償却累計額（　　　）（　　　）		資 本 金 　（　　　　）	
投資有価証券 　（　　　）		利 益 準 備 金 　（　　　　）	
		繰越利益剰余金 　（　　　　）	
		純 資 産 合 計 　（　　　　）	
資 産 合 計 　（　　　　）		負債・純資産合計 　（　　　　）	

12

損 益 計 算 書

自×6年 4 月 1 日　至×7年 3 月31日　　　　　　　（単位：円）

Ⅰ 役 務 収 益		（	）
Ⅱ 役 務 原 価		（	）
（　　　　　　　）		（	）
Ⅲ 販売費及び一般管理費			
1 給 料	（　　　）		
2 賞 与	（　　　）		
3 旅 費 交 通 費	（　　　）		
4 水 道 光 熱 費	（　　　）		
5 支 払 家 賃	（　　　）		
6 貸 倒 損 失	（　　　）		
7 貸 倒 引 当 金 繰 入	（　　　）		
8 減 価 償 却 費	（　　　）		
9 ソフトウェア償却	（　　　）		
10 賞 与 引 当 金 繰 入	（　　　）		
11 退 職 給 付 費 用	（　　　）	（	）
（　　　　　　　）		（	）
Ⅳ 営 業 外 収 益			
1 受 取 利 息		（	）
Ⅴ 営 業 外 費 用			
1 支 払 利 息		（	）
（　　　　　　　）		（	）
Ⅵ 特 別 損 失			
1 ソフトウェア（　　　）		（	）
税 引 前 当 期 純 利 益		（	）
法人税, 住民税及び事業税		（	）
（　　　　　　　）		（	）

損 益 計 算 書

自×7年4月1日　至×8年3月31日　　　　　　　　（単位：円）

Ⅰ	売　　　　上　　　　高		（　　　　　　　　）	
Ⅱ	売　　上　　原　　価		（　　　　　　　　）	
	売　上　総　利　益		（　　　　　　　　）	
Ⅲ	販売費及び一般管理費			
1	販売費・一般管理費	93,600		
2	減　価　償　却　費	（　　　　　　　）		
3	棚　卸　減　耗　損	（　　　　　　　）		
4	貸　倒　引　当　金　繰　入	（　　　　　　　）	（　　　　　　　　）	
	営　　業　　利　　益		（　　　　　　　　）	
Ⅳ	営　業　外　収　益			
1	製　品　保　証　引　当　金　戻　入		（　　　　　　　　）	
Ⅴ	営　業　外　費　用			
1	支　　払　　利　　息	3,000		
2	（　　　　　　　　　　）	（　　　　　　　）	（　　　　　　　　）	
	経　　常　　利　　益		（　　　　　　　　）	
Ⅵ	特　　別　　利　　益			
1	固　定　資　産　売　却　益		（　　　　　　　　）	
	税　引　前　当　期　純　利　益		（　　　　　　　　）	
	法人税、住民税及び事業税		（　　　　　　　　）	
	当　期　純　利　益		（　　　　　　　　）	

貸 借 対 照 表

×8年3月31日　　　　　　　　　　　　　　（単位：円）

資 産 の 部			負 債 の 部		
I　流 動 資 産			I　流 動 負 債		
現 金 預 金	（　　　）		支 払 手 形	（　　　）	
受 取 手 形	（　　　）		買 掛 金	（　　　）	
売 掛 金	（　　　）		製品保証引当金	（　　　）	
貸倒引当金	（　　　）	（　　　）	未払法人税等	（　　　）	
製 品		（　　　）	II　固 定 負 債		
材 料		（　　　）	（　　　　　）	（　　　）	
仕 掛 品		（　　　）	負 債 合 計	（　　　）	
短 期 貸 付 金	（　　　）		純 資 産 の 部		
貸倒引当金	（　　　）	（　　　）	I　株 主 資 本		
II　固 定 資 産			資 本 金	700,000	
建 物	270,000		利 益 準 備 金	50,000	
減価償却累計額	（　　　）	（　　　）	繰越利益剰余金	（　　　）	
機 械 装 置	120,000		純 資 産 合 計	（　　　）	
減価償却累計額	（　　　）	（　　　）			
資 産 合 計		（　　　）	負債・純資産合計	（　　　）	

15

問題 17-2 本店と支店の損益勘定の記入

損　　益 ［本店］

日付		摘　要	金　額	日付		摘　要	金　額
3	31	仕　　　　　入		3	31	売　　　　　上	
	〃	棚 卸 減 耗 損			〃	受 取 手 数 料	
	〃	商 品 評 価 損			〃	有価証券売却益	
	〃	給　　　　　料			〃	受 取 配 当 金	
	〃	支 払 家 賃			〃	支　　　　　店	
	〃	広 告 宣 伝 費					
	〃	貸倒引当金繰入					
	〃	減 価 償 却 費					
	〃	の れ ん 償 却					
	〃	支 払 利 息					
	〃	(　　　　　　)					

損　　益 ［支店］

日付		摘　要	金　額	日付		摘　要	金　額
3	31	仕　　　　　入		3	31	売　　　　　上	
	〃	棚 卸 減 耗 損			〃	受 取 手 数 料	
	〃	商 品 評 価 損					
	〃	給　　　　　料					
	〃	支 払 家 賃					
	〃	広 告 宣 伝 費					
	〃	貸倒引当金繰入					
	〃	減 価 償 却 費					
	〃	(　　　　　　)					

①開始仕訳

借方科目	金　額	貸方科目	金　額

②のれんの償却

借方科目	金　額	貸方科目	金　額

③子会社当期純利益の振り替え

借方科目	金　額	貸方科目	金　額

④子会社の配当金の修正

借方科目	金　額	貸方科目	金　額

①開始仕訳

借方科目	金　額	貸方科目	金　額

②のれんの償却

借方科目	金　額	貸方科目	金　額

③子会社当期純利益の振り替え

借方科目	金　額	貸方科目	金　額

④子会社の配当金の修正

借方科目	金　額	貸方科目	金　額

連結精算表の作成①

連 結 精 算 表　　　　　　　　（単位：千円）

科　　目	個別財務諸表		修正・消去		連　結
	P　社	S　社	借　方	貸　方	財務諸表
貸 借 対 照 表					
現 金 預 金	48,000	17,200			
売 掛 金	120,000	50,000			
商 品	88,000	35,000			
土 地	40,000	7,000			
建 物	15,000				
建物減価償却累計額	△ 6,000				△
（　　　　　　）					
S 社 株 式	26,000				
資 産 合 計	331,000	109,200			
買 掛 金	43,000	49,200			
借 入 金	30,000	16,000			
資 本 金	56,000	20,000			
資 本 剰 余 金	29,000	6,000			
利 益 剰 余 金	173,000	18,000			
非 支 配 株 主 持 分					
負 債・純 資 産 合 計	331,000	109,200			
損 益 計 算 書					
売 上 高	376,000	260,000			
売 上 原 価	243,000	180,000			
販売費及び一般管理費	115,000	68,500			
（　　　　　）償却					
支 払 利 息	900	500			
土 地 売 却 益	1,000				
当 期 純 利 益	18,100	11,000			
非支配株主に帰属する当期純利益					
親会社株主に帰属する当期純利益					

問題 19-7 連結精算表の作成②

連 結 精 算 表

（単位：千円）

科　　目	個別財務諸表 P 社	個別財務諸表 S 社	修正・消去 借　方	修正・消去 貸　方	連　結 財務諸表
貸 借 対 照 表					
現 金 預 金	62,600	42,200			
受 取 手 形	40,000	20,000			
売 掛 金	250,000	100,000			
商 品	180,000	80,000			
未 収 入 金	40,000	8,000			
貸 付 金	80,000				
未 収 収 益	800				
土 地	70,000				
建 物	37,600				
（　　　　　）					
S 社 株 式	39,000				
資 産 合 計	800,000	250,200			
買 掛 金	102,000	90,000			
支 払 手 形	5,000	8,000			
借 入 金	60,000	40,000			
未 払 金	41,000	20,000			
未 払 費 用	32,000	1,200			
資 本 金	120,000	40,000			
資 本 剰 余 金	60,000	12,000			
利 益 剰 余 金	380,000	39,000			
非 支 配 株 主 持 分					
負 債・純 資 産 合 計	800,000	250,200			
損 益 計 算 書					
売 上 高	750,000	520,000			
売 上 原 価	480,000	360,000			
販売費及び一般管理費	224,000	135,000			
（　　　　　）償却					
受 取 利 息	1,600				
支 払 利 息	2,400	1,000			
土 地 売 却 益		2,000			
当 期 純 利 益	45,200	26,000			
非支配株主に帰属する当期純利益					
親会社株主に帰属する当期純利益					

第1問（配点：20点）

	借　方		貸　方	
	記　号	金　額	記　号	金　額
1	（　　）		（　　）	
	（　　）		（　　）	
	（　　）		（　　）	
	（　　）		（　　）	
	（　　）		（　　）	
2	（　　）		（　　）	
	（　　）		（　　）	
	（　　）		（　　）	
	（　　）		（　　）	
	（　　）		（　　）	
3	（　　）		（　　）	
	（　　）		（　　）	
	（　　）		（　　）	
	（　　）		（　　）	
	（　　）		（　　）	
4	（　　）		（　　）	
	（　　）		（　　）	
	（　　）		（　　）	
	（　　）		（　　）	
	（　　）		（　　）	
5	（　　）		（　　）	
	（　　）		（　　）	
	（　　）		（　　）	
	（　　）		（　　）	
	（　　）		（　　）	

連 結 精 算 表　　　　　　　　（単位：千円）

科　目	個別財務諸表		修正・消去		連　結財務諸表
	P 社	S 社	借　方	貸　方	
貸 借 対 照 表					
現　金　預　金	150,000	38,000			
売　　掛　　金	280,000	130,000			
商　　　　　品	220,000	99,000			
未　収　入　金	45,000	7,000			
貸　　付　　金	90,000				
土　　　　　地	100,000	22,000			
（　　　　　　　）					
S　社　株　式	80,000				
資　産　合　計	965,000	296,000			
買　　掛　　金	138,000	116,000			
借　　入　　金	75,000	42,000			
未　　払　　金	72,000	25,000			
資　　本　　金	140,000	60,000			
資　本　剰　余　金	60,000	12,000			
利　益　剰　余　金	480,000	41,000			
非 支 配 株 主 持 分					
負債・純資産合計	965,000	296,000			
損 益 計 算 書					
売　　上　　高	940,000	651,200			
売　上　原　価	610,000	560,000			
販売費及び一般管理費	270,000	70,000			
（　　　　　）償却					
受　取　利　息	3,000				
支　払　利　息	1,500	1,200			
土　地　売　却　益	2,000				
当　期　純　利　益	63,500	20,000			
非支配株主に帰属する当期純利益					
親会社株主に帰属する当期純利益					

損 益 計 算 書

自×2年4月1日 至×3年3月31日　　　　　　　　　（単位：円）

Ⅰ 売　　　　上　　　　高		（　　　　　　　）
Ⅱ 売　　上　　原　　価		
1 期 首 商 品 棚 卸 高	（　　　　　　　）	
2 当 期 商 品 仕 入 高	（　　　　　　　）	
合　　　　計	（　　　　　　　）	
3 期 末 商 品 棚 卸 高	（　　　　　　　）	
差　　　　引	（　　　　　　　）	
4 棚 卸 減 耗 損	（　　　　　　　）	
5 商 品 評 価 損	（　　　　　　　）	（　　　　　　　）
売 上 総 利 益		（　　　　　　　）
Ⅲ 販売費及び一般管理費		
1 給　　　　　　　料	（　　　　　　　）	
2 水 道 光 熱 費	（　　　　　　　）	
3 保　　　険　　　料	（　　　　　　　）	
4 貸 倒 損 失	（　　　　　　　）	
5 貸 倒 引 当 金 繰 入	（　　　　　　　）	
6 減 価 償 却 費	（　　　　　　　）	
7 退 職 給 付 費 用	（　　　　　　　）	（　　　　　　　）
営　業　利　益		（　　　　　　　）
Ⅳ 営 業 外 収 益		
1 有 価 証 券 利 息		（　　　　　　　）
Ⅴ 営 業 外 費 用		
1 （　　　　　　　　　）		（　　　　　　　）
経　常　利　益		（　　　　　　　）
Ⅵ 特　　別　　損　　失		
1 （　　　　　　　　　）		（　　　　　　　）
税 引 前 当 期 純 利 益		（　　　　　　　）
法人税、住民税及び事業税		（　　　　　　　）
当 期 純 利 益		（　　　　　　　）

24